SEXTA-FEIRA TODOS OS DIAS

JOEL OSTEEN

SEXTA-FEIRA TODOS OS DIAS

COMO SER MAIS FELIZ NOS 7 DIAS DA SEMANA

bello

1.ª Edição
Belo Horizonte

Diretor
Lester Bello

Autor
Joel Osteen

Título Original
Every day a Friday

Tradução
Maria Lucia Godde Cortez / Idiomas & Cia

Revisão
Ana Lacerda, Daiane Rosa e
Elizabeth Jany / Idiomas & Cia

Diagramação
Julio Fado

Design capa (adaptação)
Fernando Rezende

Impressão e Acabamento
Promove Artes Gráficas

bello

Rua Major Delfino de Paula, 1212
Bairro São Francisco, CEP 31.255-170
Belo Horizonte/MG - Brasil
contato@belloeditora.com
www.belloeditora.com

Publicado pela
Bello Comércio e Publicações Ltda-ME
com a devida autorização de
Hachette Book Group e todos
os direitos reservados.

Primeira edição – Julho de 2013

Exceto em caso de indicação em contrário, todas as citações bíblicas foram extraídas da Bíblia Sagrada Nova Versão Internacional (NVI) © 2000, Editora Vida. Outras versões utilizadas: ARA (Almeida Revista e Atualizada, SBB), AA (Almeida Atualizada, SBB) ACF (Almeida Corrigida Fiel, Sociedade Bíblica Trinitariana do Brasil e ABV (A Bíblia Viva). A versão AMP (*Amplified Bible*) foi traduzida livremente do idioma inglês em função da inexistência de tradução no idioma português.

CIP-BRASIL. CATALOGAÇÃO NA FONTE.

Osteen, Joel
O85 Sexta-feira todos os dias: como ser feliz nos 7 dias da semana / Joel Osteen; tradução de Maria Lucia Godde Cortez / Idiomas & Cia. - Belo Horizonte: Bello Publicações, 2013.
308p.
ISBN: 978-85-8321-003-3
Título original: Every day a friday: how to be happier 7 days a week.

1. Auto-ajuda - Aspectos religiosos. I. Título.

CDD: 158.1 CDU: 159.9: 230.112

Este livro é dedicado a Victoria, Jonathan e Alexandra.
Cada um de vocês está guardado em meu coração. Seu amor,
alegria e felicidade iluminam a minha vida e me fazem despertar
a cada manhã aguardando com expectativa passar outro dia com vocês.
Vocês realmente fazem de cada dia uma sexta-feira.

SUMÁRIO

PARTE III
Viva Sem Muletas

PARTE IV
Viaje Sem Carregar Pesos

PARTE V
Ria com Frequência

PARTE VI
Seja um Liberador de Sonhos

PARTE VII
Celebre Você

AGRADECIMENTOS

É apropriado que este livro se chame *Sexta-Feira Todos os Dias*, porque aprendi que quando você está escrevendo um livro todos os dias trazem consigo um prazo final. Graças a muitas pessoas talentosas e que trabalharam duro, cumprimos todos os nossos prazos e produzimos um livro inspirador e edificante que tenho muito orgulho em colocar em suas mãos.

Como sempre, Deus me guiou ao longo do processo com a ajuda de meu editor Rolf Zettersten da FaithWords/Hachette e do presidente e diretor da Hachette, David Young, juntamente com os membros da equipe de liderança Chris Murphy, Martha Otis e Harry Helm.

Também sou grato aos meus agentes literários, Shannon Marven e Jan Mille Rich da Dupree Miller & Associates, que mais uma vez provaram ser de um valor inestimável ao longo de todo o processo.

Meu agradecimento especial vai para Wes Smith, um verdadeiro artesão das palavras, cuja velocidade no teclado somente se equipara à sua sólida ética de trabalho e bom humor.

Neste livro apresento muitas histórias compartilhadas comigo por amigos, membros da nossa congregação e pessoas que conheci ao redor do mundo. Admiro e reconheço as contribuições e o apoio de cada um deles. Alguns daqueles que são mencionados no livro são pessoas que não conheci pessoalmente, cujos nomes alteramos em alguns casos para proteger a privacidade dos indivíduos. Honro a todos aqueles a quem a honra é devida, porém, por ser pastor e também filho de um líder de igreja, já ouvi incontáveis sermões e apresentações, de modo que em alguns casos não consigo me lembrar da fonte exata de uma história. Mas agradeço a todos que tocaram minha vida com suas vidas. Minha intenção ao escrever este livro é transmitir as bênçãos que recebi, e glorificar a Deus.

Também agradeço especialmente a todos os pastores membros da nossa Rede de Campeões em todo o país, principalmente ao presidente desse grupo, Pastor Phil Munsey, e à sua esposa Jeannie, da *Life Church* em Irvine, Califórnia.

Estou em débito com a impressionante equipe da Igreja Lakewood, cujo serviço à casa de Deus torna cada dia alegre para mim. Sou grato aos membros leais da Lakewood cujas histórias me inspiram, cujas vidas me abençoam e cuja lealdade me constrange. Expresso o meu reconhecimento sincero às milhares de pessoas altruístas em nosso país e em todo o globo que generosamente apoiam o nosso ministério e tornam possível levar esperança a um mundo necessitado. E sou grato pelos milhões de pessoas maravilhosas em todo o mundo que assistem aos nossos cultos pela televisão, via Internet e através dos vídeos. Considero cada um de vocês uma parte valiosa da nossa família de Lakewood.

Sou abençoado por ter uma família que me apoia, composta de pessoas sábias e talentosas que ajudam a manter o nosso ministério vigorosamente ativo, entre eles meu irmão Paul e sua esposa Jennifer, minha irmã Lisa e seu marido Kevin, e meu cunhado Don e sua esposa Jackelyn. Inspirando e trabalhando mais do que todos nós está minha mãe, Dodie Osteen, que serve como um maravilhoso exemplo de alguém que encontra felicidade e alegria em cada dia.

PARTE
I
Não Abra Mão do Seu Poder

CAPÍTULO I

Faça de Cada Dia uma Sexta-Feira

John tinha noventa e dois anos e era cego, mas ele foi muito inteligente quando sua esposa Eleanor partiu para estar com o Senhor. Ele não achou que deveria viver sozinho, então decidiu mudar-se para uma boa instituição para idosos. Na manhã da mudança, ele estava de pé e completamente vestido por volta das 8 horas da manhã. Como sempre, o cavalheiro idoso parecia impecável, com seu cabelo perfeitamente penteado e seu rosto barbeado com esmero.

Um táxi foi apanhá-lo e levou-o até a instituição para idosos. John chegou cedo, como era seu hábito, e esperou por mais de uma hora antes que uma jovem atendente chamada Miranda viesse lhe mostrar o seu novo quarto. Enquanto John manobrava seu andador ao longo dos corredores, Miranda descrevia o quarto que ele ocuparia em detalhes. Ela disse que a luz do sol entrava através de uma grande janela e havia um sofá confortável, e um ótimo espaço com uma escrivaninha.

Bem no meio da descrição, John interrompeu-a e disse:

— Adorei. Adorei. Adorei.

Miranda riu e comentou:

— Senhor, ainda não chegamos ao quarto. O senhor ainda não o viu. Espere só um instante e eu o mostrarei ao senhor.

E John afirmou:

— Não, você não precisa me mostrar. O fato de eu gostar ou não do quarto não depende de como os móveis estão arruma-

A felicidade é uma escolha.

dos. Depende de como a minha *mente* está arrumada. A felicidade é algo que você decide antecipadamente.

Como o velho e sábio John entendeu, a felicidade é uma escolha. Você pode *escolher* que tipo de dia quer ter quando acorda pela manhã. Você pode escolher estar de bom humor ou pode escolher estar de mau humor.

Escolha a Felicidade

Meu propósito ao escrever este livro é ajudá-lo a organizar a sua mente para que você possa escolher a felicidade a cada dia. Sejam quais forem os desafios que possa enfrentar, sejam quais forem as circunstâncias que o estão oprimindo, você pode escolher a sua reação. A maneira como vive a sua vida cabe unicamente a você; não depende das circunstâncias ao redor, mas sim das suas escolhas. Abraham Lincoln disse: "A maioria das pessoas é tão feliz quanto decide ser."

Abe, o honesto — como Lincoln era chamado — teria gostado de um estudo recente que descobriu que o nível de felicidade das pessoas cresce 10% às sextas-feiras. Por quê? Porque as pessoas ficam empolgadas com o fim de semana que está à sua frente, então decidem ser mais felizes. Às sextas-feiras elas decidem desfrutar mais suas vidas.

Eu o desafio a permitir que todo dia seja uma sexta-feira. Dê permissão a si mesmo para ser feliz todos os dias. Não apenas nos fins de semana. Não apenas quando você tiver uma ocasião especial. Não apenas quando você estiver de férias.

Se você tiver uma atitude mental correta, poderá ser tão feliz na segunda-feira quanto na sexta-feira. A Bíblia não diz: "A sexta-feira é o dia que o Senhor fez." Ela diz: "*Este* é o dia que o Senhor fez" (Salmos 118:24; grifo do autor).

Este quer dizer segunda-feira, terça-feira, quarta-feira e todos os outros dias da semana. Você pode ser feliz mesmo quando está chovendo, quando precisa trabalhar até tarde, ou quando a louça está esperando na pia.

Por que não decidir ser feliz em todos os dias? Você já ouviu a expressão: "Graças a Deus, hoje é sexta-feira." Para você e para mim deveria ser também: "Graças a Deus, hoje é segunda-feira."

"Graças a Deus, hoje é quarta-feira."

"Graças a Deus, hoje é domingo."

Outro estudo afirma que ocorrem mais ataques cardíacos às segundas-feiras do que em qualquer outro dia. Assim, muitas pessoas decidem que segunda-feira é um dia estressante. Elas sofrem da melancolia das manhãs de segunda.

Ao despertar na segunda-feira pela manhã, não aceite esses pensamentos negativos que batem à sua porta dizendo: *Será um dia longo e uma semana difícil. O trânsito vai estar péssimo. Tenho muito trabalho a fazer. Preciso simplesmente atravessar a melancolia das manhãs de segunda.* Não aceite esses pensamentos.

Em vez disso, diga: "Não, obrigado. Já atendi à porta e o poderoso Deus, o Criador do universo, enviou-me uma remessa de alegria. Sei que este será um dia maravilhoso!"

Decida que, para você, não existe esse negócio de melancolia das manhãs de segunda. Em vez disso, escolha a alegria das segundas de manhã, *dizendo*: "Tenho um sorriso. Tenho alegria. Tenho o favor de Deus. Tenho vitória."

Sim, sei que alguns dias são mais difíceis do que outros. Mas se programar a sua mente de forma positiva, não será necessário se arrastar por todos os dias da semana esperando chegar à sexta-feira para finalmente poder desfrutar a vida.

A fé está sempre no presente. Sua atitude deveria ser: *Estou empolgado por estar vivo neste instante. Estou empolgado por estar respirando hoje. Estou empolgado com minha família, minha saúde e minhas oportunidades. Tenho muitos motivos para estar feliz agora mesmo.*

A Felicidade é Um Direito Seu

De acordo com os autores da Declaração da Independência dos Estados Unidos, o nosso Criador deu a cada um de nós o direito à vida, à liberdade e à busca da felicidade. Até o Primeiro Ministro Britânico David Cameron reconheceu esse fato recentemente quando propôs uma pesquisa entre todos os habitantes a cada ano para medir o BEG do país — o índice de Bem-Estar Geral da nação.

"O bem-estar não pode ser medido pelo dinheiro ou comercializado nos mercados", disse ele em uma entrevista. "Ele tem a ver com a beleza do que nos cerca, com a qualidade da nossa cultura e, acima de tudo, com a força dos nossos relacionamentos."

Um pesquisador na Austrália descobriu que os objetivos e as escolhas da vida têm tanto impacto ou mais sobre a felicidade do que a nossa química corporal ou a nossa constituição genética. Outro estudo revelou que metade da nossa felicidade é determinada por outros fatores além dos biológicos. Dez por cento está ligado às "circunstâncias da vida" e os outros 40% dependem das decisões que tomamos.

Ser feliz é escolha sua. Decida desfrutar este dia e ter um ano abençoado, próspero e vitorioso. Você pode sofrer alguns contratempos e as circunstâncias podem mudar, mas não permita que isso o faça mudar de ideia. Mantenha a mente focada na felicidade.

Não é o que lhe acontece ou o que você tem ou não que importa; o que é importante é como a sua mente está organizada e as escolhas que você faz. Quando nossa filha Alexandra era apenas um bebezinho e eu a tirava do berço de manhã, ela ficava tão empolgada ao me ouvir chegando que começava a pular. Ela me dava um grande abraço com todo o seu corpo, braços e pernas, e depois um grande beijo.

> *Precisamos entender que cada dia é um presente de Deus.*

Por que ela ficava tão entusiasmada? Ela simplesmente estava feliz com o amanhecer de um novo dia. Alexandra estava entusiasmada por estar viva e ter outro dia para desfrutar. Esse é o entusiasmo que Deus colocou dentro de cada um de nós. Nunca deveríamos nos esquecer de como devemos celebrar cada dia. Muitas vezes, porém, quando ficamos mais velhos, deixamos que os desafios da vida nos deprimam e entristeçam o nosso espírito.

Precisamos entender que cada dia é um presente de Deus. Quando este dia chegar ao fim, jamais poderemos recuperá-lo. Se cometermos o erro de manter uma atitude negativa e ficarmos desanimados, irritados ou carrancudos, desperdiçaremos o dia. Algumas pessoas desperdiçam ano após ano sendo infelizes porque alguém não as está tratando corretamente, ou por não estarem conseguindo o que querem, ou porque seus planos não estão dando certo tão depressa quando gostariam. Decidi não desperdiçar mais nenhum dia. Estou celebrando cada um deles como um presente de Deus.

Prepare-se para a Vitória

Nós nos preparamos para a vitória ou para a derrota no início de cada dia. Quando você se levanta pela manhã, precisa focar a sua mente na direção certa. Talvez você esteja se sentindo desanimado. Talvez esteja se sentindo descontente, pensando *Não quero ir trabalhar hoje.* Ou *Não quero lidar com estas crianças.* Ou *Tenho tantos problemas!*

Se você cometer o erro de se prender a esses pensamentos estará se preparando para ter um dia detestável. Fazer isso é usar a sua fé na direção errada! Mude esse comportamento e diga: "Este será um ótimo dia. Algo bom acontecerá comigo. Deus favorece o meu futuro e estou esperando novas oportunidades, conexões divinas e avanço sobrenatural."

Quando escolhe esse tipo de abordagem, você se prepara para a vitória, o progresso e a restauração. Deus diz aos anjos: "Vocês ouviram isso? Ele está esperando pela manifestação da Minha bondade. Está esperando prosperar apesar da economia. Ela está esperando ter uma boa saúde apesar do diagnóstico médico. Ela está esperando realizar os seus sonhos embora não tenha os recursos neste momento."

Quando você começa cada dia com fé, com a expectativa de algo bom, Deus diz aos anjos para começarem a trabalhar e a organizar as coisas a seu favor. Ele lhe proporciona boas oportunidades, aproxima-o das pessoas corretas e abre as portas certas.

Isso permite que Deus apareça e realize coisas impressionantes. Algumas vezes você verá melhorias importantes em sua vida se simplesmente fizer esse pequeno ajuste. Você não apenas terá mais energia, como também terá uma atitude melhor e será mais produtivo. Também verá novas portas se abrirem e conhecerá novos amigos. Você experimentará algumas reviravoltas em sua vida pelas quais tem orado se simplesmente se levantar pela manhã e, em vez de se preparar para a derrota, preparar-se para a vitória, para o progresso e para o favor de Deus.

Você precisa definir o rumo no começo de cada dia. Se deixar a sua mente em "ponto morto" seus pensamentos negativos começarão a brotar à sua revelia.

Já ficou alguma vez deitado na cama de manhã e de repente, do nada, lembrou-se de todos os erros que cometeu no dia anterior e de todos os problemas do seu futuro? Quando isso acontece é o inimigo tentando programar a sua mente para um dia negativo, detestável e de fracassos.

Não caia nessa armadilha. A Bíblia diz: "Mantenham o pensamento nas coisas do alto" (Colossenses 3:2). Seja proativo. Assuma uma posição ofensiva. Quando você se levantar de manhã, diga com Davi: "Este é outro dia que o Senhor fez. Independentemente de como eu me sinta, independentemente da economia ou do que o diagnóstico médico diga, estou optando por me alegrar. Escolho viver este dia feliz."

Sabe o que você realmente está dizendo quando opta por essa abordagem? Está proclamando: "Não permitirei que ninguém roube a minha alegria hoje. Não permitirei que as decepções e os problemas me desanimem. Não vou focar nas minhas dificuldades e nos meus erros. Decidi desfrutar este dia."

Tenho um amigo que está fazendo tratamento contra um câncer. Ele é jovem, muito talentoso e bastante atlético. Se ele não tivesse me dito, eu nunca saberia que havia algo errado em sua vida. Nunca o ouvi reclamar. Ele é sempre amigável, otimista e aproveita a vida.

Certo dia perguntei-lhe como conseguia manter uma atitude tão positiva durante um momento tão difícil. Ele disse: "Quando me levanto de manhã, pergunto a mim mesmo: 'Você quer ficar deprimido hoje ou quer viver feliz?' E eu escolho viver feliz."

Se você quer ser feliz, precisa ter o propósito de ser feliz. Quando acorda de manhã, não pode simplesmente *esperar* para ver como será o dia. Você precisa *decidir* antes que tipo de dia terá. A Bíblia diz no Salmo 30:5 que a alegria vem pela manhã. Ao acorda pela manhã, Deus lhe envia uma remessa especial de alegria. Quando se levanta pela fé declara "Este será um bom dia", você atende a essa batida na porta — você recebe o presente da alegria que Deus lhe enviou!

O problema é que algumas pessoas nunca atendem à porta. A batida foi ouvida, mas não foi atendida por meses sucessivos e anos a fio: "Vamos! Deixe-me entrar! Você pode ser feliz! Pode se animar! Pode aproveitar a sua vida!" Não sei quanto a você, mas eu decidi atender à porta. Eu acordo todas as manhãs e digo: "Pai, obrigado por outro lindo dia. Vou ser feliz. Vou desfrutar deste dia. Vou iluminar a vida de alguém. Eu escolho receber o Teu presente: a alegria."

Você Tem o Que Precisa para Ser Feliz

> *Temos o que precisamos para ser felizes. Falta-nos apenas a perspectiva correta.*

Descobri que na maior parte do tempo temos o que precisamos para ser felizes. Falta-nos apenas a perspectiva correta. Por exemplo, talvez você não esteja feliz com o emprego que tem agora, mas se você perdesse esse emprego e ficasse meses sem nenhuma renda, provavelmente ficaria muito feliz em tê-lo de volta.

Viu só? No exemplo que dei você tinha o necessário para ser feliz, simplesmente não percebia isso. Conheço pessoas perfeitamente saudáveis, mas que nunca estão realmente felizes. Sempre há algo que as incomoda. Elas querem uma casa maior ou um emprego melhor. Mas se perdessem a saúde e depois a recuperassem, estou certo de que ficariam impactadas. Elas têm tudo o que precisam para ser felizes.

Ouço mulheres reclamando sem parar de seus maridos e homens reclamarem sem parar de suas esposas: "[Ele ou ela] é muito isso" ou "pouco aquilo". Mas se seus cônjuges de repente fossem embora e eles ficassem sozinhos dia após dia; se não tivessem ninguém para conversar; se não tivessem ninguém com quem jantar, talvez ficassem felizes simplesmente em ter de volta os seus "sapatos velhos". Quero dizer, seus *maridos* ou *esposas*.

Mantenha sua vida na perspectiva correta. Cada um de nós tem algo, neste exato instante, para se sentir feliz: nossa saúde, nosso emprego, nossa família, ou uma oportunidade.

Conheço um casal que estava constantemente reclamando de sua casa. Ela era pequena demais e ficava muito distante em uma área rural. Era uma constante fonte de frustração para eles. Mas quando a economia entrou em colapso, infelizmente, a renda deles também entrou, e eles chegaram muito perto de perder aquela casa. Às vésperas do banco efetuar a retomada da casa por falta de pagamento, eles conseguiram refinanciá-la para poderem mantê-la.

Você sabia que eles agora acham que aquela casa é a melhor coisa do mundo? Eles a exibem como se fosse nova em folha. O que aconteceu? Eles mudaram sua perspectiva.

Ouço as pessoas dizerem: "Bem, preciso ir trabalhar hoje."

Mas a atitude correta é dizer: "*Tenho o privilégio* de ir trabalhar hoje. Tenho um emprego. Tenho uma oportunidade. Isso é motivo suficiente para que eu tenha um sorriso em meu rosto."

"Bem, tenho de limpar esta casa. É muito trabalho."

Não! O correto seria dizer: "*Tenho o privilégio* de limpar esta casa. Sou forte. Sou saudável. Além disso, tenho uma casa. Não estou vivendo debaixo de uma ponte em algum lugar."

"Tenho de cuidar dessas crianças. Tudo que faço é cozinhar e limpar e lavar roupas."

O certo é: "Tenho o privilégio de cuidar dessas crianças. Elas são um presente de Deus. Elas são um tesouro especial."

Descobri que existem muito poucas coisas na vida que temos de fazer.

"Tenho de pagar meus impostos." Não, na verdade, você tem o *privilégio* de pagar seus impostos. O fato de você ter impostos devidos significa que você ganhou dinheiro. Isso me diz que Deus o abençoou com oportunidades.

"Bem, tenho de ir ao supermercado hoje."

Não, você não *tem de ir*, isso significa que você é saudável o bastante para comer. Você tem o privilégio de ir ao supermercado.

"Bem, tenho de dirigir no trânsito."

Isso significa que Deus o abençoou com um carro. Por isso, você deveria dizer: "Tenho o *privilégio* de dirigir no trânsito."

"Tenho de comprar um presente do Dia dos Namorados para minha esposa."

Na verdade, isso significa que Deus o abençoou com uma esposa. Você não tem de comprar um presente para ela. Você tem o *privilégio* de comprar um presente para ela. E se não o fizer, se sentirá infeliz porque se a mamãe não está feliz, ninguém está feliz!

A Felicidade Está Fundamentada na Sua Perspectiva

Li sobre dois homens que eram pedreiros há mais de trinta anos. Eles estavam trabalhando em um enorme arranha-céu no centro da cidade. Um deles era sempre negativo, desanimado e constantemente reclamava que detestava ir trabalhar. O outro homem era exatamente o oposto. Ele ficava entusiasmado em comparecer a cada dia ao trabalho e tinha uma atitude de fé e entusiasmo com relação à vida.

Um dia, um amigo passou pelo canteiro de obras e perguntou a cada um deles em separado o que estavam fazendo. O primeiro disse: "Ah, estamos apenas colocando tijolos e temos feito isto há trinta anos. É tão maçante. Um tijolo em cima do outro."

Então o amigo perguntou ao segundo pedreiro. Seu rosto simplesmente se iluminou. "Estamos construindo um arranha-céu magnífico", disse ele. "Esta estrutura permanecerá de pé ao longo das futuras gerações. Estou muito empolgado por poder fazer parte disto."

A felicidade de cada pedreiro — ou a ausência dela — estava fundamentada no ponto de vista deles. Você pode estar colocando tijolos ou pode estar construindo um lindo arranha-céu. A escolha cabe a você. Pode escolher ir trabalhar todos os dias e simplesmente marcar o relógio de ponto, detestar estar ali e fazer o mínimo possível. Ou pode comparecer com entusiasmo e dar o seu melhor, consciente de estar tornando o mundo um lugar melhor.

Descobri que somos nós que criamos grande parte da nossa infelicidade. Vemos o que está errado em lugar de vermos o que está certo. Olhamos para o que não temos em vez de olharmos para o que temos. Não celebramos cada dia nem valorizamos o presente que Deus nos deu.

Há anos, um homem que viajava de trem conheceu um casal de muito sucesso. A senhora usava roupas e joias muito caras. Aquele casal obviamente era muito rico. O viajante compartilhou com eles uma cabine de primeira classe, muito confortável. Mas desde o começo a senhora não fez nada senão reclamar. Reclamou que a temperatura não estava correta, reclamou não haver luz suficiente, reclamou que a comida não estava boa e que seu assento estava sujo. Ela deixou todos infelizes.

Durante a jornada, o viajante iniciou uma conversa com o marido. Perguntou-lhe em que tipo de negócio ele trabalhava. O homem disse que havia trabalhado na indústria automobilística e que Deus o havia abençoado grandemente. E acrescentou:

— Mas minha mulher trabalha em uma fábrica.

O viajante pensou: *Isto é um tanto estranho. Quero dizer, ela é tão distinta e se veste de maneira tão adequada. Isto parece não estar se encaixando.*

Ele perguntou com muita curiosidade:

— O que ela fabrica?

— Ela fabrica infelicidade — disse o marido — ela fica infeliz onde quer que vá.

Talvez você precise mudar de negócio, não fisicamente, mas mentalmente. Pare de fabricar infelicidade. Pare de ficar preso ao que está errado. Pare de ver os erros e comece a ver o que é bom. Comece a ser grato pelo que tem. Reconheça que o hoje é um presente.

Mantenha uma Canção em Seu Coração

Quando saí de casa bem cedo em uma manhã recente, ouvi todos aqueles pássaros tão alegres cantando sem parar, bem alto! Os passarinhos pequenos estavam trinando e gorjeando. Os pássaros grandes cantavam uma melodia. Era como se estivessem fazendo uma grande festa. Eu queria dizer a eles: "Ei, pássaros! Vocês têm lido o jornal ultimamente? Viram o mercado de ações no último ano? Não deviam estar cantando, desfrutando a vida. O que há de errado com vocês? Estão agindo como se tudo fosse ficar bem."

O que estava acontecendo com aqueles pássaros? Eles conhecem um segredo: sabem que seu Pai celestial está no controle. Eles sabem que Deus prometeu cuidar deles, então atravessam o dia cantando e desfrutando a vida, independentemente das circunstâncias.

É assim que se começa cada dia. Levante-se de manhã com um cântico de louvor no seu coração. Coloque um sorriso em seu rosto. Saia para o dia e esteja decidido a desfrutá-lo. O apóstolo Paulo escreveu: "Sejam felizes [na sua fé] e regozijem-se e tenham o coração alegre continuamente (sempre)" (1 Tessalonicenses 5:16, AMP).

Por quanto tempo devemos ter o coração alegre? Por quanto tempo devemos ter um sorriso em nosso rosto? Enquanto as pessoas nos tratarem bem? Enquanto nos sentirmos bem? Enquanto a economia estiver em alta? Não, a Bíblia diz: "Tenham o coração alegre *continuamente (sempre)."* Isso quer dizer nos bons tempos e nos tempos difíceis, quando o sol aparecer e quando estiver chovendo.

> *Levante-se de manhã com um cântico de louvor no seu coração.*

Quando houver nuvens escuras sobre a sua cabeça e você sentir que a vida está deprimente e sombria, lembre-se sempre de que bem acima dessas nuvens escuras o sol está brilhando. Talvez você não seja capaz de ver o sol na sua vida neste instante, mas isso não significa que ele não está lá em cima. Ele apenas está bloqueado pelas nuvens escuras. A boa notícia é que as nuvens são temporárias. As nuvens não vão durar para sempre. O sol vai brilhar em sua vida outra vez.

Enquanto isso mantenha a sua alegria. Tenha o coração alegre continuamente. Não permita que algumas nuvens obscureçam sua vida. A chuva cai sobre os justos e injustos. Isso significa que todos nós enfrentamos decepções, situações injustas, testes, provas e tentações. Mas saiba disto: logo depois do teste vem a promoção. Do outro lado de cada dificuldade está o progresso. Se você passar pela adversidade com um sorriso em seu rosto e uma canção no seu coração, do outro lado haverá uma recompensa.

Entretanto, muitas vezes ficamos desanimados nos tempos difíceis. "Estou deprimido hoje porque os negócios estão lentos." "Estou angustiado porque tive um diagnóstico médico negativo." Ou "Estou preocupado com esta questão jurídica".

A natureza humana tende a ficar negativa nos tempos difíceis. Mas a Bíblia nos diz para fazermos exatamente o contrário: "Meus irmãos, considerem motivo de grande alegria o fato de passarem por diversas provações" (Tiago 1:2). Isso parece não fazer sentido para algumas pessoas. "Você quer dizer que devemos ficar alegres e satisfeitos em meio a tempos difíceis?" elas perguntam. Sim, isso mesmo, porque quando você perde a sua alegria, também perde a sua força.

Você precisa da sua força mais do que nunca nos tempos difíceis, e ela depende da sua alegria. Quando estiver enfrentando uma crise financeira, lidando com uma doença, passando por um rompimento em um relacionamento ou criando um filho rebelde, você precisará da sua força. Se passar por esses desafios se sentindo negativo, amargo e desanimado, você não terá a vitalidade para manter-se forte e combater o bom combate da fé.

Você pode manter sua alegria sabendo que do outro lado de cada teste está uma promoção. Do outro lado de todo revés está uma oportunidade. Do outro lado de cada ofensa há o crescimento. As dificuldades que você está enfrentando não estão ali para derrotá-lo. Estão ali para lhe acrescentar algo.

Simplesmente continue lembrando a si mesmo: *Embora isso seja difícil, embora eu não o entenda, embora não seja justo, vou manter uma atitude positiva e permanecer cheio de alegria, sabendo que isto não vai me fazer recuar. Isto vai me preparar para que Deus me faça chegar ao outro lado em uma posição ainda melhor.*

A Chave para Lidar com a Adversidade

Se você reclamar, não sairá do lugar. Você vai ficar bem aí onde está. Se continuar negativo e azedo com a vida, não passará no teste. Havia uma promoção disponível. Havia uma oportunidade de crescimento, mas por não ter considerado isso motivo de alegria, você a perdeu. A boa notícia é a seguinte: Deus lhe dará outra oportunidade. Ele ainda pode levá-lo para aonde você precisa estar. Por exemplo, quando alguém ofende você, sua atitude deveria ser: *Não vou ficar angustiado. Vou considerar tudo isso como motivo de alegria. Sei que isto é simplesmente um teste, e do outro lado deste desafio serei promovido.*

Quando os negócios estão devagar, em vez de se lamentar, considere isso como motivo de alegria. Diga a si mesmo: *Isto também passará. Sei que Deus está suprindo todas as minhas necessidades.* Quando sofrer uma decepção, suas emoções negativas lhe dirão para ficar deprimido e desanimado. Você sentirá a autocomiseração tentando se instalar. Mas em vez de se submeter a essas emoções negativas, encoraje a si mesmo: *Levante-se. Seja forte. Há dias bons à frente.*

É assim que você passa no teste. É assim que você é capaz de considerar tudo como sendo motivo de alegria.

Em tempos difíceis, não se surpreenda ao sentir que um espírito de angústia está tentando dominá-lo. Não se surpreenda se ouvir seus pensamentos lhe dizendo: *Isto nunca vai dar certo. Você nunca ficará bem. Acabou. É o fim.* Não acredite nessas mentiras. Você não precisa ser guiado pelas emoções. Elas não estão no comando. Você está no comando. Em vez de deixar suas emoções negativas falarem, fale *você* consigo mesmo.

Quando acordar pela manhã e um pensamento negativo vier à sua mente, dizendo *Este é um péssimo dia*, não concorde simplesmente nem diga: "É, realmente é um dia péssimo, sinto-me péssimo." Em vez disso, reverta a situação e fale consigo mesmo. Faça uma declaração de fé em voz alta: "Este será um ótimo dia. Vou ficar bem. Deus vai restaurar minha saúde."

Coloque a Sua Confiança Novamente no Senhor

Foi isso que o Rei Davi fez. Ele colocou sua esperança no Senhor. O espírito de angústia tentou roubar o seu destino. Ele ficou deprimido e muito desanimado durante aquele período de trevas. Mas Davi disse: "Por que você está assim tão triste, ó minha alma?... Ponha a sua esperança em Deus!" (Salmos 43:5).

Ele estava perguntando a si mesmo: *Davi, o que há de errado com você? Por que você está desanimado? Por que perdeu a sua alegria? Deus ainda está no trono. Deus ainda tem coisas boas reservadas. Coloque a sua esperança novamente no Senhor.*

Quando essa angústia tentar vir sobre você, faça a mesma coisa. Olhe no espelho e diga: "Olhe aqui, meu eu, anime-se. Vista uma nova atitude. Não vamos ficar para baixo. Não vamos ficar derrotados. Vamos colocar a nossa esperança no Senhor."

Há tanta negatividade no nosso mundo, tantas notícias negativas a cada dia. Se não tomar cuidado, você verá o espírito de angústia se instalando. Ele o dominará, roubando o seu entusiasmo e sugando a sua alegria.

Você poderia dizer: "Ah, mas as coisas vão tão mal!"

A Bíblia nos diz o que fazer quando isso acontecer: Coloque as "veste de louvor, em vez de espírito angustiado" (Isaías 61:3, ARA). Quando você sentir que a angústia está tentando dominá-lo lhe dizendo: "Não há nada de bom no seu futuro. Você já viveu os seus melhores dias", a primeira coisa a fazer é tirar aquela velha roupa de angústia. Jogue fora a capa da autocomiseração. Livre-se da veste do desânimo e vista uma nova veste de louvor.

Agradeça a Deus pelo que Ele já fez na sua vida. Agradeça a Ele pelas vitórias do seu passado. Agradeça por já ter levado você tão longe. E depois vá um passo além. Agradeça antecipadamente pelas vitórias que Ele planejou para o seu amanhã. Agradeça pelas novas portas que Ele está abrindo. Agradeça pelas situações que Ele está transformando. Agradeça a Deus pelo favor que Ele tem para o seu futuro.

> *Você não pode dar graças a Deus e ficar deprimido e desanimado.*

Se você fizer isso, sentirá uma nova alegria nascendo no seu interior. Você sentirá a sua fé aumentar. Você não terá aquela mentalidade de vítima, mas de vencedor. Uma coisa que aprendi é que você não pode louvar e permanecer derrotado ao mesmo tempo. Você não pode dar graças a Deus e ficar deprimido e desanimado.

Coloque as Vestes de Louvor

Quando você coloca as vestes de louvor, esse espírito angustiado tem de sair. Algumas vezes você não sentirá vontade de fazer isso. Não sentirá vontade de ter uma atitude positiva. Você não sentirá vontade de ser grato. É por isso que Deus diz para oferecermos o sacrifício de louvor — Ele sabia que nem sempre seria fácil. Você terá de bater o pé e dizer: "Deus, não estou com vontade de fazer isto. Parece que nunca vai dar certo. Estou cansado, sozinho e desanimado, mas sei que Tu ainda estás no trono. Sei que Tu és bom e que Tu és bom em todo o tempo, portanto escolho Te dar louvor. Escolho Te dar graças de qualquer maneira."

Quando você oferece esse sacrifício de louvor, coisas sobrenaturais começam a acontecer. A Bíblia nos conta a história do apóstolo Paulo e de seu companheiro Silas. Eles foram presos por compartilharem a sua fé. Eles haviam sido injustamente espancados mais cedo naquele dia. O que eles estavam fazendo à meia-noite na cela da prisão? Reclamando? Tendo uma crise de autopiedade? Dizendo: "Deus, isto não é justo. Onde o Senhor estava hoje?"

Não, eles estavam cantando louvores e dando graças a Deus. Eles estavam dizendo: "Deus, sabemos que Tu és maior que os nossos problemas. Sabemos que Tu ainda estás no controle. Tu és perfeitamente capaz de nos tirar daqui." E sem dúvida, à meia-noite houve um grande terremoto. As portas da prisão se abriram. As cadeias caíram e Paulo e Silas saíram como homens livres.

O que deu início a isso? A oferta do sacrifício de louvor que eles ofereceram.

De fato, qualquer pessoa pode ser grata quando está no topo da montanha, mas onde estão as pessoas que dão louvor a Deus mesmo quando o chão desaba? Onde estão as pessoas que se levantam a cada manhã, preparam-se para a vitória e crescem apesar de todas as novas notícias que predizem morte e destruição? Onde estão as pessoas que dizem: "Deus, eu ainda Te louvo embora o diagnóstico médico não tenha sido bom" ou "Deus, eu ainda Te agradeço embora as coisas não tenham saído do meu jeito"?

Creio que você é uma dessas pessoas. Creio que você tem uma grande fé. As suas raízes são profundas. Você poderia estar reclamando. Você poderia estar desanimado. Poderia estar ressentido, mas em vez disso apenas continua dando louvor a Deus. Você tem aquele sorriso no rosto. Você está fazendo a coisa certa, embora a coisa errada esteja acontecendo.

É por isso que posso lhe dizer com confiança que você está herdando vitórias maiores. Amplie a sua visão. Permita que Deus retire as suas limitações. Você ainda não viu os seus melhores dias. Deus tem vitórias no futuro que o impressionarão. Ele aparecerá e demonstrará o Seu poder de maneiras inusitadas. Talvez você esteja em um momento difícil agora mesmo, mas lembre-se disto: o inimigo sempre irá combatê-lo com mais fúria quando ele souber que Deus tem algo grande reservado para você.

Você está mais perto da vitória quando as trevas são mais escuras. Este é o levante final do inimigo. Não desanime. Não comece a reclamar. Simplesmente continue oferecendo seu sacrifício de louvor.

A Voz de Alegria

O profeta Jeremias do Antigo Testamento escreveu: "Mais uma vez se ouvirão as vozes de júbilo e de alegria... e as vozes daqueles que trazem ofertas de ação de graças para o templo do Senhor... 'Porque eu mudarei a sorte desta terra como antigamente', declara o Senhor" (Jeremias 33:10-11). Eu particularmente amo duas expressões desse versículo: *mudarei* e *como antigamente.* Deus está dizendo que quando você estiver cheio de alegria, quando aprender a oferecer o sacrifício de louvor, Deus transformará as coisas a seu favor. Ele reverterá as situações negativas. Ele devolverá, ou restaurará, o que foi roubado.

Mas observe que a restauração não vem quando reclamamos, quando somos negativos ou amargos. A restauração ocorreu quando você tem a voz de alegria, a voz de júbilo. Isso significa que você se levanta de manhã com uma canção em seu coração. Você sai a cada dia com um sorriso em seu rosto. As coisas talvez nem sempre aconteçam do seu jeito, mas você não fica desanimado. Você sacode isso para longe e considera tudo como motivo de alegria.

Quando você viver desta maneira, pode se preparar. Deus estará revertendo e restaurando. Ele reverterá a situação das suas finanças se elas estiveram em queda. Ele reverterá os negócios que estão com dificuldades. Reverterá uma situação jurídica a seu favor. Ele reverterá um problema de saúde para curar você.

E não apenas isso, mas Deus restituirá o que deveria ter sido seu. Ele restituirá os anos que você perdeu porque alguém lhe fez mal. Ele restaurará um relacionamento que está à beira do fracasso. A restauração ocorrerá porque você tem a voz de alegria, a voz de júbilo, e continua oferecendo esse sacrifício de louvor.

Aprenda a considerar tudo como motivo de alegria. Isso não significa estar determinado a nunca ter problemas, mas sim determinar-se a permanecer cheio de alegria em meio aos problemas. Organize sua mente na direção certa.

E não importa o que vier a cruzar seu caminho, não perca a alegria. Aprenda a oferecer aquele sacrifício de louvor. Se mantiver a voz de alegria e a voz de júbilo, você não ficará deprimido e derrotado. Deus prometeu reverter e restaurar. Não apenas isso, mas por ter alegria, você encontrará a força para resistir a todos os ataques, para superar todos os obstáculos, para derrotar todos os inimigos. Você se tornará tudo que Deus o criou para ser e terá tudo aquilo que Deus pretendia que tivesse.

CAPÍTULO 2

Não Abra Mão do Seu Poder

Todos os dias, temos muitas oportunidades de ficar angustiados, frustrados e ofendidos. Pode ser que os planos para aquele dia não tenham dado certo ou alguém tenha sido rude no escritório, ou que um trabalho que deveria ter levado uma hora tenha levado três. A vida é cheia de inconveniências. Sempre haverá interrupções e pessoas difíceis. Não podemos controlar todas as circunstâncias que nos cercam, mas podemos controlar as nossas reações.

Não podemos controlar todas as circunstâncias que nos cercam, mas podemos controlar as nossas reações.

Ouvi dizer que a vida é feita de 10% o que acontece com você e 90% da maneira como você reage. Inicie cada dia sendo positivo, esperançoso e esperando o favor de Deus. Mas ao mesmo tempo seja realista, sabendo que a maioria dos dias não sairá exatamente como você planejou. Se ficar estressado porque está fora do prazo, frustrado porque alguém o ofendeu ou angustiado porque seu filho não quer tomar o café da manhã, você estará abrindo mão do seu poder e colocando-o nas mãos de outras pessoas ou das circunstâncias.

É bom ter planos, mas na primeira parte de cada dia submeta esses planos a Deus e diga simplesmente: "Deus, é isto que eu gostaria de realizar hoje. Mas sei que Tu estás no controle, portanto eu submeto os meus planos a Ti. E decidi antecipadamente que independentemente do que cruze o meu caminho, ficarei em paz, sabendo que Tu estás dirigindo os meus passos e que todas as coisas cooperarão para o meu bem."

Entretanto, muitas pessoas têm uma abordagem errada da vida nos dias de hoje. Elas pensam que não podem ser felizes a não ser que controlem todas as circunstâncias e tudo aconteça do modo que planejaram. Mas isso não é realista. Você precisa chegar até o ponto de poder dizer: "Não tenho de ter tudo do meu jeito para ter um bom dia. Os meus planos não precisam dar certo para que eu seja feliz. Todas as pessoas não têm de me tratar direito para que a vida seja agradável. Já me decidi: não importa o que aconteça ou não aconteça, ficarei em paz e desfrutarei este dia."

A Bíblia diz que "ninguém lhes tirará essa alegria" (João 16:22). Nenhuma interrupção pode tirar o seu entusiasmo. Você precisa decidir entregá-lo. Na próxima vez que for tentado a ficar angustiado e frustrado, pergunte a si mesmo: *Vale a pena abrir mão do meu poder por causa disto?*

Ou *Este homem é rude comigo ao telefone. Nem sequer o conheço. Vale a pena entregar a ele a minha alegria?*

Ou *Este colega de trabalho me deixou fora de uma reunião. Vale a pena abrir mão da minha paz por causa disso?*

Talvez você não alcançado a vitória, não porque não consegue, mas porque continua abrindo mão dela e entregando-a a outros. A vida é curta demais para ficar angustiado e ofendido. Se você permitir que as circunstâncias controlem a sua alegria, sempre haverá um motivo para ficar desanimado.

"É a economia."

"É o mercado de ações. É por isso que estou tão deprimido."

Pare de entregar o seu poder a outros. Deus ainda está no trono. A economia no céu está indo muito bem. Enquanto você estiver conectado a Ele, tudo ficará bem.

"Bem", você diz, "tive de cancelar minhas férias este ano".

Ou "Meu chefe sem dúvida é uma pessoa de difícil convivência".

"Este vizinho realmente me dá nos nervos. Tenho orado e pedido que Deus o transforme."

Uma coisa que aprendi foi a nunca orar para que Deus transforme alguém sem dizer primeiro: "Deus, transforma-me."

Mesmo que esse vizinho incômodo se mude, se você não aprender este princípio — o de nunca permitir que os outros roubem a sua alegria — outros dois exatamente como ele se mudarão para a sua vizinhança.

Você Precisa Ser a Mudança que Procura

Jesus colocou desta forma: "Parem de se permitir ficar agitados e perturbados" (João 14:27, AMP).

Observe que é uma escolha que temos de fazer. Jesus não disse: "Vou garantir que as circunstâncias sejam perfeitas para vocês. Assim vocês podem ser felizes."

Na verdade, Ele disse: "As coisas que estão angustiando vocês neste momento não têm de angustiá-los. Ainda que as pessoas que estão irritando vocês não mudem, elas não têm de irritá-los." Se você fizer alguns ajustes e mudar a sua abordagem da vida, poderá ser feliz apesar dessas circunstâncias.

Estou lhe pedindo hoje para parar de permitir que pessoas, decepções e inconveniências negativas roubem a sua alegria. Você precisa se impor e dizer: "Esta criança me dá nos nervos — eu o amo — mas vou me colocar acima disto. Não vou permitir que isto me controle", ou "Este chefe ranzinza vira uma fera sem motivo algum, mas não vou deixar que ele arruíne mais nenhum dos meus dias." É isso que significa não abrir mão do seu poder. Você precisa estar decidido a desfrutar a vida.

Certa vez uma mulher me contou sobre um parente de seu marido que era muito insolente e sempre fazia observações mordazes e humilhantes dirigidas a ela. Todas as vezes que eles estavam em reuniões de família, invariavelmente, aquele homem dizia algo que a ofendia. Ela ficava angustiada e isso estragava toda a viagem. Ela chegou a um ponto em que nem mesmo queria ir aos eventos com a família de seu marido. Por fim, ela disse a seu marido: "Você precisa fazer alguma coisa sobre esse homem. Ele é seu parente."

Ela estava esperando que o marido dissesse: "Você está certa, querida. Ele não devia falar assim com você. Vou entrar lá e falar claro com ele." Mas o marido fez exatamente o contrário. Ele disse: "Querida, eu a amo, mas não posso controlá-lo. Ele tem todo o direito de ter a sua opinião. Ele pode dizer o que quiser, mas você tem todo o direito de não se ofender."

A princípio, ela não conseguiu entender por que seu marido não quis tomar o partido dela. Ela se sentia angustiada muitas vezes seguidas. Se o parente de seu marido estivesse em uma sala, ela ia para outra sala. Se o homem estivesse do lado de fora, ela se certificava de ficar do lado de dentro. O foco dela era evitar aquele homem. Com o tempo, ela ficou cansada de permitir que ele exercesse um impacto tão grande sobre sua vida. Um dia, foi como se uma luz se acendesse. Ela percebeu que ninguém levava aquele homem a sério e que ela estava abrindo mão do seu poder e entregando-o a outro. Ela estava permitindo que uma pessoa que tinha seus próprios problemas a impedisse de se tornar a mulher que ela havia sido destinada para ser.

Quando permite que o que alguém diz ou faz o angustie, você está permitindo que essa pessoa o controle. Quando diz: "Você me deixa tão furioso", o que você realmente está fazendo é admitir que está entregando o seu poder a outro. Enquanto a pessoa sabe que pode fazer você reagir assim — que ela pode fazer aquela observação e você ficará angustiada, que se ela for para o lado de fora você irá para o lado de dentro — enquanto você continuar reagindo da mesma maneira estará dando a ela exatamente o que ela quer.

Quando permite que o que alguém diz ou faz o angustie, você está permitindo que essa pessoa o controle.

As pessoas têm o direito de dizer o que querem e de fazer o que querem — desde que não seja nada ilegal. E nós temos o direito de não ficarmos ofendidos. Temos o direito de ignorar isso. Mas quando ficamos angustiados e irados, nós mudamos. Se alguém entra em uma sala e ficamos tensos, é porque estamos dando importância demais ao que aquela pessoa pensa a nosso respeito.

O que uma pessoa diz a seu respeito não define quem você é. A opinião dele ou dela a seu respeito não determina o seu valor. Deixe que isso escorra das suas costas como a água nas costas de um pato. Essa pessoa tem todo o direito de ter uma opinião, e você tem todo o direito de ignorá-la.

Descobri que algumas pessoas sentem que o chamado delas nesta vida é apontar o que os outros estão fazendo de errado e onde os outros estão falhando. Elas estão constantemente criticando, sempre encontrando erros. Não há nada que elas amem mais que deixar alguém angustiado, discutindo e sempre na defensiva.

Coloque-se acima disso. Você não precisa que elas concordem com você. Não precisa ganhar a aprovação delas. Esqueça isso e seja simplesmente quem Deus o criou para ser.

Até mesmo o grande líder Moisés teve de lidar com parentes que não gostavam da mulher que ele havia escolhido para se casar, porque ela era de uma nacionalidade diferente. Eles criticaram Moisés publicamente, dizendo: "Não concordamos com isto. Nós nos recusamos a aprovar este casamento."

Lá no fundo, porém, Moisés sabia que ele estava tomando a decisão correta. Ele não discutiu com eles. Não ficou angustiado nem os criticou. Ele simplesmente manteve a sua paz. O resultado foi que a pessoa que mais criticou sua noiva contraiu lepra e logo não estava mais por perto.

Você não precisa responder a todas as críticas. Não precisa provar nada a eles. Simplesmente permaneça na estrada principal e deixe que Deus lute as suas batalhas por você. Alguns que cruzarão o seu caminho simplesmente não querem ter paz com você. Independentemente do que você diga ou faça, eles não serão conquistados. Ainda que você mudasse, eles ainda encontrariam algum motivo para criticá-lo. Você precisa aceitar o fato de que independentemente do que você faça, algumas pessoas nunca ficarão em paz com você.

Eu tive um carro esporte muito bom quando comecei a namorar minha esposa, Victoria. Estava com vinte e poucos anos e queria impressioná-la, então eu mantinha aquele carro impecável. Não havia um arranhão nele. Então, certo dia, eu estava indo para casa depois de ter saído da casa de Victoria tarde da noite, quando sofri um acidente. Eu estava passando por um cruzamento. O sinal estava verde. Outro carro indo na mesma direção virou à direita saindo da pista errada e atingiu a traseira do meu carro esporte, fazendo-o girar.

Depois de tentar me acalmar por alguns minutos, saí do carro. Eu sabia que o acidente não havia sido por minha culpa. E naturalmente sou uma pessoa calma. Não existem muitas coisas que me irritam. Dei uma olhada no meu carro impecável e constatei que a traseira havia sido totalmente destruída.

A essa altura o outro motorista saiu de seu carro. Estava muito escuro, mas pude ver que ele provavelmente estava na casa dos cinquenta anos. Ele começou a se enfurecer, a levantar a voz e a praguejar, e depois ele disse: "Garoto, aprenda a dirigir. Estou muito furioso com você."

Pensei comigo mesmo: *Sou eu quem deveria estar irritado. Ele simplesmente fez a curva na pista errada*. Ele estava cerca de trinta metros de distância. Eu podia ver que ele estava estimulando a sua raiva. Então ele começou a correr na minha direção como se quisesse brigar.

Meu primeiro pensamento foi: *Você quer provar um pouco do meu soco?* Você sabe que isso não é verdade. O meu primeiro pensamento de verdade foi: *Qual é o tamanho dele?*

Quando ele chegou a uns quinze metros de mim, vi que ele tinha o dobro do meu tamanho. Bem naquela hora tive uma revelação: aquela não era uma batalha que valia a pena lutar.

Dei a volta para o outro lado do meu carro.

Você dirá: "Joel, quer dizer que você era um covarde?"

Não, eu apenas queria viver!

Ele se encaixava naquela categoria de pessoas que nunca ficarão em paz comigo.

Quando Jesus enviou os Seus discípulos para certas casas, Ele lhes disse para declararem paz sobre cada casa. Ele disse, em outras palavras: "Se eles não a receberem, então a paz que vocês estão oferecendo voltará para vocês" (ver Lucas 10:5-6).

Isso me diz que se você der o seu melhor para estar em paz com as pessoas — ainda que elas não aceitem a sua paz — a boa notícia é que a paz voltará para você de qualquer forma. Você não apenas desfrutará a sua paz, como também lhe será dada a porção deles. Quando você faz a coisa certa quando a coisa errada está acontecendo, Deus o vê e Ele recompensa essa atitude.

Dois amigos entraram em uma loja de esquina para comprar um jornal e o balconista da loja os tratou com grosseria. Um dos amigos, depois de pagar, sorriu para o balconista e disse:

— Espero que o senhor tenha um ótimo dia hoje.

Quando eles estavam saindo, o amigo dele disse:

— Esse balconista é sempre grosseiro assim?

— Todos os dias — disse o outro.

— Bem, e você é sempre gentil assim?

— Todos os dias.

Isso desconcertou o amigo, que perguntou por que ele fazia isso.

— Decidi que não vou permitir que uma pessoa arruíne o meu dia — foi a resposta.

Ele havia decidido não entregar o controle do seu humor ou da sua atitude a nenhuma outra pessoa. Aquele balconista tinha todo o direito de ser grosseiro e desagradável, mas todos aqueles a quem ele maltratava também tinham o direito de continuar sendo felizes, gentis e amigáveis.

Força Sob Controle

Quando você encontrar pessoas que estão envenenadas por dentro, não deixe que isso contagie você. Se descer até o nível delas e você for frio e grosseiro em troca, você permitiu que elas o contaminassem. Coloque-se acima disso. Seja parte da solução, não do problema. Vencemos o mal com o bem. Se alguém for rude com você, simplesmente abençoe-o, sorria e continue seguindo em frente.

Jesus colocou esse princípio do seguinte modo: "Bem-aventurados os humildes, pois eles receberão a terra por herança" (Mateus 5:5). Quando ouvimos a palavra *humilde*, muitas vezes pensamos em alguém que é fraco, tímido e reservado; simplesmente uma pessoa medrosa. A imagem é a de que as pessoas humildes não conseguem se defender, e todos passam por cima delas. Isso não é ser humilde, em absoluto. Humildade não é fraqueza. É força sob controle.

A humildade é como um garanhão selvagem que foi domado. O cavalo ainda é forte, ainda é poderoso e tem tanta velocidade quanto antes de ser domado. A única diferença é que agora essa força está sob controle. Você pode andar até o cavalo, acariciá-lo, conduzi-lo, provavelmente montar nele e cavalgá-lo. Mas não se deixe enganar. Ele tem o mesmo poder e a mesma tenacidade; ele apenas aprendeu como controlá-lo.

Quando você é uma pessoa humilde, não sai por aí tentando consertar todo mundo. Você não reage a todas as críticas. As pessoas podem falar de você, mas você não permite que isso o incomode.

Mantenha a sua força sob controle. Não se trata do quanto você é orgulhoso ou de quantas pessoas você corrige, ou de como você pode provar o seu valor. Se você discutir com um crítico e tentar se justificar, tudo que está fazendo é descer ao nível dele. Não caia nessa armadilha. Você é uma águia. Você pode subir e voar acima disso.

Talvez você tenha o poder de corrigir o seu crítico. Talvez você sinta vontade de dizer a ele tudo o que pensa. Talvez as suas emoções lhe digam: *Vá lá. Dê o troco. Vingue-se.* Em vez disso, ouça o que o apóstolo Paulo disse a seu protegido, Timóteo: "Fique calmo, frio e firme" (2 Timóteo 4:5, AMP). Ele estava dizendo, em outras palavras: "Não entregue o seu poder a outros. Mantenha a sua força sob controle."

Um sujeito estava comendo um hambúrguer em um pequeno restaurante rural quando uma gangue de motociclistas entrou. Aqueles motociclistas eram grandes, durões e maus. Apenas para mostrar quem estava no comando, um deles foi até a mesa do sujeito, derrubou o hambúrguer dele no chão, pegou a água que ele bebia e derramou-a em cima da cabeça do sujeito.

— Ah, sinto muito, foi um acidente — disse o motociclista de modo sarcástico.

Ele estava tentando arrumar uma briga. O sujeito ficou sentado calmamente, pegou seu guardanapo, secou a água, levantou-se e saiu do restaurante. O motociclista sacudiu a cabeça e disse ao garçom:

— Ele não é grande coisa como homem, não é?

O garçom disse:

— Não, e não é muito grande coisa como motorista também. Ele acaba de passar por cima de doze motocicletas com o carro.

Isso é força sob controle. Se você se irrita facilmente, não continue assim ano após ano. Se você permite que pequenas coisas como filas longas, o tempo, um vendedor nervoso, ou uma recepcionista sem consideração roubem a sua alegria, desenhe uma linha na areia. Diga: "Sabe de uma coisa? Chega. Não vou mais entregar o meu poder a ninguém. Vou permanecer calmo, frio e controlado."

David J. Pollay, autor de *The Law of the Garbage Truck* (A lei do caminhão de lixo), estava em um táxi em Nova Yorque quando um carro saiu de uma vaga bem na frente dele. O motorista teve de pisar no freio, o carro deslizou e os pneus cantaram, mas o taxi parou a um centímetro de distância do outro carro. O motorista do outro carro sacudiu a cabeça, buzinou e gritou irado. Mas David ficou surpreso quando o motorista do táxi apenas deu um grande sorriso e acenou para ele.

David disse:

— Aquele homem quase acabou com o seu carro e nos mandou para o hospital. Não consigo acreditar que você não tenha gritado com ele. Como você conseguiu manter a calma?

A reação do motorista do táxi, que David chama de "A Lei do Caminhão de Lixo" foi esta:

— Muitas pessoas são como caminhões de lixo. Elas andam por aí cheias de lixo, cheias de frustração, cheias de raiva e decepção. À medida que o lixo delas se acumula, elas procuram um lugar para largá-lo. E se você permitir, elas vão jogá-lo em cima de você. Então, quando alguém quiser jogar lixo sobre você, não leve para o lado pessoal. Isso não tem nada a ver com você. Simplesmente sorria, acene, deseje-lhe o bem e siga em frente. Acredite-me, você será mais feliz.

As pessoas de sucesso não permitem que os caminhões de lixo descarreguem sobre elas. Se alguém descarregar uma carga sobre você, não fique irritado. Não fique zangado. Não fique ofendido. Se cometer esse erro, você acabará carregando os fardos deles por aí e até finalmente jogá-los em cima de outra pessoa.

Mantenha a sua "capota levantada". Algumas vezes você poderá precisar ter uma capota de aço. Nos dias de hoje, tantas pessoas estão lançando veneno através da crítica, das más notícias e da raiva, que você precisará manter essa capota levantada com firmeza. Não podemos impedir que as pessoas joguem o seu lixo por aí, mas manter as nossas capotas levantadas é mandar uma mensagem para elas, dizendo para irem fazer uma reciclagem!

> *Mantenha a sua capota levantada.*

Logo após os ataques terroristas de 11 de setembro, fui convidado para ir a uma estação de televisão local para ser entrevistado em um programa de notícias. Eu tinha de estar lá na segunda-feira de manhã, por volta das seis e meia. Eu já estava cansado depois dos nossos cultos de domingo e dos eventos do fim de semana. O dia estava frio e chuvoso, e ainda estava escuro. Eu não estava com vontade de estar na televisão, mas havia assumido o compromisso, então estava me dirigindo à estação de tevê. Eles haviam me tido antecipadamente para estacionar bem na frente do prédio, em uma vaga especial reservada para as pessoas que estariam no programa. E, portanto, quando cheguei, estacionei ali. Mas quando estacionei meu carro, uma guarda da segurança correu em minha direção como se eu tivesse acabado de cometer um crime terrível. Ela não foi amigável, de modo algum. Na verdade, ela foi absolutamente grosseira.

— Senhor, o que o acha que está fazendo? — disse ela — O senhor não pode estacionar aqui. Isso está reservado para os nossos convidados especiais.

Tive vontade de dizer: "Senhora, a senhora não pode conseguir ninguém mais especial que eu." Mas tive de morder a língua.

— Bem, senhora, estou no programa hoje e eles me disseram que eu poderia estacionar aqui — expliquei.

— Ah, eles não sabem o que estão dizendo — disse ela — eu dirijo este estacionamento. O senhor terá de estacionar do lado de fora do portão.

Voltei ao meu carro. Eu não conseguia encontrar nenhum lugar para estacionar. Tive de ir até um pequeno bairro distante, e ainda estava chovendo. Eu não tinha guarda-chuva. E enquanto eu corria até a estação de televisão, a cada passo eu pensava: *Isto não está certo. Preciso contar a alguém sobre aquela mulher no estacionamento. Ela precisa ser corrigida.*

Eu estava prestes a entregar o meu poder, mas entrei no prédio e esqueci completamente aquilo.

Duas horas depois, após do programa, saí e o sol estava brilhando. Você sabe que a mesma guarda da segurança apareceu e ela parecia outra pessoa?

— Oh, pastor Osteen — ela disse — se eu soubesse que era o senhor eu o teria deixado estacionar ali.

Fiquei muito satisfeito por ter mordido a língua. Ela continuou dizendo:

— O senhor acha que teria tempo de orar por mim?

Eu queria responder: "Eu o faria se não tivesse de andar até tão longe."

Decida-se a não aceitar o lixo de outras pessoas. Elas podem descarregá-lo, mas você não precisa recebê-lo. Mantenha a sua capota levantada.

As Emoções São Controladas pelas Circunstâncias ou pelo Caráter

Uma panela pequena ferve mais depressa. Você pode dizer o quanto uma pessoa é grande pelo que é necessário para deixá-la irritada. As suas emoções serão controladas ou pelas suas circunstâncias ou pelo seu caráter. Se alguém for grosseiro com você, as suas emoções lhe dirão: *Dê o troco. Vingue-se.*

Isso não exige disciplina alguma. Quando sua força está sob controle, quando você desenvolveu o seu caráter, você percebe: *Sou maior do que isso. Não vou deixar me oprimirem. Sei para onde vou, tenho objetivos a alcançar, sonhos a realizar.*

Acho interessante notar que o apóstolo Paulo nunca orava para que as pessoas fossem libertas dos seus problemas. Ele orava para que Deus lhes desse a força para passar pelos desafios com uma atitude positiva. Às vezes pensamos: *Deus, se Tu simplesmente mudasses essas pessoas que estão me ofendendo se Tu simplesmente fizesses meu filho se consertar.* Ou *Deus, se Tu simplesmente mudasses meu chefe para outro planeta.* Ou *Deus, se Tu me libertasses dessas pessoas, eu poderia ser feliz.*

Mas a verdade é que essas pessoas talvez nunca mudem. Espero que elas mudem, mas ainda que isso não aconteça, *você* pode mudar. Se você corrigir a sua reação, elas não o irritarão mais.

Você tem o poder agora mesmo para viver uma vida plena de alegria, de fé, e cheia de paz. Mas você precisa dizer: "Deus, ainda que essa situação nunca mude, ela não vai roubar minha alegria. Sei que Tu me seguras na palma da Tua mão. Sei que Teu coração se interessa pelo que é melhor para mim, portanto, Deus, estou confiando totalmente em Ti."

O inimigo pode usar contra você qualquer coisa que você achar "indispensável" para ser feliz. Se você acha que *precisa* estar casado para ser feliz, o inimigo pode usar isso contra você. Se *achar* que o seu chefe precisa mudar para que você possa apreciar o seu trabalho, você passará ano após ano detestando-o, pensando ser por isso que não consegue ser feliz.

É bom ter esperanças e sonhos. É muito bom acordar todos os dias acreditando e tendo esperança. Mas não espere que essas coisas aconteçam antes de você conseguir desfrutar a sua vida e encontrar a felicidade. Este é o dia que o Senhor fez, não amanhã, não quando todos os seus sonhos se realizarem, não quando todas as pessoas negativas forem transformadas, mas *hoje*.

Entenda que Deus o colocou exatamente onde Ele quer que você esteja. Se você aprender a ser feliz onde está, Deus o levará para onde você quer estar. Ele prometeu que concederá os desejos do seu coração. Se existe algo que você realmente quer, eu o encorajaria a colocá-lo diante do altar. Simplesmente diga: "Deus, eu realmente adoraria ter isso. Deus, Tu sabes o desejo que colocaste em mim. Eu amaria estar casada. Eu adoraria ver meu cônjuge mudar. Eu adoraria ser promovido. Mas Deus, eu não estou esperando conseguir isso para ser feliz. Sou feliz exatamente onde o Senhor me colocou."

Esse é o tipo de atitude que Deus está procurando.

Transformado pelo Bem

Conheço um homem que enfrentou dificuldades em seu casamento por anos. Ele e sua esposa não concordavam em muitas coisas, e ela não ia à igreja com ele. Durante muito tempo isso o deixou deprimido e desanimado. Então, eu o vi há algum tempo atrás e perguntei como estavam as coisas. Ele parecia muito otimista, dizendo: "Tudo está ótimo. Estou realmente desfrutando minha vida."

Pensei que com certeza ele e sua esposa estavam se entendendo melhor e tivessem resolvido todos aqueles problemas. Mas ele disse: "Não, minha esposa continua a mesma. Ainda não estamos de acordo. Ela ainda não quer vir à igreja comigo."

Então ele disse algo muito interessante.

"Ela não mudou, mas eu mudei. Não permito que as nossas diferenças me angustiem mais. Não permito que elas roubem a minha alegria."

Descubra o que está roubando a sua alegria. Faça um inventário da sua vida. O que você está permitindo que o angustie? O que está fazendo você ficar estressado o dia inteiro? Identifique o que é, e depois tome a decisão de mudar sua abordagem naquela área. Afinal, ficar angustiado não vai melhorar em nada a situação. Se alguém for grosseiro com você, responder à grosseria apenas irá azedar o seu dia. Se os seus planos não derem certo, fique em paz. Em vez de ficar irritado, saiba que Deus ainda está dirigindo seus passos. Ele coloca você exatamente onde quer que você esteja.

Eu estava dirigindo em um estacionamento lotado e finalmente vi uma vaga, mas outro motorista entrou antes que eu pudesse fazer isso, embora estivesse óbvio que eu estava esperando. Tomei esta decisão: "Vou dar a vaga a ele, mas não vou lhe dar a minha alegria."

> *É libertador quando você entende que não têm de entrega a sua alegria a outros.*

É libertador quando você entende que não precisa colocar a sua alegria nas mãos dos outros. Às vezes culpamos as pessoas ou outras circunstâncias por problemas que criamos para nós mesmos. Não percebemos que nossa recusa em mudar está sempre causando o mesmo problema vezes seguidas. Ouvi falar sobre um homem que não vinha se sentindo bem. Ele foi ao médico. O médico perguntou:

— O que há de errado?

Ele disse:

— Bem, doutor, ultimamente tenho tido vertigens e estou vendo pontos brancos.

O médico examinou-o e pediu mais alguns exames. Vários dias depois, ele chamou o homem enfermo de volta e disse:

— Senhor, sinto dizer-lhe isto, mas o senhor tem uma doença rara e acreditamos que tem apenas seis meses de vida.

O homem deixou seu emprego e partiu em uma viagem pelo mundo para fazer todas as coisas que sempre havia desejado fazer. Ele passou mais tempo com sua família e comprou um carro esporte novo. Um dia, ele estava passando por uma famosa loja de roupas e decidiu entrar e comprar um terno feito sob medida.

O alfaiate veio e mediu o comprimento do seu braço: "83 centímetros." Então ele mediu sua cintura: "81 centímetros." Depois foi o comprimento da calça: "86 centímetros." E por fim o alfaiate mediu o pescoço dele e disse:

— Vou lhe fazer uma camisa tamanho 40 centímetros e meio.

O homem argumentou:

— Não, uso camisa tamanho 38.

O alfaiate mediu o pescoço dele novamente com muito cuidado.

— Não, senhor — disse ele — veja, o tamanho da usa camisa é 40,5.

O homem foi inflexível.

— Não, uso camisa tamanho 38 — disse ele ao alfaiate. — Usei esse tamanho a vida inteira. Quero que o senhor me faça uma camisa tamanho 38.

O alfaiate disse:

— Tudo bem. Vou fazer-lhe uma camisa tamanho 38, mas ela vai ficar tão apertada que o senhor vai ficar tonto e vendo pontos brancos.

Muitas vezes, as pessoas ficam presas ao seu modo de ser e se recusam a mudar mesmo quando estão sofrendo. Se você estiver disposto a mudar, se fizer alguns ajustes, muitas vezes verá os seus "pontos brancos" desaparecerem. Verá as suas frustrações desaparecerem.

Reconheça a verdadeira fonte do seu problema. Se for você, mude. Se for outra pessoa, não permita que ela roube a sua alegria. Não abra mão do seu poder. Mantenha sua capota levantada. Quando alguém tentar despejar o seu lixo em você, apenas sorria, acene para ele e siga em frente. Se aprender este princípio de abrir mão do seu poder e focar em desenvolver seu caráter, você desfrutará muito mais a vida.

Capítulo 3

Expresse a Sua Alegria

Um dia, fui comprar um lanche e a atendente do *drive-thru* era muito mal-humorada. Ela pulou no meu pescoço antes que a primeira parte do meu pedido saísse da minha boca.

— Espere aí! Ainda não estou pronta — ela rosnou.

Então cometi o erro de perguntar a ela quais eram os pratos de acompanhamento. Você poderia pensar que eu havia xingado sua família pelo modo como ela me disse, aos berros, a lista completa de acompanhamentos.

Precisei repetir para mim mesmo várias vezes que eu devia permanecer calmo: *Você é o pastor de uma igreja. Mantenha sua alegria. Não deixe que essa moça o afete. Ao contrário, contagie-a com sua alegria.*

Você precisa conversar consigo mesmo para se acalmar no meio de uma batalha. Teria sido fácil dizer a ela tudo que eu pensava. Eu simplesmente me arrependeria depois. Em vez disso, lembrei que lidar com pessoas difíceis ajuda a desenvolver o nosso caráter.

Fiz meu pedido tão gentilmente quanto possível no alto-falante do *drive-thru*. Eu disse “por favor” e “obrigado” e ainda mandei um “Tenha um bom dia!” sem cobrar nada por isso.

Então, quando passei pela janela dela, dei o sorriso mais falso que você já viu.

— Foi bom ver você — eu disse, tão animadamente quanto pude.

Na verdade eu estava pensando: *Você precisa de aconselhamento!*

A Sra. Ranzinza tirou os olhos da caixa registradora, olhou para mim e teve uma reação de surpresa.

— Pastor Joel, eu o assisto sempre!

Tive vontade de perguntar a ela: "Será que você ouve o que eu digo?"

Então, em vez do meu lanche, ela me entregou um de meus livros. (Estou certo de que ela ainda não o havia lido!)

— O senhor poderia autografar isto para mim? — ela pediu, um pouco mais gentil, mas não muito.

Abri-o e pensei em sublinhar todas as lições sobre a alegria. Em vez disso, autografei-o assim: "Continue sorrindo com esse sorriso lindo. Joel Osteen."

O Óleo de Alegria

Hebreus 1:9 diz: "Deus, o teu Deus, escolheu-te dentre os teus companheiros, ungindo-te com óleo de alegria."

Você e eu estamos destinados a ser mais felizes que a maioria das pessoas. Deus nos ungiu com óleo de alegria. Você não pode permitir que a atitude negativa de alguém arruíne a sua atitude positiva. Em vez disso, contagie-os com um sorriso e uma palavra gentil. Deus sabia que você precisaria lidar com pessoas negativas. Foi por isso que Ele disse: "Eu lhes dei uma vantagem; eu os ungi com o óleo de alegria para que vocês possam ser mais felizes que aqueles que os que os cercam."

Explore essa alegria e não a esconda. Ela deve ser vista.

Estudos provaram que um sorriso no rosto é bom para você e para todos os que o cercam. Em um teste, pediram às pessoas para mostrarem expressões faciais de medo e raiva. O corpo delas reagiu como se estivessem realmente sentindo essas emoções, acelerado os batimentos cardíacos, elevando a temperatura da pele e fazendo-as suar. Então pediram a essas mesmas pessoas que sorrissem, e os batimentos cardíacos delas se acalmaram, a temperatura dela caiu e elas deixaram de transpirar. Por fim disseram que se sentiam felizes.

Nosso Criador sabe de tudo isso, é lógico. Deus se refere especificamente ao nosso "semblante" mais de cinquenta vezes na Bíblia. Podemos ver a palavra *alegrar-se* vezes seguidas. Alegrar-se não significa apenas cantar. Também significa iluminar-se, colocar um sorriso no rosto, animar-se. Quando passa o dia com um sorriso, você está se alegrando. E quando mantém um semblante alegre e é amigável e divertido estar perto de você, você está dando louvor a Deus.

Muitas pessoas se arrastam ao longo do dia com uma expressão fechada. Algumas não sorriem por meses. Então elas aparecem com esse mesmo rosto azedo depois de um culto e me dizem: "Eu tenho a alegria do Senhor."

Eu penso: *Você devia dizer isso para o seu rosto!*

A Bíblia diz que devemos ser ponderados, não para termos um semblante fechado. Você recebe de volta o que projeta. Se é azedo, mal-humorado e pouco amigável, os outros serão azedos, mal-humorados e pouco amigáveis em troca. A infelicidade adora ter companhia. Se você parece infeliz, atrairá derrota, negatividade, tristeza, melancolia e desânimo.

Mas quando você sorri e projeta uma aura de calor, bondade e amabilidade, você atrai calor, bondade e amabilidade. Pessoas felizes se sentirão atraídas a você.

> *A Bíblia diz para sermos ponderados na mente, não para termos o rosto sério.*

Se você não está recebendo o que gosta, verifique o que está transmitindo. Nenhuma pessoa feliz quer estar por perto de uma pessoa que gosta de ficar atolada na lama. Qualquer pessoa que está tendo êxito na vida evitará a companhia de pessoas que estão chafurdando em um buraco. Os seus amigos mais felizes poderão tirá-lo do buraco algumas vezes, mas eles acabarão encontrando pessoas mais otimistas com quem possam compartilhar suas vidas.

Talvez você tenha muitos desafios. Não estou menosprezando as suas circunstâncias, mas Jesus disse: "No mundo vocês terão tribulação e provações, sofrimentos e frustrações; mas tenham bom ânimo" (João 16:33, AMP). Descobri que às vezes você precisa sorrir pela fé. Em vez de ficar deprimido, desanimado ou preocupado, diga: "Não sou movido pelo que vejo; sou movido pelo que sei, e sei que este é o dia que o Senhor fez. Vou escolher ser feliz."

Quando você sorri, transmite uma mensagem a todo o seu corpo que diz: *Deus está no controle; está tudo bem. Este será um bom dia.* Não espere para ver como vai se sentir para expressar sua alegria. Coloque um sorriso no seu rosto primeiro. Então a alegria virá.

Sorrir melhora a sua atitude. Você vê a vida sob uma luz diferente. É difícil sorrir e ser negativo. É difícil ficar de mau humor se você agir de maneira alegre e amigável. Um especialista diz que sorrir engana o corpo para que ele se sinta bem. Foi assim que Deus nos criou. Sorrir reajusta o seu humor.

O Poder do Sorriso

Nossa igreja em Houston recebe muitos visitantes que estão passando por tratamentos contra o câncer em um centro médico de oncologia próximo. Fui inspirado a conhecer muitos desses pacientes que estão sorrindo apesar do estado em que se encontram. Eles estão em paz. Ainda são alegres, pois entendem este princípio: quando você se ilumina e mantém um semblante alegre, transmite ao seu corpo a certeza de que tudo ficará bem.

Sorria e você terá mais energia, melhorará o seu humor e ficará bem mais depressa. Mas se ficar carrancudo, triste e deprimido, o seu corpo se sentirá cansado e debilitado.

Minha irmã Lisa passou por isso durante um período difícil há alguns anos. Durante meses ela não conseguia se alegrar. Ela estava tão deprimida que não queria sair de casa. Lisa orava por tempos mais felizes, mais saudáveis. Ela conhecia todas as passagens bíblicas. Seus amigos e sua família faziam o melhor possível para animá-la, mas parecia que nada ajudava.

O problema de Lisa era que ela estava esperando se sentir melhor para poder se animar. Mas ela deveria agir ao contrário. Primeiro você precisa se animar, e então se sentirá melhor. Lisa passou a sorrir por pura determinação. Ela sorria pela fé. Ela escolheu manter um semblante alegre.

E o seu passo de fé foi o ponto decisivo. Ela se libertou das cadeias da depressão. Se Lisa não tivesse sorrido pela fé, ela poderia ainda estar orando para que a felicidade a encontrasse. Ela conta essa história em seu livro *You Are Made For More* (Você foi feito para ter mais).

Você já ouviu a frase: "Você precisa fazer de conta até que se torne real"? Talvez você tenha de sorrir um sorriso falso, mas se continuar fazendo isso, Deus o transformará em um sorriso de verdade. Lisa ganhou de volta a sua alegria e Deus lhe deu em dobro por todos os seus problemas. Minha irmã saiu daquele momento difícil ainda melhor que antes. A reviravolta começou quando ela escolheu sorrir pela fé.

Todos nós podemos encontrar motivos para não sorrir, quer seja pelo alto preço da gasolina ou pela baixa renda. Mas a sua reação deveria ser: "Sou abençoado demais para ficar estressado. O meu futuro é tão brilhante, que preciso usar óculos escuros." Ou, como uma pessoa me disse: "Mais sucesso do que eu estou tendo, só seu eu fosse dois!"

Coloque um Sorriso no Rosto

Os cientistas dizem que os humanos são programados para refletir as expressões faciais de outros que eles encontram, de modo que o seu sorriso é contagioso. Crie o hábito de sorrir. A Bíblia diz: "Na Tua presença [Deus] há plenitude de alegria" (Salmos 16:11, ARA).

Quando lhe falta alegria, você fica desligado da presença de Deus. Quando você está triste, frustrado e ressentido, você se separou do favor, da bênção, da cura e da promoção. A linha de suprimento da sua felicidade foi cortada.

A alegria está no seu interior, bem dentro de você, mas às vezes você precisa fazê-la subir mais alto até onde todos nós possamos vê-la e compartilhar dela. Os professores da Universidade de Yale fizeram um estudo sobre como a aparência, a personalidade e a atitude influenciam os outros. Depois de muitas pesquisas minuciosas, eles concluíram que a única força mais poderosa capaz de influenciar o ser humano não é a aparência, a altura ou a personalidade. Na verdade, o seu *sorriso* é a ferramenta mais poderosa para influenciar os outros de uma maneira positiva.

Isso explica o ditado: "Se você não está sorrindo, você é como uma pessoa com um milhão de dólares no banco e sem talão de cheques." Estudos demonstraram que as pessoas que sorriem mais são promovidas com mais frequência e acabam tendo empregos que pagam mais. Por quê? Você não prefere estar com pessoas que são felizes, têm um bom temperamento e são amigáveis? É claro que todos nós preferimos!

Sou conhecido por sorrir muito. Meu irmão, Paul, diz que nasci com o Medidor de Felicidade ligado em 98. O dele estava ligado em 10, mas ele está trabalhando nisso. Nas minhas primeiras fotos como bebê eu apareço sorrindo. Minha mãe diz que durante muito tempo ela se perguntou se eu estava tramando algo, mas finalmente ela decidiu que essa era simplesmente a minha natureza!

Anos atrás, eu estava no shopping com Victoria e ela havia escolhido uma roupa para comprar. Ela ainda estava escolhendo mais algumas coisas, por isso me ofereci para levar a roupa para a fila do caixa. Quando chegou a minha vez, parei diante da vendedora, sorri e disse olá, apenas sendo amigável.

A senhorita no caixa retribuiu o sorriso. Ela estava prestes a registrar as roupas quando parou e disse: "Espere um instante, volto já." Ela entrou no escritório de vendas e voltou e disse: "Isso vai entrar em liquidação este fim de semana, e tenho permissão para lhe dar o preço de liquidação agora mesmo."

Meu sorriso ficou ainda mais largo.

"Muito obrigado", eu disse.

Enquanto ela estava dobrando as roupas para colocá-las na sacola, ela percebeu que uma pequena parte do forro interno de uma peça estava descosturada.

"Isto me parece um problema. Está vendo isto?"

"Ah, sim, isto não está nada bom", eu disse.

"Deixe-me ver o que posso fazer", ela disse.

Ela voltou ao escritório e voltou dentro de alguns minutos.

"Tudo bem, posso cortar o preço pela metade do preço de liquidação."

Pensei: *Puxa, se eu continuar sorrindo é possível que eles passem a me dever dinheiro!*

Depois disso, Victoria disse que eu deveria fazer compras com ela com mais frequência. Eu disse a ela que tudo começou com um sorriso. Se eu tivesse ficado junto ao balcão parecendo um velho mal-humorado, não acredito que a balconista teria saído do seu caminho para ser boa para comigo.

Acrescente um Sorriso ao Seu Currículo

Ainda consigo me lembrar da primeira vez que Victoria sorriu para mim. Entrei na joalheria de sua mãe e não a vi imediatamente. Eu estava olhando os relógios, mas então olhei para cima e Victoria deu um sorriso de dez quilates. Dentro de pouco tempo, havia um anel em seu dedo para combinar com ele. (Bem, quase!) Sei que os sorrisos são contagiosos, pois ela me manteve sorrindo por mais de vinte e cinco anos.

Manter um sorriso pode operar maravilhas quer você seja o comprador ou o vendedor, inclusive quando você está vendendo a si mesmo. Li que a cadeia de hotéis Holiday Inn estava procurando preencher quinhentas novas vagas. Eles entrevistaram cinco mil pessoas. Eles desqualificavam automaticamente qualquer candidato que sorrisse menos que quatro vezes durante a entrevista.

Outro estudo sobre sorrisos descobriu que ver o rosto feliz de um amigo tem maior impacto sobre o seu humor que receber um aumento de cinco mil dólares. Você sabia que o seu sorriso valia tanto assim? Depois que li os resultados desse estudo fiquei andando pelo escritório da igreja e sorrindo para os funcionários. "Aqui está o seu aumento", eu dizia. "E aqui está o seu aumento, e aqui está o seu aumento."

Você pode acreditar que eles me disseram que preferiam o aumento em dinheiro? Mesmo assim, as pessoas que sorriem são vencedoras no local de trabalho.

Quando Alexandra nasceu, eu havia acabado de ser chamado para pastorear a nossa igreja e Victoria estava me ajudando com todo tipo de responsabilidades. Precisávamos de uma babá para nos ajudar a cuidar de Alexandra durante o dia. Victoria e eu falamos com meia dúzia de candidatas. Algumas eram muito qualificadas, com ótimas referências e credenciais fortes. Não contratamos nenhuma delas.

Em vez disso, contratamos uma mulher de sessenta anos que não tinha muitas referências nem um currículo impressionante. Ela simplesmente era tão calorosa e ensolarada quanto uma manhã de primavera. Tinha um grande sorriso e o exibia ao longo da nossa entrevista.

> *As pessoas que sorriem são vencedoras no local de trabalho.*

Ela foi uma das melhores contratações que já fiz. Ao longo dos anos, ela encheu nossa casa de alegria e riso. Ela achava que tudo que Alexandra fazia era engraçado. Eu pensava que sabia uma coisa ou duas sobre o poder de um sorriso. Ela nos ensinou ainda mais. Ela nos ensinou que um sorriso convida ao que ele expressa: gentileza, respeito, amabilidade e cuidado.

Deus nos deu um sorriso. Você está usando o seu? A sua alegria está sendo plenamente expressa? Quanto favor você poderia experimentar se desatasse o seu pleno potencial de felicidade e alegria?

Ilumine o Mundo

A Bíblia fala sobre os crentes representarem Deus aqui na terra. Somos embaixadores de Cristo. Se quisermos representar Deus da maneira adequada, devemos fazer isso com alegria, com entusiasmo e com um sorriso. As pessoas de fé destinam-se a ser a luz do mundo. Creio que o interruptor que acende as luzes é o sorriso. Alguns que não têm fé podem não querer ouvir a respeito daquilo que cremos, mas eles com certeza observam como vivemos. Somos cartas vivas lidas por todos os homens. Alguns podem não ler a Bíblia, mas eles estão lendo as nossas vidas. Como diz o ditado: "Pregue em todo o tempo. Se necessário, use palavras."

Quando as pessoas olham para você, que tipo de mensagem elas recebem? Você é amigável, feliz, bem-humorado? Elas querem ter a vida que você tem? Ou você é irritado, vive no limite, é estressado e tão ranzinza que as pessoas fogem de você?

Uma senhora que faz parte da nossa igreja, conhecida por seu sorriso radiante e por ser uma pessoa calorosa, estava fazendo compras certo dia quando o vendedor perguntou casualmente como ela estava passando.

— Estou ótima — disse ela com um sorriso — sou abençoada e acredito que vou ter um ano fantástico.

O vendedor retribuiu o sorriso e perguntou:

— Você frequenta a Igreja Lakewood?

Ela respondeu que sim.

— Eu sabia — disse o vendedor — todos que entram aqui com um sorriso como o seu frequentam a Lakewood.

Que grande testemunho! Mas alguns críticos me fazem passar por maus pedaços porque sorrio demais. Poderíamos imaginar que eles ficassem felizes por eu estar feliz. Um repórter certa vez perguntou-me se eu ficava ofendido porque alguns me chamam de "o pastor sorridente".

— De modo algum — respondi. — Recebo isso como um elogio. Sou culpado por ser feliz. Sou culpado por desfrutar minha vida. Sou culpado por viver com entusiasmo.

Este mundo precisa de mais alegria. Se eu a sinto, quero compartilhá-la. Mas quando você expressar a sua alegria e viver alegremente, não se surpreenda se as pessoas começarem a desconfiar de você. Elas vão olhar para você como se estivessem pensando: *Por que ele está tão feliz?* Ou: *Ela deve estar fazendo algo errado*. Ou: *Ele deve estar bêbado.*

Sim, sou culpado! Estou alto no Altíssimo. Estou feliz, estou empolgado e estou cheio de esperança. Quero que a minha alegria seja vista.

Um Legado de Riso

Sorrir é fácil para mim porque fui criado por uma família feliz. O sorriso da minha avó é uma das minhas lembranças favoritas. Todas as vezes que eu entrava em um aposento e a via, ela dava um sorriso na minha direção. Às vezes eu saía do quarto e voltava só para ganhar outro sorriso. Ela era cheia de alegria, e passou isso para mim.

Meu pai era do mesmo jeito, com a diferença que ele expressava a sua alegria assobiando, também. O dia inteiro, podíamos ouvi-lo assobiando. Minha mãe às vezes dizia:

— John, quer parar de assobiar um pouquinho?

— Dodie, eu apenas estou feliz — ele respondia — estou louvando a Deus.

— Tudo bem, John, mas você está assobiando a música daquele programa de entrevistas, e não tenho certeza se Deus costuma assistir televisão.

Eu também não sei, mas sei que as pessoas que assistem à televisão têm maior probabilidade de sintonizar mais em um rosto sorridente do que em qualquer outro. Em 1983, lancei na televisão o ministério do meu pai. No primeiro ano um consultor veterano veio nos ajudar. Ele ensinou-me algo que nunca me esqueci.

Estávamos assistindo ao sermão de papai na sala de tevê, e o consultor fez com que diminuíssemos o volume. Ele disse que a chave para aprender como se comunicar na televisão é retirar o som e observar apenas as expressões faciais do palestrante e a sua linguagem corporal, e depois avaliar os sentimentos que elas geram em você.

Experimentamos isso com diversos ministros da Palavra. Alguns pareciam muito apaixonados, mas sem o som eles transmitiam uma sensação de que estavam zangados e eram intimidadores. Não se tinha vontade de assisti-los por muito tempo. Os pregadores que sorriam e tinham um semblante agradável e não ameaçador tinham maior probabilidade de atrair as pessoas, mesmo sem som.

Passe Adiante

As pessoas me escrevem o tempo todo e dizem que não conseguem se lembrar da mensagem do sermão, mas que foram tocadas pela alegria que viram em meu rosto. Elas sentiram o amor atravessando a tela. O mesmo princípio se aplica à vida. Quando você é gentil e amigável, será mais eficiente na maioria das situações, e o seu sorriso espalhará alegria ao seu redor.

Deixe que a sua alegria seja vista e passe-a adiante. Seja amigável. Sorria deliberadamente e incondicionalmente. Sorria para os policiais mesmo quando eles estiverem multando você anotando a placa do seu carro. Sorria para o vendedor mal-humorado. Sorria para o chefe que acabou de pedir para você trabalhar no seu dia de folga.

Quando as coisas estiverem difíceis, sorria pela fé. Não espere até se sentir melhor. Sorria, e os sentimentos para dar suporte a esse sorriso o acompanharão. Lembre-se de que você foi ungido com o óleo de alegria. Você pode viver feliz mesmo quando aqueles que o cercam estão desanimados.

> *Quando as coisas estiverem difíceis, sorria pela fé.*

Se desenvolver o hábito de sorrir, Deus o recompensará com o Seu favor. Você não apenas se sentirá melhor, mas também terá acesso a melhores oportunidades. Você conseguirá aumento e uma promoção. As pessoas se sentirão atraídas a você, e creio e declaro que você viverá a vida de vitória que Deus tem lhe reservado.

Capítulo 4

Floresça Onde Você Está Plantado

Eu estava andando por um bosque há algum tempo e cheguei a uma grande área aberta cheia de ervas daninhas grandes e altas. Por quilômetros a fio, até onde eu pude enxergar, havia aquelas ervas daninhas mortas, secas, marrons e feias. À medida que fui andando pelo campo aberto, há cerca de noventa metros, vi uma linda flor. Ela era tão brilhante, tão colorida, tão revigorante. Ela havia florescido bem ali no meio daqueles acres e mais acres de ervas daninhas velhas, feias e secas. E pensei: *Realmente, é isto que Deus quer que nós façamos. O desejo dele é de que simplesmente possamos florescer onde fomos plantados.*

Talvez você trabalhe cercado por um monte de ervas daninhas, mas isso não precisa impedi-lo de florescer. Talvez esteja casado com uma velha erva daninha. Mas a boa notícia é que você ainda pode florescer.

Muitas pessoas são negativas e estão desanimadas porque não gostam da situação na qual se encontram. Elas não gostam dos seus cônjuges. Não gostam dos seus empregos. Seus colegas de trabalho são de difícil convivência. Elas não gostam de onde moram. Não é ali que elas querem estar.

Se pessoas negativas precisam trabalhar até tarde, isso estraga o dia delas. Elas estão sempre lutando contra algo e sempre tentando ir para outro lugar. Mas aprendi que Deus está mais interessado em me transformar do que em transformar as circunstâncias que me cercam. Enquanto eu estiver azedo por não estar conseguindo que as coisas saiam do meu jeito, enquanto estiver desanimado por ser solteiro e querer me casar, enquanto eu estiver irritado porque o meu negócio não está crescendo, essa atitude me manterá exatamente do jeito que estou.

Se quiser ver mudanças, se quiser ver Deus abrir novas portas, a chave é florescer exatamente onde você está plantado. Não há como esperar que tudo melhore para somente depois disso decidir ter uma boa atitude. Você precisa fazer o melhor que puder exatamente onde está.

Plante uma Semente para Deus

Coloque um sorriso em seu rosto. Seja bom com as pessoas mesmo que elas não sejam boas para você. Seja grato pelo lugar onde mora ainda que não seja onde você deseja estar. Quando floresce onde está plantado, você está plantando uma semente para que Deus possa fazer algo novo.

A Bíblia diz: "Os passos de um homem bom são confirmados pelo Senhor" (Salmos 37:23, ACF). Isso significa que desde que estejamos na fé, o lugar onde estamos é onde devemos estar.

"Isto não pode estar certo", você diz. "Sinto-me desconfortável. Não estou em um bom lugar. Alguém não está me tratando corretamente."

Talvez seja difícil, mas Deus nem sempre permitirá que um desafio chegue à sua vida a não ser que Ele tenha um propósito para isso. Descobri que nada acontece *conosco*; as coisas acontecem *para* nós. Se mantivermos a atitude correta, Deus sempre usará as circunstâncias para o nosso bem.

Sabe essa pessoa que é difícil de conviver? O que ela faz não está acontecendo *com* você, está acontecendo *para* você. Deus está usando essa pessoa para fazer você crescer. Está desenvolvendo o seu caráter. Você está aprendendo a ser bom com aqueles que não estão sendo bons para você. Deus usa pessoas difíceis como lixas, para aparar as nossas arestas ásperas. Na próxima vez que você vir essa pessoa, em vez de ficar angustiado e estressado, apenas dê um grande sorriso e diga: "Muito obrigado por tudo que você tem feito por mim."

Então talvez você precise levantá-la do chão.

Se Deus retirasse alguns dos desafios da sua vida neste instante, você não estaria preparado para o que Ele tem reservado para você. Quando tempos difíceis cruzam o seu caminho, em vez de ficar negativo e reclamar, diga: "Deus, eu posso não gostar disto, mas sei que estou aqui no Teu plano divino e que Tu não terias permitido se não tivesses algo de bom que eu possa extrair disto. Talvez essa situação não seja agradável neste momento, mas sei que ela está me ajudando a crescer e a me tornar tudo que Tu me criastes para ser."

Você Não Pode Abrir Caminho para a Felicidade Através do Combate

Muitas vezes percebemos que estamos abrindo caminho para a felicidade através do combate. Estamos sempre tentando chegar a algum lugar para sermos felizes. "Se eu pudesse simplesmente encontrar um lugar maior do que esta casa pequena." Ou "Se eu pudesse simplesmente trocar meu emprego por outro melhor ou pelo menos trocar de departamento". Ou "Se eu pudesse simplesmente encontrar alguns amigos novos".

Esse tipo de pensamento apenas irá afastá-lo da felicidade. Uma abordagem melhor é: "Foi aqui que Deus me colocou neste momento, e até que Ele me mude, ficarei feliz onde estou."

Se eu estiver preso no trânsito, "Não é aqui que quero estar, mas é aqui que Deus me colocou, então vou relaxar e ficar em paz".

> *Onde quer que você esteja, saiba que Deus o colocou ali por um motivo.*

Se eu precisar trabalhar até tarde, não fico desanimado. "Foi aqui que Deus me colocou, então vou ficar feliz e desfrutar este tempo."

Se alguém está me maltratando, não vou permitir que isso estrague o meu dia e roube a minha alegria. Em vez disso, vou dizer: "Foi aqui que Deus me colocou durante este período, então vou me colocar acima disso e ser feliz assim mesmo."

É isso que quero dizer quando eu o encorajo a florescer onde você está plantado. Onde quer que esteja, saiba que Deus o colocou ali por um motivo. Ao entender isso, o seu humor não ficará tendo altos e baixos dependendo das suas circunstâncias ou dependendo de como alguém tratá-lo. Você será estável. Será consistente. Você estará sempre sorrindo, de ótimo humor e será amigável. Esse é o sinal de que uma pessoa é madura.

Assuma a Responsabilidade

O que amo acerca desta abordagem é que ela acaba com as nossas desculpas e coloca, em nós mesmos a responsabilidade pela nossa felicidade. Conheço muitas pessoas que não gostam de seus empregos. Elas detestam trabalhar. Detestam precisar dirigir até o trabalho. Também detestam ter de lidar com as pessoas no trabalho.

Que desperdício estar em algum lugar quarenta horas por semana e não gostar do seu trabalho. "Bem", você diz, "você não conhece aquelas pessoas com quem eu trabalho. Não sabe o quanto é terrível estar ali."

A Bíblia diz que Deus nos deu o poder para desfrutarmos o nosso trabalho. Pare de dizer a si mesmo: *Não consigo ser feliz aqui. Não gosto do meu emprego. Não gosto das pessoas. Mal posso esperar até que Deus abra as portas para algo novo*. Você está fazendo a si mesmo infeliz.

Comece a dizer a si mesmo: *Tenho o poder para gostar deste emprego. Terei um grande dia. Vou gostar das pessoas. Serei produtivo. Vou florescer ali onde Deus me plantou.*

Às vezes o motivo pelo qual você não está feliz no emprego é o fato de lhe pedirem para fazer coisas que você não quer fazer. Mas isto é importante: a pessoa que está lhe pagando talvez goste das coisas feitas de uma determinada maneira. Talvez você não concorde. Talvez ache que pode fazer alguma coisa melhor de outra maneira, mas se é o chefe que assina o seu cheque, você vai precisar fazer o que ele quer que você faça. Você precisa ser honrado o bastante para se submeter à autoridade e fazer o que lhe é pedido com uma atitude positiva, sem questionar constantemente, sem sair resmungando baixinho: "Eles simplesmente não sabem o que estão dizendo."

Seja Fiel Onde Você Está

Trabalhei para meu pai no ministério por dezessete anos. Eu era responsável pela produção dos programas de tevê. Fazíamos aqueles grandes especiais televisivos e grandes concertos e uma série de coisas empolgantes que eu realmente gostava. Mas quando o fim da vida de meu pai foi se aproximando, ele já não queria tantas atividades. Certa vez, eu havia organizado várias estações de rádio para levarem ao ar as transmissões do programa do meu pai. Havia trabalhado por longas horas neste grande empreendimento. Pedi ao meu pai para vir trabalhar uma hora por semana para gravar a sua parte e nós criaríamos as aberturas e os encerramentos. Mas ele disse: "Não quero fazer isso. Estou com setenta e cinco anos. Quero apenas relaxar e pastorear a igreja."

Fiquei muito decepcionado. Pensei: *Deus, eu sou jovem. Não quero fazer menos. Tenho grandes sonhos. Quero fazer mais.*

Considerei a hipótese de sair em busca de minhas próprias oportunidades. Quando sondei meu coração, senti que ficar com meu pai era o que eu devia fazer. Tomei a decisão: "Esta é a visão do meu pai. Ele está aqui há quarenta anos. Ele fundou este lugar. Ele tem o direito de fazer o que deseja. Então não vou perder minha alegria e fazer as malas e partir só por não conseguir o que quero."

Continuei fazendo o melhor que podia um dia após o outro. Dois anos depois meu pai foi chamado para estar com o Senhor. Agora entendo que Deus colocou aqueles sonhos no meu coração para o meu próprio ministério. Simplesmente aquele não era o tempo certo. Mas se eu não tivesse sido fiel onde eu estava, se não tivesse honrado e me submetido àquela autoridade e feito a coisa certa embora não sentisse vontade, eu não estaria aqui hoje.

Quando você passa no teste de florescer onde está plantado mantendo uma atitude correta mesmo quando não sente vontade e permanece calmo quando não consegue ter as coisas do seu jeito, honrando a autoridade mesmo quando não concorda, você está plantando uma semente para Deus levá-lo para onde Ele quer que você vá.

Talvez você diga: "Meu chefe é uma pessoa difícil. Meus colegas de trabalho me dão nos nervos. Eles são negativos e reclamam. Estou orando há três anos para Deus me dar outro emprego. Por que está demorando tanto?"

Você já pensou que Deus pode ter colocado você em determinado lugar de propósito para você poder ser um bom exemplo? Deus pode querer que a sua luz brilhe, para clarear os dias, para fazer a diferença onde você está. Por que você não adquire uma perspectiva diferente?

Se passar no teste de florescer onde está plantado, Deus abrirá novas portas. Mas enquanto você for negativo e continuar reclamando, nada mudará. Você não estará na posição para que Deus o promova se não for o melhor que puder ser exatamente onde está.

Quando estiver em uma situação desconfortável, entenda que ou Deus está fazendo uma obra em você, ou Ele está usando você para fazer uma obra em outra pessoa. Há um propósito. Não há nada de errado em pedir a Ele para mudar uma situação. Mas até isso acontecer, você precisará confiar no fato de estar no lugar onde você deve estar.

Descobri que às vezes Deus faz com que passemos por um período difícil para ajudar outra pessoa. Precisamos plantar uma semente mesmo estando desconfortáveis e sendo tratados injustamente. Devemos ser extremamente pacientes e bondosos e ignorar certas coisas simplesmente para ver outra pessoa se tornar o que Deus a criou para ser.

Deus Usará Você Para o Bem de Outros

Muitas coisas injustas aconteceram com Joyce quando ela estava crescendo. Seu primeiro casamento com um homem abusador e infiel não durou. Ela se casou pela segunda vez e fazia seu marido infeliz. Ela não estava tentando ser uma má esposa, mas ela havia passado por muita dor. Estava ferida e confusa.

Joyce não conseguia confiar em ninguém. Era muito negativa, crítica e difícil de conviver. Seu segundo marido, Dave, quis abandoná-la diversas vezes. Ele tinha o direito de partir. Ninguém o teria culpado. Mas bem no fundo do seu coração ele sabia que devia ficar. Foi a decisão mais difícil que ele já havia tomado. Mês a mês, ano após ano, ele se sentia desconfortável.

A situação dele era injusta e difícil, mas Dave continuou florescendo onde estava plantado. Ele simplesmente continuou sendo o melhor que podia: bondoso, perdoador, paciente, ignorando certas atitudes dela. Ele sentia que dava sem parar e nunca recebia; apenas plantava e nunca colhia.

Fico feliz em lhe dizer que hoje a história deste casal é muito diferente. Dave pagou o preço. Ele ficou com ela. E agora, trinta e cinco anos depois, ele está colhendo grandes recompensas. Aquela senhora, sua esposa, é Joyce Meyer. Ela não apenas é saudável e íntegra, como eles têm um ministério que está tocando pessoas em todo o mundo.

Joyce e Dave são pessoas incríveis. São bons amigos a quem amo e respeito. Certa vez Joyce perguntou: "E se Dave tivesse sido como meu primeiro marido e tivesse escolhido o caminho mais fácil? E se ele não tivesse ficado comigo e pago o preço?"

Algumas vezes Deus nos pedirá para suportarmos coisas para ajudar outra pessoa. Onde estão as pessoas altruístas o bastante para dizer: "Deus, eu confio em Ti. Isto é desconfortável e não é justo. Não estou fazendo isto porque quero. Não estou fazendo isto porque sinto vontade. Mas Deus, estou fazendo isto para Ti"?

Deus recompensa pessoas assim!

O apóstolo Paulo colocou essa questão nos seguintes termos: "Aprendi a adaptar-me a toda e qualquer circunstância. Sei o que é passar necessidade e sei o que é ter fartura. Aprendi o segredo de viver contente em toda e qualquer situação, seja bem alimentado, seja com fome, tendo muito, ou passando necessidade" (Filipenses 4:11-12).

Ele estava dizendo, basicamente: "Eu simplesmente floresço onde quer que esteja plantado. Serei feliz e terei uma boa atitude sabendo que Deus está dirigindo meus passos. Ele está inteiramente no controle. E tudo é parte do Seu plano divino para a minha vida."

Seja Uma Rosa Entre Espinhos

Assim como Dave, você não precisa permitir que um ambiente negativo afete sua felicidade. Não foque nas ervas daninhas. Talvez você esteja desperdiçando todo o seu tempo tentando arrancar as ervas daninhas. Em outras palavras, tentando consertar tudo na sua vida, tentando fazer as pessoas fazerem o que é certo, tentando endireitar todos os seus colegas de trabalho.

Você não pode mudar as pessoas. Só Deus pode. Se alguém quer ser uma erva daninha, independentemente do que você faça, ela será uma erva daninha. Desperdiçar todo o seu tempo e energia tentando mudar alguém impedirá você de florescer. Uma das melhores coisas que você pode fazer é simplesmente florescer mais do que nunca bem no meio dessas ervas daninhas. Quando estiver ali, bem no meio desses colegas de trabalho negativos e críticos, coloque um grande sorriso em seu rosto.

> *Você não pode mudar as pessoas. Só Deus pode.*

Seja gentil. Seja amigável. Quando eles reclamarem, não pregue um sermão. Não tente impedi-los. O seu trabalho não é arrancar as ervas daninhas. O seu trabalho é florescer. Apenas dê um bom testemunho. Quanto mais eles reclamarem, mais grato você deve ser. Quanto mais declararem derrota, mais você deve declarar vitória.

Se uma dessas manhãs seus colegas de trabalho chegarem e forem amargos e rudes com você, não se ofenda nem pense: *Bem, nunca mais vou falar com eles.* Essa é a hora de florescer mais do que nunca. Coloque um sorriso no rosto mesmo assim. Tenha uma atitude correta apesar de tudo.

Você é Responsável *Para* as Pessoas e Não *Por* Elas

Somos responsáveis por ajudar e encorajar os outros, por guiá-los para adiante. Mas não somos responsáveis pelas suas escolhas. Você não pode obrigar alguém a ter uma boa atitude. Se as pessoas quiserem viver no fundo do poço, infelizes, desanimadas e sentindo pena de si mesmas, é escolha delas. Não permita que elas o arrastem para o poço junto com elas.

Se você desperdiçar todo o seu tempo tentando encorajar os outros, tentando fazer com que eles façam o que é certo, tentando mantê-los animados, eles irão sugar toda a sua vida e energia. Você não pode florescer se desperdiçar todo o seu tempo tentando manter as pessoas felizes. Isso não é sua responsabilidade.

Aprendi há muito tempo que nem todos querem ser felizes. Algumas pessoas querem viver no fundo do poço. Elas gostam da atenção que isso lhes dá. Tome a decisão de dizer: "Se você não quer ser feliz, tudo bem, mas você não pode me impedir de ser feliz. Se quer viver no fundo do poço, isso é escolha sua, mas eu não vou mergulhar lá com você. Se quer ser uma erva daninha, você pode ser uma erva daninha, mas eu sou uma flor. Eu estou florescendo. Estou escolhendo ter uma atitude positiva. Estou sorrindo. Sou feliz apesar das circunstâncias."

Quando você floresce em meio às ervas daninhas, você planta uma semente para inspirar e desafiar as pessoas que o cercam a subirem mais alto, e essa é uma semente para que Deus o coloque também em um patamar mais alto.

Você pode estar em um ambiente negativo neste instante. As pessoas que fazem parte da sua vida talvez não estejam tendo sucesso. Talvez falte a elas objetivos, sonhos, visão, entusiasmo. Talvez você não veja como poderia conseguir subir mais alto. Talvez seja fácil simplesmente aceitar e ficar tranquilo onde você está, pensando que esse é o seu destino.

Deixe-me desafiá-lo: esse não é o seu destino. Você foi feito para ser mais. Deus tem coisas incríveis planejadas para o seu futuro, mas você precisa fazer a sua parte e florescer onde está plantado. O que isso significa? Desenvolva seus dons e talentos. Seja o que for que você faça, seja qual for a sua ocupação, faça o seu melhor para ser o melhor. Aperfeiçoe as suas habilidades. Leia livros. Faça cursos de treinamento. Volte a estudar se for preciso. Mas não ouse simplesmente ficar sentado e pensar: *Jamais subirei mais alto. Nunca sairei deste bairro. Acho que esta é simplesmente a parte que me cabe na vida.*

A parte que lhe cabe na vida é ser o melhor. É fazer a diferença neste mundo. Tome uma atitude e diga: "Não vou me contentar com a situação em que estou. Fui feito para ser mais. Sou filho do Altíssimo Deus. Tenho sementes de grandeza dentro de mim. Então estou me levantando para ser o melhor que posso ser aqui mesmo, sabendo que Deus me levará para onde eu devo ir."

Deus Aparecerá

Quando você fizer o que *pode* fazer, Deus aparecerá e fará o que você *não pode* fazer. Ele lhe dará oportunidades que você não acha que merece. Ele fará com que as pessoas sejam boas para você sem motivo algum. Ele abrirá portas que ninguém pode fechar. Esse é o favor dele brilhando sobre a sua vida.

Juan Rodriguez cresceu em extrema pobreza em Porto Rico. Sua família raramente tinha algo para comer. A casa deles não passava de um barraco. Aos sete anos, ele estava trabalhando nos campos de cana de açúcar, carregando água para os trabalhadores. Não parecia que o futuro lhe reservava muita coisa ou que ele algum dia escaparia da pobreza.

Contudo, perto de sua casa havia um velho campo de golfe em situação precária e desvalorizado, onde ele se empregou como caddie* aos seis anos para ganhar um dinheiro extra. Logo, Juan estava viciado em golfe. Ele não podia se dar ao luxo de comprar tacos, então ele começou a jogar com uma vara. Ele usava latas como bolas de golfe. Durante todo o dia ele e jogava partidas no seu campo de golfe provisório.

Quando um dos jogadores de golfe locais viu o quanto Juan estava interessado no jogo, decidiu ajudá-lo a conseguir um emprego no campo, ganhando trinta e cinco centavos por dia. Sempre que Juan não estava trabalhando, estava jogando golfe, aperfeiçoando seu *swing*, dominando sua colocação, sendo o melhor que podia ser bem ali onde estava.

Aos vinte e um anos, ele foi empregado como caddie em tempo integral em um campo de golfe em Porto Rico. Um dia, certo golfista profissional passou por ali e viu o quanto Juan era talentoso. Aquele jogador apadrinhou Juan e começou a trabalhar com ele, ensinando-o e treinando-o.

Hoje, muitos anos depois, Juan Rodriguez é mais conhecido como Chi Chi Rodriguez. Ele venceu oito torneios na Turnê PGA e vinte e dois torneios na Turnê dos Seniores ou Campeões, no qual ele uma vez foi nomeado o Jogador do Ano. Ele fundou a Fundação Chi Chi Rodriguez para a Juventude para oferecer modelos exemplares e prestar assistência a crianças problemáticas vítimas de abuso.

Floresça onde está plantado. Não dê desculpas. Não passe pela vida pensando: *tenho uma desvantagem. Tenho obstáculos demais. Sou da nacio-*

---

* É o nome que recebe o carregador da bolsa com os tacos do golfista.

nalidade errada. Venho da família errada. Não tenho os contatos certos. Eu jamais poderia sair deste ambiente.

Talvez você não veja como poderá subir mais alto, mas Deus vê. Ele já tem um caminho. Seu destino não é determinado pela maneira como você foi criado, ou pelas suas circunstâncias ou pelas probabilidades que estão contra você. Seu destino é determinado pelo Criador do Universo. E se você pegar o que Deus lhe deu e fizer o máximo com isso, como Chi Chi fez, Deus abrirá portas. Ele lhe dará boas oportunidades e colocará as pessoas certas no seu caminho.

> *Ou Deus está fazendo uma obra em você ou Ele está usando você para fazer uma obra em outra pessoa.*

Livre-se das desculpas. Pare de esperar que as coisas mudem. Plante uma semente e seja feliz agora mesmo. Quando estiver em tempos difíceis, lembre-se de que ou Deus está fazendo uma obra em você ou Ele está usando você para fazer uma obra em outra pessoa. Desde que você esteja firmado na fé, o lugar onde você está é onde você deveria estar.

Pare de lutar para ir para outro lugar. Seja o melhor que puder exatamente onde você está. Se tomar a decisão de florescer onde está plantado, você passará no teste. Deus promete que Ele derramará as Suas bênçãos e o Seu favor. Você não apenas viverá feliz, como também Deus o levará a lugares com os quais você jamais sonhou.

Capítulo 5

Aprecie a Jornada

Um amigo meu recebeu um convite para visitar a Casa Branca e se encontrar com o presidente. Ele estava muito entusiasmado com essa grande honra. Entretanto, pouco depois o time de basquete de seu filho ganhou a divisão, e continuou ganhando todos os jogos seguintes. E a final do campeonato estadual estava, por acaso, marcada para o mesmo dia em que meu amigo deveria ir a Washington. Ele foi obrigado a decidir se ficava e via seu filho jogar ou se encontrava com o presidente dos Estados Unidos.

Ele poderia ter pensado: *Bem, posso assistir ao jogo mais tarde pelo vídeo. Posso ligar e ficar sabendo do que está acontecendo. Provavelmente posso ouvir pelo rádio.*

Em vez disso, ele não pensou duas vezes. Ele fez sua equipe informar ao escritório do presidente que não poderia estar presente. Decidiu ir ao jogo de seu filho e acabou sendo um jogo muito empolgante e muito difícil. Os dois times ficaram na liderança várias vezes ao longo do jogo, e apenas alguns segundos antes do término o time do filho dele estava perdendo por um ponto. Parecia que eles iam decepcionar a todos. Mas nos últimos segundos o filho dele fez a jogada que ganhou o jogo, e eles venceram o campeonato estadual.

Depois, meu amigo disse: "Eu não teria trocado aquele momento por nada neste mundo, nem mesmo por um encontro com o presidente."

A vida não tem a ver realmente com o fato de chegarmos a um determinado destino, mas sim com a maneira como vivemos ao longo do caminho. É fácil ficarmos tão voltados para os nossos objetivos e tão focados nos nossos sonhos que desconsideramos as coisas simples que deveríamos estar desfrutando a cada dia. A vida é uma jornada. Não existe linha de chegada. Quando realizarmos o sonho de hoje, Deus nos dará outro. Quando vencermos aquele desafio, haverá outro. Sempre há outra montanha para escalar.

Se você cometer o erro de viver apenas voltado para um destino final, olhará para cima um dia e perceberá que perdeu a melhor parte da vida. A maior parte da vida é composta de rotina. A maioria de nós se levanta todas as manhãs, vai trabalhar, volta para casa, janta, vai se deitar, e depois faz tudo de novo. Existem muito poucos "topos de montanha": você se forma na escola, se casa e tem um filho. Os pontos altos são poucos e distantes um dos outros.

Mas muitas pessoas vivem apenas para o topo da montanha. Elas ficam tão focadas em ganhar promoções que trabalham noite e dia. Elas não desfrutam realmente de suas famílias. Ficam tão estressadas criando seus filhos, que não desfrutam a vida com eles. Ficam tão envolvidas em resolver os problemas diários que não desfrutam os melhores momentos de cada dia.

Desacelere e aprecie a jornada. Foi isso que eu precisei fazer. Antes de me casar eu viajava para o exterior com meu pai duas vezes por ano. Vivia para essas grandes viagens. Eu mal podia esperar. Quando uma viagem terminava, eu imediatamente começava a contagem regressiva dos meses e das semanas, com pressa para passarem os dias logo e ver a próxima viagem chegar.

Um dia, percebi que eu estava passando correndo pela vida simplesmente tentando chegar a eventos importantes. É claro que é bom ter coisas pelas quais esperar ansiosamente. É bom ter objetivos diante de você. Mas não coloque sua vida em compasso de espera até essas coisas acontecerem. Desfrute de cada dia ao longo do caminho.

O ex-astro do futebol Deion Sanders tinha um sonho de ganhar o Super Bowl.* Isso era o que ele queria mais do que tudo. Ele treinou sem parar, ano após ano, trabalhando incansavelmente. Um dia o seu sonho se realizou. O seu time, o San Francisco 49ers, ganhou o Super Bowl depois da temporada de 1994. Depois da grande comemoração, ele ficou

* O Super Bowl é o campeonato nacional de futebol americano disputado pelos times de maior pontuação na Confederação Americana de Futebol e na Confederação Nacional de Futebol. Acontece uma vez ao ano nos Estados Unidos e é a maior competição esportiva do país.

muito decepcionado. *É só isso?* Ele pensou. *Trabalhei a cheguei ao ápice da minha carreira. Pensei que seria diferente. Sim, estou feliz. Sim, Deus me abençoou. Mas simplesmente não é como eu pensei que seria.*

Algumas pessoas passam a vida inteira tentando atingir um objetivo, apenas para descobrir que ele não era tão bom quanto elas pensavam. Meu amigo, a verdadeira alegria está nas coisas simples. Em conviver com sua família, se levantar cedo e ver o sol nascer, dar uma caminhada pelo parque, levar sua filha para almoçar, andar de bicicleta com sua esposa. É claro que os objetivos e realizações nos dão uma sensação de satisfação, mas eles são apenas temporários.

Você Não Pode Viver De Conquista em Conquista

Você não pode viver dos seus grandes eventos, porque depois que você os tiver saboreado por um momento, Deus fará nascer um novo sonho no seu coração, algo novo para você esperar ansiosamente.

Conversei com muitas pessoas que chegaram ao topo em suas áreas. A única coisa que ouço elas dizerem que lamentam é que realmente obtiveram êxito, mas em detrimento de suas famílias. Elas dizem: "Seu eu pudesse fazer tudo de novo, dedicaria tempo para sair e aproveitar o dia. Estaria presente nos jogos de futebol dos meus filhos. Eu não viveria tão estressado e irritado, pensando *Se eu simplesmente pudesse chegar ao próximo nível, então eu desaceleraria e aproveitaria a vida*'."

Desacelere e aprecie a jornada agora mesmo. Dedique tempo às pessoas que Deus colocou em sua vida. Elas não vão estar ali para sempre. A Bíblia diz em Tiago 4:14 que as nossas vidas são como uma névoa; estamos aqui por um instante e depois nós iremos embora.

Todos os dias, diga à sua esposa, aos seus filhos, àqueles que significam mais para você, o quanto você os ama. Há alguns dias eu disse à Victoria o quanto valorizo o fato de ela me ouvir pregar em todos os cultos. Há algum tempo estávamos fora da cidade, ministrando alguns cultos. Então voltamos à Lakewood e fizemos três cultos no fim de semana. E eu percebi que ela ouviu a mesma mensagem pregada por mim oito vezes seguidas! Bem, depois de oito vezes até eu mesmo fico cansado. Mas ela está sempre sentada ali, três cultos por semana, rindo das mesmas piadas que eu conto todas as vezes, como se fosse a primeira vez que ela as estivesse ouvindo. Sei que ela está fingindo, mas pelo menos ela está fingindo para fazer com que eu me sinta bem.

Não considero isso algo banal. Certifique-se de que as pessoas que fazem parte da sua vida saibam o quanto você valoriza o fato de se sacrificarem e o apoiarem. Afinal, você não estaria onde está se alguém não estivesse pagando o preço de ajudá-lo a prosseguir por essa estrada.

Minha mãe é outro grande exemplo desse apoio. Em todos os cultos quando estou pregando ouço-a me encorajando na primeira fila. Ela está constantemente sussurrando em seu interior: "Muito bem, Joel." Não importa sobre o que estou falando. Sou seu filho — ela acha que tudo que digo é maravilhoso. Posso dizer à congregação: "Podem se sentar" e minha mãe dirá: "Ah, isso foi excelente, Joel."

Todos os dias, diga à sua esposa, aos seus filhos, àqueles que significam mais para você, o quanto você os ama.

Eu não estaria onde estou hoje sem aqueles que semearam em minha vida. Jamais consideraria o relacionamento dos que me são mais próximos como algo banal — minha família, meus amigos, meus colegas de trabalho — todos eles fazem sacrifícios para que eu possa cumprir o que Deus colocou em meu coração.

Ponha o Foco no que é Realmente Importante

Muitas pessoas nestes dias estão "ganhando a vida", mas não estão realmente ganhando suas vidas. Elas estão trabalhando o tempo todo, vivendo estressadas, levando tensão para dentro de casa, ocupadas demais para desfrutar o que Deus lhes deu. Entenda que quando você chegar ao fim de sua vida, muito provavelmente ainda haverá trabalho para fazer no escritório. A sua caixa de e-mail ainda estará cheia. Seu trabalho nunca estará terminado.

Se você não fizer da sua família e daqueles a quem você ama sua maior prioridade a desfrutar, passar tempo com eles, investir neles, você perderá o que mais importa. Nos seus últimos dias aqui nesta terra, o trabalho não lhe fará companhia. A sua família sim. Mas se você passar todo o seu tempo apenas investindo em uma carreira, dando o melhor da sua vida e energia na construção de um negócio, a sua falta de investimento no que mais importa — sua família — poderá torná-lo uma pessoa muito solitária.

É bom ser focado e determinado. É bom ser alguém que trabalha duro. Mas é importante que você saiba como colocar o seu trabalho de lado, afastar-se e dizer: "Sabe de uma coisa? Este trabalho ainda estará aqui no escritório amanhã. Então farei o meu melhor hoje. Vou trabalhar duro, mas também vou brincar. Vou desfrutar minha família. Vou me divertir com os meus filhos." E se não tomar essa decisão, sua família só terá as sobras do seu tempo e da sua energia. Eles merecem mais que isso.

Se levar o estresse do escritório para casa com você, toda a casa ficará tensa. Não permita que os problemas do trabalho ou o que você não terminou de fazer azedem o seu dia a ponto de você descontar em sua família. Deixe tudo no escritório.

Não sei quanto a você, mas eu preferiria ganhar menos dinheiro e desfrutar minha vida e minha família do que ficar tão assoberbado de trabalho a ponto de gastar toda a minha energia. Há muitas oportunidades que rejeito por não querer que a minha vida passe com o foco errado. Não quero que meus filhos cresçam sem me conhecer. Não quero estar tão ocupado a ponto de não poder voltar para casa e fazer exercício ou dar um passeio pelo parque, ou ficar acordado e olhar as estrelas ou me levantar cedo para ouvir os pássaros cantarem.

Por favor, não me entenda mal. Sou uma pessoa muito disciplinada e voltada para os meus objetivos, mas faço exatamente o que estou lhe pedindo para fazer. Na verdade, eu me treinei para desacelerar e apreciar a jornada.

Ziguezagueando Pela Vida

Quando o famoso arquiteto Frank Lloyd Wright ainda era um adolescente, ele saiu com seu tio um dia e passou por um campo coberto de neve. Eles estavam indo para uma casa, mas ao longo do caminho Frank se desviou e parou próximo a um celeiro para ver os animais. Depois ele foi até um lago para dar uma olhada nele. Então ele viu um forte à distância. Ele saiu do seu caminho para ver a construção.

Quando finalmente conseguiu alcançar o tio ao longo do campo coberto de neve, ele lhe disse: "Agora, Frank, quero lhe ensinar uma lição. Olhe para trás e veja as suas pegadas na neve. As minhas vieram direto para cá. Eu não me aventurei por aí, por isso cheguei aqui muito mais depressa do que você. Mas, Frank, veja as suas. Você ziguezagueou por toda parte e desperdiçou muito tempo parando ao longo do caminho."

Frank Lloyd Wright disse que aquela foi uma das melhores lições que ele já aprendeu. Mas ele a compreendeu de maneira exatamente oposta a que seu tio pretendia. Sua conclusão daquela lição foi: "Cheguei ao mesmo destino, mas não deixei de apreciar todas as vistas ao longo do caminho."

Deveria haver sempre um equilíbrio entre trabalhar duro, ter foco, realizar sonhos e dedicar tempo para parar e aproveitar o dia. Reconheça-as e desfrute das coisas maravilhosas que Deus colocou em sua vida. Alguns de vocês só vivem para o trabalho e não têm nenhuma diversão. Se mudarem sua abordagem, desacelerarem e apreciarem a jornada, ainda chegarão onde devem chegar, mas terão uma vida muito mais realizada.

Aprendi muito sobre esse princípio com a família de Victoria. Eles amam rir. Amam se divertir. Eles desfrutam a companhia uns dos outros. No jantar, eles podem ficar sentados à mesa e conversar por horas. Mas eu consigo comer em dez minutos e depois, pronto. Penso: *Vamos nos mexer. Vamos fazer alguma coisa. Temos objetivos. Temos sonhos.*

Recentemente a mãe de Victoria, seu irmão e outros membros da família foram para nossa casa depois da igreja, para um almoço tardio. Depois que terminei de comer, fui para outra sala e assisti a um jogo de futebol. Voltei duas horas e meia depois, e eles ainda estavam sentados à mesa, nos mesmos lugares, rindo, conversando e se divertindo. Fiquei muito impressionado. Disse à Victoria: "Sobre o que vocês estavam falando?"

Ela disse: "Oh, nada!"

Deixe-me dizer-lhe algo: eles podem falar sobre *nada* melhor do que qualquer pessoa que eu conheço. Por quê? Por apreciarem um ao outro. Eles me ensinaram a dedicar tempo para cheirar as rosas.

Pense nisto: Deus nos dá um nascer do sol todas as manhãs. Você já parou para admirá-lo? Ele nos dá estrelas todas as noites. Alguma vez você olha para cima e as admira? Talvez você tenha seu pai e sua mãe morando por perto. Você para e passa algum tempo com eles? Você alguma vez telefona para eles para conversar sobre nada?

Deus abençoou muitas pessoas com lindos filhos. Você desfruta a companhia deles, ou está tão ocupado criando-os e preparando o jantar para eles, garantindo que estejam fazendo o dever de casa e limpando seus quartos, a ponto de não valorizar o presente que Deus lhe deu? Sei que a maioria dos pais ama seus filhos. Não tenho dúvidas disso. Mas muitos não desfrutam realmente a companhia deles. Alguns pais permitem que as pressões de criá-los lhes roubem toda a alegria que seus filhos têm a oferecer.

Há Algumas Coisas Que Não Se Pode Ter de Volta

Quando nossa filha Alexandra tinha cerca de três anos, ela costumava acordar à noite e descer as escadas para ir ao nosso quarto. É claro que tínhamos de levá-la de volta para sua cama. Durante alguns meses ela acordava duas ou três vezes todas as noites e descia as escadas.

Isso aconteceu pouco depois que eu assumi o lugar de meu pai na igreja e comecei a pastorear. Eu estava aprendendo a ministrar e por isso dormia pouco. Certa vez, eu estava dizendo a Victoria: "Precisamos tomar alguma atitude com relação a Alexandra. Ela está descendo demais para o nosso quarto. Sabe, estou muito cansado. Não estou dormindo o suficiente." E daí por diante.

Victoria disse algo que jamais esquecerei. Ela disse: "Joel, simplesmente lembre-se de que daqui a vinte anos você dará tudo para ouvir aqueles pequeninos passos descendo as escadas. Você dará qualquer coisa para que ela queira entrar no seu quarto."

Aquilo mudou toda a minha perspectiva. Comecei a esperar ansiosamente pela chegada de Alexandra. Passei a valorizar aqueles momentos que podíamos passar juntos. Seus filhos podem dar muito trabalho agora, mas certifique-se de estar desfrutando a companhia deles. Eles não estarão em casa com você para sempre.

Você precisa entender que há algumas coisas que não pode ter de volta. Seus filhos estarão em casa apenas por algum tempo. Dedique tempo às pessoas que fazem parte da sua vida. Não saia correndo de casa sem dar um abraço em sua esposa ou em seu marido. Não fique tão ocupado a ponto de não poder ir àquele compromisso marcado com seu filho. Não volte para casa tão cansado a ponto de não conseguir ir ao parque ver seu filho adolescente andar de skate.

Construam lembranças juntos. Daqui a vinte anos você olhará para trás e dirá: "Você se lembra de quando o nosso bebê nos acordava todas as noites? Lembra quando nosso filho fez a jogada que deu a vitória ao time? Você se lembra de quando eu o levava ao parque e corria atrás de você? Lembra quando nos sentávamos ao redor da mesa de jantar e ríamos e contávamos histórias?"

Não considere o hoje como sendo algo banal. Sua família precisa do que você tem. Eles precisam do seu sorriso, do seu encorajamento, do seu apoio e da sua sabedoria. Precisam saber que você se importa e que eles são tudo para você. É importante não apenas estar *em casa*. Não apareça simplesmente, mas envolva-se. Comprometa-se.

Ouvi alguém dizer: "Não é o tempo que passamos juntos. São os momentos que iluminamos para construir memórias."

Conheço muitas pessoas que vivem em uma casa cheia de membros da família, mas que são muito solitárias. Todos estão ocupados. Todos estão cuidando das suas próprias tarefas. Ninguém se levanta e diz: "Sabe de uma coisa? Somos uma família. Nós devemos dedicar tempo para nos sentarmos à mesa de jantar e saber das novidades. Precisamos assistir a um jogo de bola ou a um recital de dança e incentivar os membros da família. Nós devemos encorajar uns aos outros na hora do nosso abatimento. Vamos desfrutar o que Deus nos deu."

É fácil ficar ocupado demais. É fácil ficar desconectado. Mas se você quer tirar o máximo proveito da sua vida, estabeleça um limite e diga: "Estou desacelerando e apreciando a jornada. Não vou considerar o que Deus me deu como algo banal. Não vou ser um viciado em trabalho nem vou perder os anos de crescimento dos meus filhos. Não vou viver tão estressado a ponto de não poder apreciar as coisas simples da vida."

Não Perca os Milagres Diários

Há alguns anos eu estava reunindo todos em nossa casa para irmos à igreja, e estava ficando tarde. Eu estava com muita pressa e estressado por causa disso. Nosso filho Jonathan tinha cerca de oito anos. Alguém havia nos dado um "etiquetador", uma dessas máquinas nas quais você pode digitar uma mensagem e imprimir uma etiqueta adesiva com a frase que escreveu. Jonathan estava junto à porta dos fundos digitando uma mensagem.

— Jonathan, largue isso — eu disse. — Estamos atrasados. Temos de ir agora mesmo.

Ele disse:

— Espere aí, papai. Eu só preciso de mais um minuto, só mais um segundo.

Eu disse:

— Jonathan, nós não temos nem mais um segundo. Vamos chegar atrasados à igreja. Você precisa largar isso. — Eu estava ficando cada vez mais estressado.

Foi quando ele imprimiu a mensagem e a entregou a mim.

"Você é o melhor pai do mundo", era o que o adesivo dizia. Pensei: *Bem, talvez possamos ficar aqui um pouco mais, e imprimir mais algumas dessas.*

Às vezes ficamos tão absortos nos nossos objetivos e tão focados no resultado final que perdemos os milagres ao longo do caminho. Dedique um tempo para aproveitar o dia. Valorize as diferentes personalidades que Deus colocou em sua vida.

Descobri que são as coisas simples que têm mais significado. Você não precisa tirar férias caríssimas para construir lembranças. Você pode construir uma lembrança sentado à mesa do jantar. Pode ter um momento memorável assistindo a seus filhos jogando bola no quintal ou levantando-se cedo com sua esposa ou seu marido para curtir um lindo nascer do sol.

Algumas das melhores lembranças da minha infância estão associadas aos momentos em que meus quatro irmãos e eu, ainda crianças, sentávamos com meu pai bem cedo de manhã e tomávamos café junto à lareira.

Meu pai dava o seu primeiro gole de café e depois soltava um longo "Ahhhh". Todos nós, as crianças, de quatro a quatorze anos, fazíamos o mesmo. Fazíamos uma competição para ver quem fazia o melhor "Ahhhh".

Nós ríamos e nos divertíamos muito juntos. Meu irmão Paul diz que seus filhos ainda tomam café cedo pela manhã, sentam-se e dizem "Ahhhh".

Não tomo mais café. Sou um pouco mais santo do que ele!

Nossa família não tinha muito dinheiro quando éramos pequenos, mas meus pais eram muito criativos. Às vezes eles nos levavam até o aeroporto mais próximo, quando ele não estava cheio, para pegarmos o trem de transporte do aeroporto juntos. Era grátis. Nós adorávamos. Para nós, era como estar em um parque de diversões. Íamos e voltávamos entre o Terminal A e o Terminal B por uma hora e meia.

Tenho certeza de que as pessoas pensavam: *Aquela família está totalmente perdida. Não sabem o que estão fazendo.* Sabe o que estávamos fazendo? Construindo memórias e nos divertindo juntos como família.

A Vida É o que Fazemos Dela

Quando nossos filhos eram mais novos nós os levamos à Disneylândia. Alexandra tinha cerca de cinco anos. Foi uma grande confusão para chegarmos lá naquele dia. Havia muito trânsito. Estávamos em um carro alugado e tivemos dificuldade de encontrar um lugar para estacionar.

Havia uma grande fila apenas para pegar o trem que levava até o parque. Quando finalmente chegamos, eu estava muito estressado. Não estávamos lá nem há quinze minutos quando a pequena Alexandra disse:

— Papai, quero voltar para o hotel e ir nadar.

Eu disse:

— Não, não, não, Alexandra. Podemos nadar em qualquer lugar. Podemos nadar em casa. Estamos na Disneylândia, o Reino Mágico.

— Papai, eu não quero estar na Disneylândia — ela insisiu — eu quero ir nadar.

Tentei convencê-la dizendo que poderíamos ver o Mickey Mouse e a Branca de Neve. Prometi a ela que havia muita diversão esperando por nós.

— Não quero me divertir aqui — ela disse.

No fim, precisei dizer:

— Ouça, Alexandra, paguei cinquenta dólares pelo seu ingresso. Você vai se divertir quer queira quer não.

Falando sério, não é preciso muito dinheiro para se divertir. Muitas vezes é das coisas simples que nos lembramos mais. Como a piscina do hotel!

Casey era um grande fã de beisebol. Sendo assim, no aniversário de oito anos de seu filho ele comprou uma bola de beisebol de presente, autografada por todos os jogadores do Yankes de Nova Iorque. Eles haviam acabado de ganhar o campeonato mundial. Ele pagou um bom dinheiro por ela.

Casey tinha certeza de que seu filho Logan a guardaria como algo especial durante os anos que se seguiriam. Mas quando ele deu a bola ao filho, o menino não ficou nem um pouco empolgado. Na verdade, ele apenas olhou para ela e deixou-a de lado.

Casey ficou muito decepcionado.

— Logan, você não gostou da bola?

— Sim, papai, mas eu gostaria mais se não tivessem escrito todos aqueles nomes nela.

Assim como o pequeno Logan, precisamos aprender a apreciar as coisas simples da vida. Hoje, tudo é muito complicado. Temos quinhentos canais de tevê, a internet nos entope de informações e agora podemos acessar todas essas distrações em nossos celulares, Ipads e outros dispositivos. Nunca conseguimos fugir do nosso trabalho ou das nossas diversões.

Se não tomar cuidado, você cairá na armadilha de pensar que deve estar sempre ocupado e que precisa estar sempre envolvido em algo grande e empolgante. Desacelere e desfrute as coisas simples. Desligue a tevê e passe mais tempo com a sua família. Dê uma caminhada. Dê uma volta de bicicleta. Joguem jogos juntos. Façam aquelas coisas especiais pelas quais vocês não precisam pagar, e não exigem nenhum ingresso.

Quando éramos crianças, brincávamos de uma brincadeira de esconde-esconde em família. Minha mãe e meu pai deixavam que nós nos escondêssemos e depois eles procuravam e corriam atrás de nós pela casa. Brincar dessa brincadeira com eles era um dos pontos altos da minha infância. Minha lembrança favorita é a vez em que minha irmã Lisa ficou presa na máquina de secar roupa.

Graças a Deus nós a enviamos para a passadeira depois disso!

Os Prazeres Simples São os Melhores

Você pode ter uma grande riqueza e ser infeliz e solitário. Ou pode ter muito pouco e ainda assim ser feliz e realizado. Tudo depende da sua maneira de encarar a vida.

Um pai rico decidiu mostrar ao seu filho de sete anos como as "pessoas pobres" viviam. Eles dirigiram de sua grande casa na cidade até uma pequena fazenda no campo, na qual um amigo do pai do menino e sua família "pobre" viviam.

Eles passaram a noite com a família na sua pequena casa de madeira. Eles não tinham televisão nem móveis sofisticados ou tapetes. Como não havia distrações, a família se sentava no portão da frente, onde eles cantavam, contavam histórias e riam juntos.

Depois de passar duas noites ali, o pai rico e seu filho voltaram para casa. O pai estava muito curioso para ver se seu filho havia aprendido a lição que ele pretendia lhe dar. Então ele perguntou o que menino havia achado da experiência.

O garotinho disse:

— Ah, papai, eu realmente adorei.

— Bem, filho, você viu como as pessoas pobres vivem?

— Sim, papai, eu vi.

— Diga-me, exatamente, o que você aprendeu?

— Bem, pai, eu aprendi que temos um cachorro em casa, e eles têm quatro. Temos uma piscina no meio do nosso quintal, mas eles têm um riacho que não tem fim. Temos lanternas sofisticadas na nossa casa, mas eles têm as estrelas. Assistimos à tevê sozinhos à noite, mas eles se sentam em família e se divertem.

O pai sacudiu a cabeça ao perceber que seu plano não havia saído como pretendido.

Mas, então, o filho acrescentou:

— Papai, muito obrigado por me mostrar o quanto nós somos pobres.

Valorize o que Importa para Você

Se você tem pessoas em sua vida para amar, você é rico.

Se você tem saúde, você é rico.

Se você pode ouvir os passos da sua garotinha descendo as escadas, você é rico.

Se você pode falar com a sua família sobre qualquer coisa, você é rico.

Mantenha a perspectiva adequada. Desacelere e aprecia as coisas simples da vida. Dê mais caminhadas pelo parque. Olhe as estrelas à noite e pense na bondade de Deus.

Quando você acordar de manhã, não tome o seu café simplesmente. Sente-se e diga: "Ahhhh". Ilumine esse momento. Desacelere e aprecie a jornada. Sempre haverá outro sonho, outro objetivo e outro desafio. Dedique tempo ao que mais importa.

> *Se você tem pessoas em sua vida para amar, você é rico.*

Não se permita ficar tão focado e determinado, tão ocupado com o que você precisa fazer a cada dia, a ponto de perder os milagres ao longo do caminho. Faça como Frank Lloyd Wright e comece a ziguezaguear. Comece a desfrutar as diferentes coisas que Deus colocou em sua vida.

Alguém disse: "Não é que a vida seja curta demais, nós é que esperamos tempo demais para começar."

Por que você não começa hoje? Abrace seus filhos antes de sair todos os dias. Dê um beijo em sua esposa. Ligue para os seus pais e diga-lhes o quanto você os ama. Faça uma visita àqueles parentes que você tem tido intenção de ver.

Não estaremos aqui para sempre. É bom trabalhar duro, mas aprenda a desligar o botão. Seja uma pessoa equilibrada, mas brinque muito também. Se tomar a decisão de desacelerar e apreciar a jornada, você experimentará a plenitude do que Deus tem reservado para sua vida.

Quando você chegar ao fim da vida, não terá remorsos. Você poderá dizer: "Fiz o melhor com o meu tempo aqui. Desfrutei minha família. Aproveite a vida com meus amigos. Completei a minha carreira com alegria."

PARTE II

Saiba o Que Você Deve Ignorar

Capítulo 6

A Perspectiva Correta

É fácil se concentrar no que está errado em sua vida, naquilo que você não tem e em como os obstáculos no caminho são imensos. E se não tomar cuidado, você pode perder de vista todas as coisas boas que Deus tem feito por você. Não considere sua família, seus amigos e as oportunidades com as quais Ele tem lhe abençoado como algo corriqueiro. Se você está tão apressado e tão estressado a ponto de deixar de apreciar o presente que o dia de hoje constitui, perderá sua alegria e sua capacidade de ser feliz todos os dias da semana.

Aprenda a ter a perspectiva correta das situações. Os negócios podem ir devagar, mas pensar: *Nunca vou conseguir* é ter a perspectiva errada. A perspectiva correta é pensar: *Deus está suprindo todas as minhas necessidades.*

Se você está passando por uma decepção, a perspectiva errada é: *Eu devia saber que isto iria acontecer. Eu nunca tenho uma trégua.* A perspectiva correta é acreditar que quando uma porta se fecha, Deus abre outra.

Você pode colocar duas pessoas vivendo exatamente as mesmas circunstâncias, e uma delas ficará reclamando, negativa e apenas tolerará a vida, enquanto a outra estará feliz, grata e desfrutando a vida. Qual é a diferença? A perspectiva de cada uma. É a maneira como cada uma escolhe ver a situação.

> *As sementes do desânimo não conseguem criar raízes em um coração grato.*

Todos nós temos fardos que podem roubar a nossa alegria e nos deixar amargos. Mas se quisermos viver a vida sendo felizes, precisamos do fundamento de um espírito grato. Aprendi que as sementes do desânimo não conseguem criar raízes em um coração grato.

Se você está infeliz hoje e perdeu o entusiasmo, a maneira mais rápida de transformar isso é ser mais grato. Em vez de olhar para o que não tem, agradeça a Deus pelo que você tem. Em vez de reclamar do que está errado, agradeça a Deus pelo que está certo.

Conversei com muitas pessoas que passaram por decepções. Elas perderam o emprego, o casamento ou a saúde. É difícil para essas pessoas ver qualquer motivo para serem gratas. Mas, na verdade, é uma questão de perspectiva.

Ouvi falar de um homem que reclamava por não ter sapatos bons, até ele encontrar um homem que não tinha pés. Sua perspectiva mudou naquele momento.

Ele pensou: *Sabe de uma coisa? Até que não estou tão mal.*

A verdade é que alguém nesse mundo trocaria de lugar com você com prazer. Alguém adoraria poder respirar como você. Alguém adoraria poder andar como você. Alguém adoraria poder morar onde você mora. Você tem agradecido a Deus ultimamente pela sua família, pelos seus amigos, pela sua saúde e pelas oportunidades que Ele tem lhe dado?

Quando Reclama, Você Estaciona

Se você está reclamando da situação em que está, não chegará aonde quer chegar. Se você está reclamando do que tem, creio que Deus não lhe acrescentará mais.

Reclamar do seu carro velho, da sua casa pequena e do seu cônjuge não vai levar você a lugar algum. Lembre-se desta frase: *Se reclama você estaciona, mas se louva você é elevado.*

Para manter uma perspectiva correta da vida, tente fazer uma lista de todas as coisas pelas quais você é grato. Anote dez coisas com as quais Deus o abençoou e coloque a lista no espelho do seu banheiro. Todas as manhãs leia essa lista duas ou três vezes. Faça isso todas as noites antes de se deitar.

Medite nas coisas boas que Deus fez. Anote as vezes em que Deus apareceu na última hora e preparou um caminho onde não havia caminho. Anote o dia em que Ele o protegeu daquele acidente, o dia em que Ele o colocou no lugar certo e você foi promovido, o dia em que o diagnóstico médico disse que você não iria conseguir, mas a sua saúde de repente teve uma reviravolta. Anote o fato de você ter filhos saudáveis, um teto sobre sua cabeça e um cônjuge amoroso.

Quando medita na bondade de Deus, isso o ajuda a ter a perspectiva correta, e a liberar a sua fé também. Quando a sua fé é liberada, o poder de Deus é ativado. Você verá Deus aparecer e lhe dar algo mais para colocar na sua lista.

Um homem de meia idade chamado Nicholas estava muito deprimido e desanimado, então ele foi procurar seu pastor para conversar.

— Nada em minha vida está dando certo — ele disse — não tenho motivos para estar animado e nenhuma razão para ser grato.

— Está certo, vamos fazer um pequeno exercício — disse o pastor.

Ele pegou um bloco e desenhou uma linha bem no meio.

— Vamos enumerar todas as coisas positivas deste lado, todas aquelas coisas que estão bem em sua vida — disse o pastor. — E do outro lado vamos enumerar todos os seus desafios, todas as coisas que o estão incomodando.

Nicholas riu.

— Não tenho nada de positivo — disse ele, baixando a cabeça.

— Tudo bem, mas vamos fazer o exercício — disse o pastor, acrescentando: — Sinto muito pelo falecimento de sua esposa.

Nicholas olhou para cima de repente.

— Do que o senhor está falando? Minha esposa não morreu. Ela está viva e saudável.

O pastor disse calmamente:

— Ah... — e então escreveu na coluna das coisas positivas: "Esposa saudável."

Em seguida, o pastor disse:

— Nicholas, sinto muito por saber que a sua casa se incendiou.

— Minha casa não se incendiou — disse Nicholas.

Novamente, o pastor disse calmamente:

— Ah... — e então acrescentou: "Um lugar para morar" à lista de coisas positivas.

O pastor estava acertando em cheio.

— Nicholas, sinto muito por saber que você foi despedido do emprego.

— Pastor, de onde o senhor está tirando todas essas coisas sem sentido? — disse ele. —Tenho um bom emprego.

Ele então escreveu: "Um bom emprego" na lista de coisas positivas.

— Posso ver essa lista? — Nicholas perguntou, entendendo finalmente.

Depois de olhar a lista, ele acrescentou mais doze coisas que estava considerando como banais, em vez de ser grato por elas. Nicholas saiu do escritório do pastor com uma atitude muito diferente.

Reconheça Seus Presentes

Qual era o problema de Nicholas? Ele só precisava mudar sua perspectiva. Quando começou a se concentrar nas coisas boas que havia em sua vida, ele teve sua felicidade e alegria de volta.

Se você tem dificuldades para permanecer encorajado e grato, faça uma lista de todas as coisas com as quais Deus o abençoou. Se você tem saúde, escreva isso como um ponto positivo. Se a sua visão é boa, anote isso também. Faça o mesmo com o seu emprego, sua família, seus amigos, seus filhos e com todas as suas outras bênçãos. Faça essa lista e depois a releia ao longo do dia. Isso pode fazer você pensar da maneira correta.

Você precisa entender que todo dia é um presente de Deus. Que vergonha viver este dia ou qualquer outro derrotado, deprimido, negativo, reclamando e sem entusiasmo! Todos nós temos obstáculos. Todos nós temos coisas para superar, mas a nossa atitude deve ser: *Sei que Deus ainda está no trono. Ele está no controle total da minha vida. Ele disse que os Seus planos para mim são para o bem e não para o mal. Não vou viver este dia derrotado, deprimido ou concentrando no que não tenho. Estou mudando a minha perspectiva. Graças a Deus porque estou vivo. Graças a Deus porque estou respirando. Graças a Deus porque sou saudável. Graças a Deus pela minha família. Vou viver cada dia ao máximo.*

Algumas pessoas se sentem sobrecarregadas pelos seus deveres e responsabilidades, mas essas coisas, também, são presentes. Elas reclamam por precisarem "ir trabalhar" ou "cuidar das crianças". Você não *precisa* fazer nada. Na verdade, você tem *o privilégio* de fazer todas essas coisas. Deus lhe dá o fôlego de vida. Você não conseguiria ir trabalhar, cuidar das crianças ou cortar a grama do quintal se Deus não lhe desse a força para isso. Não poderia trabalhar se Ele não lhe desse a oportunidade.

Mude a sua perspectiva. Você não é *obrigado* a ir trabalhar. Na verdade, *é um privilégio* ir trabalhar. Também não *tem de* cuidar dos seus filhos, mas tem *o privilégio* de cuidar deles.

Você sabe quantas pessoas dariam tudo para ter filhos? Alguns casais gastam milhares de dólares e passam por procedimentos clínicos dolorosos em seu esforço para terem filhos. Elas dariam qualquer coisa para estar, neste momento, limpando a bagunça de seus filhos. Agradeça a Deus todos os dias por abençoá-lo com filhos. Eles são um presente de Deus.

Não considere nada como algo comum, nem mesmo o fato de ter conseguido sair da cama esta manhã sem a ajuda de ninguém. Quando abriu os olhos, você pôde ver. Quando disse às suas pernas para andarem, elas obedeceram. Quando sua esposa disse "Eu te amo", você pôde ouvir isso. Quando seu filho lhe deu um abraço, você pôde senti-lo. Quando você tomou o café da manhã, pôde sentir o gosto da comida.

Se você quer ter a perspectiva correta, valorize as coisas simples com as quais Deus o abençoou.

Não Despreze As Coisas Simples

Um membro de nossa igreja compartilhou comigo sobre irmã, que tinha problemas mentais. Ela não podia andar, falar nem se alimentar sozinha, e precisava de atenção constante. Quando eram pequenos, ele e os outros membros da família ajudavam a cuidar dela. Eles aprenderam a distinguir os gritos de sua irmã, que eram a sua única maneira de se comunicar. Havia um grito específico de fome e um grito para quando ela queria se levantar e um grito diferente para quando ela queria ir para a cama, e outro para quando estava com sede.

O grito mais difícil era o som que ela fazia quando sentia uma coceira. Veja bem, ela não conseguia dizer a eles onde sentia a coceira, então eles coçavam todo o seu corpo, sem parar, tentando aliviar aquela coceira.

Viver com uma irmã deficiente ajudou aquele homem a valorizar as coisas simples da vida que muitos de nós desprezamos, considerando como sendo banais. Aparentemente, não há nada de mais em ser capaz de coçar uma coceira, até você não conseguir fazer isso. Aí, isso passa a se tornar algo muito importante mesmo! É maravilhoso dizermos aos nossos braços para funcionarem e eles obedecerem. Também é tremendo abrirmos os nossos olhos e sermos capazes de ver, sem nem mesmo pensar sobre isso.

Quando você se levantar de manhã e for tentado a ficar pensando nos seus problemas — em como você não quer ir trabalhar e em como a vida não tem sido justa com você — por que não transformar isso? Em vez disso, agradeça a Deus por poder coçar a sua coceira. Por que você não agradece a Deus por não ter problemas para respirar? Por que não olha pela janela e aprecia as coisas simples como o sol nascendo, os pássaros cantando e as flores se abrindo?

Às vezes, pensamos: *Minha vida é uma rotina, eu apenas me levanto, vou trabalhar e depois volto para casa. Nada de empolgante acontece. Simplesmente faço a mesma coisa sem parar.* Mas deveríamos ser gratos pela vida de rotina diária. Não há nada de ordinário no fato de se levantar e ir trabalhar. Não há nada de comum em poder ver, em ter amigos ou uma família. Todos eles são presentes de Deus.

Muitas vezes não percebemos quantas coisas maravilhosas temos até algo nos ser tirado. Eu costumava jogar basquete com um jovem chamado Matt até ele ter um problema nos olhos. Ele sempre havia sido saudável e muito ativo, mas seus olhos começaram a incomodá-lo, então ele foi ao médico. Depois de diversos testes eles disseram a Matt que ele tinha câncer nos olhos. O médico disse que havia grandes chances de ele perder a visão.

> *Muitas vezes não percebemos quantas coisas maravilhosas temos até algo nos ser tirado.*

Matt ficou muito confuso e angustiado. Ele fez uma cirurgia e, para surpresa dos médicos, eles descobriram que Matt não tinha câncer. Em vez disso, descobriram um fungo raro atrás de seu olho que estava afetando sua visão. Eles o removeram e salvaram sua visão.

Quando Matt acordou depois da cirurgia e ouviu que sua visão havia sido restaurada, ele disse: "Este é o melhor dia da minha vida."

Pense nisto. Ele não havia acabado de ganhar a loteria. Não havia acabado de comprar uma grande casa nova nem de conseguir uma promoção. Ele simplesmente teve a notícia de que sua visão havia voltado ao normal.

Depois de ter sua visão restaurada, Matt me disse: "Todos os dias me levanto de manhã e, de propósito, olho em volta. Olho para meus filhos e para minha esposa. Saio e olho para as árvores. Inclino-me e pego uma semente no chão."

Por Matt quase ter perdido sua visão, o fato de ser capaz de ver normalmente passou a ter um significado completamente novo para ele. Meu amigo nunca mais considerará sua visão como algo banal. Ele será grato para sempre pelo dom de ver.

Como as coisas mudaram para Matt quando ele pensou que poderia vir a perder algo tão "rotineiro" e "normal" como a visão. Você e eu nunca devemos subestimar algo que Deus nos deu. Se você pode ver, se pode ouvir, se pode andar, tem boa saúde, família, amigos e um bom emprego, aprenda a apreciar cada um desses presentes.

Em Tudo Dai Graças

Não ouse sair por aí reclamando de tudo que está errado. Mude o seu foco. Entendo que você talvez não tenha saúde, mas tem sua família. Você pode ser grato por isso. Talvez não possa andar, mas pode ver. Agradeça a Deus pela sua visão. Talvez você não tenha um emprego neste momento, mas sua mente funciona, seus braços se movem, suas pernas funcionam. Todos nós possuímos algo pelo qual podemos ser gratos.

Mantenha o ponto de vista correto. Se você tem dificuldades em dormir à noite, pense em todas as pessoas sem teto e sem cama. Se estiver preso no trânsito, pense em todas as pessoas que não podem ter um carro. Caso tenha tido um dia ruim no escritório, pense nas pessoas desempregadas ansiando por um emprego. Se precisa andar três quadras até a igreja, agradeça a Deus por ser saudável e poder andar. Se seus cabelos estão ficando grisalhos, seja grato por eles não estarem caindo!

Ser grato é a chave para permanecer feliz. É por isso que o Rei Davi disse: "Louvarei ao SENHOR em todo o tempo; o seu louvor estará continuamente na minha boca" (Salmos 34:1, ACF). Observe com que frequência ele vai louvar o Senhor: continuamente! Davi conhecia um segredo. Você não pode louvar e reclamar ao mesmo tempo.

Se você estiver constantemente agradecendo a Deus pelo que Ele fez e louvando-o pelas Suas bênçãos enquanto medita na Sua bondade, não terá tempo para se concentrar no que está errado ou para reclamar do que você não tem.

Todos nós somos testados todos os dias. Nos tempos de dificuldades, quando alguém for rude com você, quando passar por uma decepção ou receber um diagnóstico negativo e quando seu filho se comportar mal, o que você vai dizer?

"Pobre de mim. Não acredito que isto está acontecendo"? Ou você dirá: "Pai, quero Te agradecer, pois sou mais que vencedor. Nenhuma arma forjada contra mim prosperará. Tu sempre me fazes triunfar. Quero Te agradecer porque não estou apenas me saindo um pouco melhor, mas estou me saindo bem melhor do que antes."

A Bíblia diz em 1 Tessalonicenses 5:18: "Deem graças em todas as circunstâncias." Ela não diz para darmos graças por tudo. Não agradecemos a Deus pelos nossos problemas, pela doença ou pelos acidentes. Mas agradecemos a Ele pelo problema do qual estamos saindo. Agradecemos na dificuldade que Ele está transformando. Agradecemos a Ele por nos ajudar a progredir e por sermos promovidos mesmo em uma economia em crise.

Sempre que você tiver uma oportunidade de reclamar, deixe que isso sirva como um lembrete para você louvar a Deus. Simplesmente transforme a situação e agradeça a Ele por trabalhar na sua vida. Lembre-se de que reclamar apenas atrasa a chegada dos dias melhores. Mas quando você louva, Deus entra em cena para lutar as suas batalhas por você!

Conte os Seus Dias

Li recentemente que mais de um milhão de pessoas morrem todas as semanas. Pense nisso. Você venceu mais uma semana! Sendo assim, está melhor do que um milhão de pessoas e pode agradecer a Deus por estar vivo.

O artigo também dizia que se você tem um teto sobre a sua cabeça, está melhor do que 75% da população mundial. E se tem o equivalente a quinze dólares em seu nome, você faz parte do grupo de 8% das pessoas mais ricas do mundo — quinze dólares!

Mantenha a perspectiva correta. Li um poema que dizia: "Sou grato pelos impostos que pago todos os anos porque isso significa que tenho um emprego. Sou grato pela bagunça que preciso arrumar depois da festa porque isso significa que estive cercado de amigos. Sou grato pela grama que precisa ser cortada, pelas janelas que precisam ser limpas e pelas calhas que precisam de conserto, pois isso significa que tenho uma casa. Sou grato pelos músculos doloridos e pelo cansaço no fim do dia porque isso significa que eu pude trabalhar duro. Sou grato pela senhora atrás de mim na igreja que canta desafinado porque isso significa que posso ouvir. E sou grato pelo despertador que toca de manhã cedo, porque isso significa que ainda estou vivo." Tudo depende da sua perspectiva!

Daqui a vinte anos olharemos para trás e nos lembraremos destes dias como os bons tempos. Deixe-me encorajá-lo a desfrutar o momento. Construa memórias com aqueles a quem você ama. Dedique tempo às pessoas que Deus lhe deu. Olhe em volta para ver todas as bênçãos incríveis que Ele colocou em sua vida.

Moisés orou a Deus: "Ensina-nos a contar os nossos dias..." (Salmos 90:12). Ele estava dizendo: "Deus, ajude-nos a entender que todo dia é um presente. Ajude-nos a lidar com o estresse e com os desafios diários enquanto ainda reconhecemos o dom que cada dia constitui."

Deixe-me perguntar-lhe: se você só tivesse uma hora para viver, para quem telefonaria? O que você diria? E o que você está esperando?

Não considere as pessoas que Deus colocou em sua vida como algo corriqueiro. Elas não estarão sempre ali. Você e eu não estaremos sempre aqui. Às vezes agimos e vivemos como se fossemos invencíveis, mas a verdade é que a vida é como uma névoa. Estamos aqui em um momento e no seguinte desaparecemos. Ouvi alguém dizer isso da seguinte maneira: "Nós nos esquecemos de como a vida é frágil. Esperamos o Dia de Ações de Graças para agradecer. Esperamos o Natal para dar presentes. Esperamos o Dia dos Namorados para demonstrar amor àqueles que valorizamos. Dizemos a nós mesmos, *Hoje é apenas um dia comum*. Então esperamos, e enquanto esperamos o tempo passa. Momentos preciosos passam. A verdade é que não existe um dia comum."

Todos os dias são um presente único e insubstituível. Suas horas podem ser bem usadas ou mal usadas, um investimento ou um desperdício. Deus, ensina-nos a contar os nossos dias!

Deus promete que quando você louvar será elevado.

A minha oração é que você mantenha a perspectiva correta, focando no que é bom, não subestimando o que tem e o que pode fazer, e reconhecendo o fato de todos os dias serem únicos e insubstituíveis. Desacelere e aprecie o que Deus lhe deu. Seja grato pelas coisas simples, até pelo simples fato de conseguir coçar a sua própria coceira. Abrace seus filhos todos os dias. Dedique tempo às pessoas que você ama. Encontre algum motivo para ser grato.

Olhe para o que está certo e não para o que está errado. Lembre-se de que as sementes do desânimo não conseguem criar raízes em um coração grato. Se você mantiver a perspectiva correta e, assim como Davi, der louvor continuamente, Deus promete que quando louvar, você será elevado. Ele derramará as Suas bênçãos e o Seu favor!

Capítulo 7

Saíba o Que Ignorar

Há não muito tempo, um repórter me perguntou o que eu pensava sobre dois homens que ele mencionou. Eu disse que não sabia quem eram e que nunca ouvira falar deles. O repórter achou aquilo muito engraçado e riu bastante da situação.

— Bem, quem são eles? — perguntei.

— São os seus dois críticos mais ferozes — ele disse — estão sempre falando de você.

Ele não podia acreditar que eu nunca ouvira falar deles. Mas o fato é que eu aprendi este princípio: não perco tempo me envolvendo em conflitos que não importam para mim. Aprendi que as críticas não podem me impedir de cumprir o meu destino. O que eles dizem sobre mim não define quem sou.

O que quer que os seus críticos digam a seu respeito não tem influência sobre o seu valor. Você é um filho do Altíssimo Deus. O Criador do universo soprou vida dentro de você. Há sementes de grandeza em seu interior. Você foi coroado com favor do Senhor. Deus já o equipou e capacitou com tudo que você precisa. Não desperdice seu tempo precioso tentando ganhar o favor das pessoas, tentando conquistar todos os seus críticos ou tentando provar para alguém a sua importância.

Aceite o fato de que algumas pessoas nunca o elogiarão. Elas nunca reconhecerão seus dons. Tudo bem, isso não é um problema. Não se distraia. Deus já preparou as pessoas certas para elogiá-lo, aqueles que o animarão e o ajudarão a cumprir o seu destino.

Se você quer viver em vitória, precisa tomar muito cuidado com o seu tempo e com aquilo em que coloca a sua atenção. Precisa também saber quais pensamentos e comentários deve ignorar e, digo isso respeitosamente, quais são as pessoas que você deve ignorar.

Se alguém no seu trabalho o irrita constantemente fazendo comentários sarcásticos, você poderia tentar resolver as coisas com essa pessoa, mas estaria desperdiçando um tempo e uma energia preciosos que poderiam ser gastos na busca dos seus sonhos. Não se distraia. Ignore pessoas assim.

Se um membro de família nunca lhe dá crédito, você pode deixar isso angustiá-lo ou frustrá-lo, ou pode deixar para lá e dizer: "Não é importante. Não preciso da aprovação dele. Tenho a aprovação do Deus Todo-Poderoso."

Você não precisa resolver as coisas com as pessoas. Não precisar dar o troco. Não precisa se ofender por causa do que alguém disse. Você pode simplesmente ignorar e viver feliz. Estou convencido de que desfrutaríamos muito mais a vida se aperfeiçoássemos nossa capacidade de saber o que devemos ignorar.

Mantenha a Atitude Correta

De acordo com a passagem de Marcos 3:1-5, Jesus estava no templo em um Shabat, o dia de descanso, quando viu um homem com a mão ressequida. Jesus simplesmente disse "Estique sua mão" (v. 5), e imediatamente o homem foi curado. Os líderes religiosos, os fariseus, estavam ali e não gostavam de Jesus, pois não o entendiam. Eles se reuniram e disseram: "Sim, Jesus realmente fez algo bom. Ele realmente curou um homem. Mas sabe de uma coisa? Ele fez isso no dia errado porque não devia estar trabalhando no Shabat."

Assim como aqueles fariseus, alguns vão condenar você independentemente do que faça. Mesmo se você mudasse e fizesse tudo que eles lhe pedissem, ainda encontrariam defeitos em você. Você poderia comprar um carro novo para cada um deles e entregar-lhes as chaves desses carros. Eles diriam: "Sabe de uma coisa? Na verdade nós queremos uma limusine."

Deixe-me transmitir-lhe um segredo capaz de lhe poupar dores e sofrimentos: ignore seus críticos. Você não precisa da aprovação deles. Mantenha a atitude correta. Quanto mais eles falarem, mais Deus o abençoará. Eles podem tentar colocar você para baixo, mas Deus o levará para cima.

Falei sobre isso com um pastor amigo meu que atua no ministério pastoral há muito tempo e que é muito respeitado.

— Se você precisasse fazer tudo de novo, o que mudaria? O que você faria de modo diferente? — perguntei-lhe.

Sem hesitar, ele respondeu:

— Eu ignoraria muito mais coisas. Não responderia a todas as críticas. Também não perderia tempo discutindo por coisas que não importam. Eu não gastaria tanta energia tentando fazer com que todos me entendessem e me aceitassem.

Creio que muitos de nós veríamos nossas vidas subir a níveis mais altos se simplesmente ignorássemos os nossos críticos.

Há muitos anos um jovem chamado Saul foi escolhido para ser o novo rei de Israel (ver 1 Samuel 10). O profeta Samuel abençoou-o e chamou-o diante do povo, dizendo: "Este será o nosso próximo rei."

A maioria dos presentes ficou muito empolgada e parabenizou Saul. Mas quando ele voltou para casa, muitos amigos antigos o ridicularizaram.

"Saul não é o nosso rei. Ele não é um líder. Não tem capacidade para isso."

Na verdade eles estavam com inveja de Saul. Estavam tão inseguros e intimidados, que precisavam empurrar Saul para baixo para parecerem maiores.

Lembre-se desta frase: "Quando as pessoas o diminuírem, elas é que estão sendo pequenas." Pessoas de mente pequena não vão elogiá-lo. Eles terão inveja e farão fofoca para que difamar a sua reputação.

Mas elas não conseguirão chegar onde Deus o está levando. Meu amigo, você foi chamado para ser uma águia. Foi chamado para voar, para fazer grandes coisas. Contudo, todos nós temos alguns corvos guinchando para nós, algumas galinhas nos bicando, alguns abutres nos atacando. Eles estão tentando nos provocar para entrarmos em conflito. Não se deixe atrair para essas batalhas.

Você está em vantagem. Você é uma águia e pode voar a alturas que nenhum outro pássaro pode voar.

Os corvos gostam de incomodar as águias. Elas são muito maiores, mas o corvo é mais ágil, de modo que ele pode se virar e manobrar mais depressa. Às vezes o corvo vem por trás da águia e dá um mergulho para atingir o grande pássaro. Mas a águia conhece este segredo: ela pode voar em alturas que o corvo não pode, até seis mil metros.

Portanto, em vez de se incomodar com o irritante corvo e seus guinchos, a águia simplesmente sobe mais e mais alto e até que finalmente o corvo é deixado para trás.

Faça o mesmo quando alguém estiver incomodando você por inveja ou despeito. Voe mais alto. Deixe-o para trás.

Deus Recompensará Você

Deus ouve o que os seus críticos dizem, e se você permanecer firme na fé, Ele o recompensará. Use sua energia para aperfeiçoar suas habilidades, para ser o melhor que puder ser. E Deus trará outros para cruzarem o seu caminho que o animarão e o encorajarão.

Saul poderia ter facilmente perdido o foco e desperdiçado tempo se defendendo. Muitos tinham desprezo pelo novo rei: "Desprezaram-no e não lhe trouxeram presente algum" (1 Samuel 10:27).

O que ele fez?

Saul ignorou-os. Uma tradução diz: "Mas Saul não deu bola para eles" (v. 27, A Mensagem).

Use a sua energia para aperfeiçoar suas habilidades, para ser o melhor que você puder ser.

Siga a abordagem sábia de Saul. Não dê atenção às pessoas invejosas ou aos que tentam colocá-lo para baixo. Eles não controlam o seu destino, Deus sim. Essas pessoas não passam de distrações. Simplesmente permaneça focado e faça o que Deus o chamou para fazer.

Afinal, quando chegar ao fim de sua vida, você não terá de prestar contas dela aos seus críticos. Em vez disso, você comparecerá diante do Deus Todo-Poderoso, o Criador do universo. Você levantará a cabeça e dirá: "Deus, fiz o melhor que pude. Corri as minha carreira. Completei a minha carreira, tornei-me o que Tu me criaste para ser."

Essa é a verdadeira realização. É nesse momento que você será recompensado.

Não Fique No Limite

Atualmente, parece que todos nós estamos hipersensíveis e no limite. Uma senhora que é membro da nossa congregação me disse recentemente: "Desisti de vir à igreja por dois meses porque todos estavam falando de mim. Todo mundo estava contra mim."

Eu não disse isso a ela, mas pensei: "Madame, *todo mudo* nem a conhece."

Temos uma grande igreja com assentos para aproximadamente dezessete mil pessoas, a probabilidade de *todo mundo* pegar no seu pé é mínima.

Aquela mulher estava no limite, como muitas pessoas hoje. Ela caiu na armadilha de criar conflito onde não havia. O resultado foi que ela ficou em casa, faltou à igreja, e só feriu a si mesma. O mais engraçado é que os cultos da nossa igreja pareciam estar ótimos como sempre — para falar a verdade, um pouco melhores do que o normal — durante a ausência dela!

Pior do que estar no limite talvez seja guardar rancor. Que desperdício! Não leva a nada a não ser ao estresse e à ansiedade! Eu estava saindo do shopping com um amigo há alguns anos quando ele parou próximo às portas de saída para o estacionamento. Nosso carro estava apenas a cerca de quinze metros das portas.

— Vamos por outro caminho — disse ele.

— Por quê? — perguntei — Nosso carro está bem aqui.

— Eu não passo por aquela loja — disse ele — eles agiram mal comigo.

Eu poderia ter rido, mas ele estava tão sério e dramático, a ponto de eu imaginar se eles o haviam acusado de furto ou algo pior.

— O que aconteceu? — perguntei.

— Eles não quiseram receber de volta um par de sapatos na época em que eu estava no colégio.

Há vinte anos? Pensei. *Eu imaginaria que o gerente daquela loja já estivesse morto a esta altura, ou aposentando e morando na Flórida.*

Eu quis dizer: "Esqueça isso. Eu compro sapatos novos para você!"

Meu amigo estava carregando essa mágoa por tanto tempo que ele provavelmente deve ter gasto dez pares de sapatos devido ao excesso de peso.

Você está no limite, carregando rancor ou lutando batalhas que não são importantes, mas que consomem o seu tempo e energia e o impedem de perseguir o que é realmente importante: os objetivos e sonhos que Deus lhe deu?

Você só tem energia suficiente para isso. Se ficar envolvido com coisas que não importam, quando realmente surgir uma ameaça — uma verdadeira batalha contra Golias que poderia fazer uma diferença na direção do seu destino divino — talvez você não tenha energia suficiente para vencer essa batalha.

Pessoas Preocupadas em Agradar Pessoas

Nos meus primeiros dias como pastor, eu tinha dificuldade de ignorar os meus críticos. Queria que todos gostassem de mim. Eu havia assumido o pastorado depois da morte de meu pai, em 1999, e ocupar o lugar dele era uma responsabilidade e tanto. Ele havia liderado a igreja durante quarenta anos.

Um dos meus problemas era o fato de sempre tentar manter todo mundo feliz. Não queria perder ninguém. Por fim, decidi: *Vou ser apenas eu mesmo e fazer as coisas da maneira como Deus está me dirigindo*. Noventa e nove por cento da congregação estava me apoiando e era muito leal. Mas havia uns poucos que não me apoiavam. Alguns não gostavam da maneira como eu ministrava e outros não gostavam da maneira como eu estava dirigindo a igreja.

Senti-me pressionado a me encaixar no molde deles e me tornar quem eles queriam que eu fosse. Mas acontece que fomos ungidos para sermos nós mesmos. Quando você permite que as pessoas o pressionem para encaixá-lo no molde delas, cedendo a essas pressões na tentativa de agradar todos os críticos, você perde a sua identidade e singularidade. Isso diminui o favor de Deus em sua vida.

Então, segui a minha própria unção. Fiz algumas mudanças e alguns não gostaram delas. Alguns dos membros decepcionados estavam na igreja havia muito tempo. Eles me criticaram, mas fiz o que estou dizendo a você para fazer: ignorei as críticas. Eles não me apoiaram, mas não lhes dei atenção.

Não perdi uma noite de sono sequer. Não tentei conquistá-los. Não disse: "Ouçam o meu coração." Apenas corri a minha carreira com determinação, com foco e com integridade. Vi Deus me conceder o Seu favor cada vez mais. Depois de um tempo, os críticos partiram. Mas Deus me trouxe muito mais pessoas, cerca de quarenta mil a mais. Quando você faz as coisas do jeito de Deus, não perde nunca.

Depois de anos perdendo o meu tempo e energia tentando conquistar meus críticos, decidi focar em agradar a Deus e àqueles que me encorajam e me amam. Aceitei que algumas pessoas nunca chegarão a entender a maravilha que eu sou!

Então me tornei profissional na arte de ignorar, e devo dizer que sou muito bom nisso. Sou totalmente a favor de tratar as pessoas com respeito, gentileza e consideração, mas não tento mais agradar nem acalmar meus críticos.

De Madre Teresa e Nelson Mandela, dos irmãos Wright a Steve Jobs, toda pessoa que realizou grandes coisas teve críticos. Você também terá os seus. Ouvi alguém dizer a seguinte frase: "Se levar um chute no traseiro, isso significa que você está na frente."

Aquele que corre na frente é sempre o foco daqueles que seguem atrás. Quanto mais sucesso você tiver, mais oportunidades haverá de distrações. Quanto mais alto for, mais pessoas aparecerão para odiá-lo. Quando você atingir um novo nível perseguindo o que Deus colocou em seu coração, as pessoas invejosas e críticas e as de mente pequena surgirão em seu caminho. Mas não tente agradá-las, procure agradar a Deus.

A Batalha por Aprovação

Conheci um casal há alguns anos e tentei ser um bom amigo deles, mas parecia que eles nunca eram calorosos comigo. Eles me cumprimentavam e agiam com cordialidade, mas mantinham distância. Eu simplesmente não conseguia entendê-los. Eu me esforçava para obter a aprovação deles. Eu os apresentava aos meus amigos. Na verdade, um desses contatos levou-os a uma parceria empresarial. Ainda assim, eles não eram receptivos à minha oferta de amizade.

> *Não tente agradar às pessoas, procure agradar a Deus.*

Por fim, eles acabaram se mudando para outra cidade. Não me pergunte por que, mas encontrei pessoas para ajudar na mudança deles. Até lhes dei uma carona para a sua nova casa. Apesar de todos esses esforços, aquele casal permaneceu frio comigo.

Alguns anos após eles terem saído da cidade, ouvi dizer que eles falaram coisas nada gentis a meu respeito. Achavam que eu não havia feito o suficiente por eles, que não havia me esforçado e me desdobrado para ajudá-los.

Recentemente encontrei uma série de estatísticas interessantes sobre a amizade. Os pesquisadores descobriram que 25% das pessoas que você conhecer não vão gostar de você. Os outros 25% não vão gostar de você, mas poderiam ser persuadidos a gostar. Os outros 25% gostarão de você, mas poderiam ser persuadidos a não gostar, e os 25% restantes gostarão de você e ficarão ao seu lado haja o que houver.

Se você considerar seriamente essas estatísticas, elas deveriam fazê-lo se sentir livre de qualquer ansiedade por ser aceito. Simplesmente entenda que algumas pessoas não vão gostar de você não importa o que faça, portanto não desperdice seu tempo e sua energia tentando conquistá-las. Você poderia elogiar algumas pessoas de hora em hora, enviar-lhes flores todos os dias, cortar a grama de seu jardim todas as semanas, mas ainda assim elas nunca gostarão de você.

Foi o que decidi acerca daquele casal por quem eu havia feito tanto. Entendi agora que eles simplesmente estão entre os 25% que nunca gostarão de mim. Gostaria de saber naquela época o que sei agora. Eu não teria desperdiçado o meu tempo tentando conquistá-los.

Se alguém não quer ser seu amigo, simplesmente considere que aquela pessoa está perdendo. *Que pena para você, não sabe o que está perdendo.* Quando parei de lutar essas batalhas por aprovação e aceitação quando eu era jovem, Deus começou a trazer pessoas para a minha vida que me apoiavam. Não demorou muito e conheci Victoria. Ela me realiza. Eu a realizo.

Não perca o seu tempo e a sua energia preciosa tentando ganhar o favor de alguém que o desdenha ou menospreza. Essas pessoas são meras distrações. Um amigo meu as chama de "pano de fundo da história da minha vida". Você não precisa da aprovação delas para ser quem Deus o criou para ser. Não precisa da aceitação delas. Você é um dos filhos de Deus.

Esqueça a reprovação delas e saiba que Deus enviará pessoas que celebrem os seus talentos, a sua personalidade e as suas realizações. Com elas, você pode simplesmente relaxar e ser quem Deus o criou para ser. Seja o que for que você fizer, elas acharão que você é a melhor coisa do mundo.

Aos olhos da minha avó, eu não podia fazer nada errado quando era garoto. Certa vez, quando alguém comeu os seus biscoitos com gotas de chocolate feitos em casa antes do jantar, eu nem fui um dos suspeitos. Quem teria sido?

— Não o meu querido Joel — ela disse. — Pode ter sido uma das irmãs dele, mas eu sei que Joel nunca faria isso.

Minhas três irmãs ficaram muito ofendidas. Elas disseram: "Vovó acha que Joel é um santo."

Não posso evitar; eu já tinha favor mesmo naquele tempo. Esse é o tipo de pessoa que Deus quer trazer até você, pessoas que acreditam no seu melhor.

Adote esta atitude: *Tenho algo grande a oferecer. Sou um em um milhão. Tenho uma ótima personalidade. Tenho a aparência certa. E não vou perder tempo tentando fazer as pessoas me amarem. Vou esquecer isso e confiar em Deus para me trazer conexões divinas, pessoas que me apoiem exatamente como sou.*

Quando Neemias estava reconstruindo as muralhas de Jerusalém (ver Neemias 4), havia dois homens no sopé da montanha chamados Sambalate e Tobias. Eles eram seus maiores críticos, e em todo o tempo em que ele estava lá em cima trabalhando, eles ficavam gritando coisas do tipo: "Neemias, desça aqui e lute conosco. Você nunca vai terminar essa muralha. Você não é capaz."

Amo o fato de que Neemias estava totalmente focado. Eles estavam fazendo muito barulho, ameaçando-o, chamando-o de nomes pejorativos, mas ele reconheceu que não havia benefício algum em brigar com eles.

Quando Deus coloca um sonho no seu coração, sempre haverá os Sambalates e os Tobias tentando envolvê-lo em batalhas que não têm importância. Eles podem falar mal e dizer coisas pelas suas costas. Eles tentarão seduzi-lo a entrar em contendas. Mas seja disciplinado; reconheça quando for uma batalha que vale a pena lutar.

Seja o Melhor que Puder Ser, Deixe o Restante para Deus Fazer

Um repórter perguntou a Bill Cosby qual o segredo do sucesso. Ele disse: "Não sei o segredo do sucesso, mas sei o segredo do fracasso, que é tentar agradar a todos." Você precisa aceitar que nem todos o apoiarão. Nem todos serão como você. Nem todos o entenderão. Não há problema, apenas seja o melhor que puder ser e Deus cuidará dos seus críticos.

Você não tem tempo para descer desse muro. Não tem tempo para convencer os seus críticos nem para discutir. Você tem um destino a cumprir. Tem uma missão a realizar. Aprenda a ignorar os Sambalates e os Tobias. Não demorará muito e, assim como Neemias, você concluirá a sua muralha e seus atos responderão aos seus críticos.

Continue focado nos principais objetivos que Deus colocou no seu coração. Ele fará coisas impressionantes. Assim como Davi, você derrotará os seus gigantes. Assim como Neemias, você concluirá suas muralhas. Ignore as distrações e você realizará os seus objetivos ainda mais rapidamente.

Escolha as Suas Batalhas

Muitos dos desafios que cruzam o seu caminho são simplesmente distrações destinadas a seduzi-lo a se esquecer do seu destino. Quando você é tentando a descarregar suas emoções porque alguém o feriu ou irritou, é melhor perguntar a si mesmo: *Vale a pena? Ainda que eu vença esta batalha, qual é o prêmio? Soltar o verbo contribuirá para quê?*

Você pode perder o melhor de Deus enquanto está distraído com batalhas que não têm importância. Talvez você esteja tentando provar o seu valor, tentando conquistar os seus críticos ou lutando por aprovação. Todas essas são distrações desnecessárias. Escolha as suas batalhas com sabedoria.

Nos primeiros anos do nosso casamento, eu tinha um motivo frequente de reclamação. Se Victoria não desligasse todas as luzes quando saísse de casa, eu ficava aborrecido.

— Victoria, certifique-se de apagar todas as luzes!

Algumas horas depois, eu voltava para casa e encontrava uma casa vazia com todas as luzes acesas. Eu dizia novamente a ela que estávamos pagando caro demais pelas contas de energia.

Eu sei que ela não deixava as luzes acesas intencionalmente. Ela apenas saía sem pensar em desligá-las porque tinha outras coisas em mente. Sou uma pessoa mais detalhista. Victoria é mais do tipo que vê o quadro geral. Simplesmente temos personalidades diferentes e pontos fortes diferentes.

> *Escolha as suas batalhas com sabedoria.*

Bati na mesma tecla com ela por cinco anos antes de acabar com aquele motivo de discórdia.

Depois de todo aquele tempo trazendo tensão para dentro de casa e ficando aborrecido, finalmente me dei conta: *Joel, esta não é uma batalha que vale a pena lutar. Se você gastar dez dólares a mais por mês de eletricidade, vale a pena fazer isso para manter a paz em seu lar.*

As contas de energia mais baixas não valiam o excesso de estresse e desgosto. Aprenda com o meu erro. Quanta tensão você está levando para casa desnecessariamente? Você pode ter vitória, mas será que ela valerá todo o estresse?

Você já ouviu o ditado "Um buldogue pode derrotar um gambá em qualquer dia da semana, mas às vezes até um cachorro percebe que o cheiro não vale a pena"?

Vencer não é tudo.

Estar Certo Não é Tão Bom Como se Diz

Descobri que é fácil começar uma briga, mas é difícil terminá-la. A melhor estratégia é dar um passo para trás, respirar fundo e dizer: "O que realmente importa aqui?"

A Bíblia diz em Provérbios 20:3: "Fugir de uma briga não é vergonha, é honra" (ABV). Se você quer que Deus o honre e quer desfrutar a sua vida, seja um pacificador. Seja o tipo de pessoa que evita uma briga desnecessária, uma briga que não traz recompensas reais.

O seu lar precisa ser um lugar de paz. Você e sua esposa precisam estar em harmonia. Vocês são mais fortes juntos do que separados, além disso, seus filhos precisam ver um bom exemplo. Eles tratarão seus próprios cônjuges da mesma maneira que viram seus pais tratarem um ao outro.

O modo de combate não deve ser a sua configuração diária. Você provavelmente tem amigos, membros da família ou colegas de trabalho que constantemente perdem a calma. Eles estão sempre irritados com um cônjuge, um vizinho ou com alguém no escritório. A ira consome o tempo e a energia deles. Eles não sabem quando uma batalha não vale a pena ser combatida porque não há despojos nessa guerra. Mesmo que eles vençam, não estarão avançando na estrada rumo à felicidade ou à realização.

Se você cometer o erro de se envolver em todas as batalhas em potencial que surgirem e estiver constantemente se defendendo, provando seu ponto de vista, dando lições de moral nos outros, então você provavelmente não terá a energia para lutar as batalhas que realmente importam. Seja um guerreiro, mas até um guerreiro sabe quando evitar participar de uma batalha. Ele economiza sua energia para as batalhas que significam algo — aquelas que o levam para mais perto do destino que Deus lhe deu.

Em 1 Samuel 17 a Bíblia narra a história de Davi e Golias. Quando era um menino pastor, o pai de Davi pediu que ele fosse levar refeições para seus irmãos no campo de batalha. Por serem guerreiros, seus irmãos tinham uma posição de muito maior prestígio. Davi estava preso apascentando o rebanho da família. Quando ele foi até o campo de batalha realizar a sua tarefa, ouviu Golias ridicularizando seu povo. Davi perguntou aos homens que estavam por perto:

— Qual é o prêmio para o homem que derrotar este gigante?

— A recompensa é uma das filhas do rei em casamento e isenção de impostos — eles responderam.

Davi viu grande valor em lutar aquela batalha. Afinal, havia despojos importantes envolvidos. Quando o irmão mais velho de Davi, Eliabe, ouviu Davi falando em lutar contra o gigante, ele tentou constrangê-lo na frente dos outros homens.

— Davi, o que você está fazendo aqui? — Ele perguntou. — E o que você fez com aquelas poucas ovelhas que nosso pai deixou com você?

Eliabe tentou fazer Davi se sentir pequeno.

Amo a maneira como Davi reagiu. A Bíblia diz que Davi se virou e se afastou de Eliabe. Davi tinha sentimentos assim como você e eu. Tenho certeza de que ele quis dizer: "Ah, Eliabe, você acha que é muito grande, mas não é nada."

Ele poderia ter escolhido enfrentar seu irmão, mas não caiu na armadilha. Ele focou no que era realmente importante. Se Davi tivesse perdido tempo e energia com seu irmão, quem sabe se ele teria derrotado Golias?

Você precisa se perguntar: *as batalhas nas quais eu estou envolvido valem a pena? Elas trazem alguma recompensa? Elas estão me fazendo avançar na direção do destino que Deus me deu?*

> *Se uma batalha não fizer parte do destino que Deus lhe deu, simplesmente ignore-a.*

Se uma batalha não fizer parte do destino que Deus lhe deu, simplesmente ignore-a. Se alguém não quer ser seu amigo e prefere tratá-lo de modo rude, isso não vale uma guerra.

Quando você se deixa arrastar por batalhas pequenas, corre o risco de perder o Golias que foi colocado em seu caminho por Deus para ajudá-lo a cumprir o seu destino divino. As batalhas que realmente importam virão. Economize sua força e energia para o que é realmente importante.

Desarme os Provocadores

Logo depois que comecei a ministrar, um senhor idoso me procurou com um semblante muito sério.

— Preciso saber o que você acredita sobre a segunda dispensação do Espírito — ele disse.

Pensei, *Querido Deus, eu devo ter perdido a primeira.*

A minha tática comum nesses casos é a sinceridade direta.

— Senhor — eu disse — eu não sei absolutamente nada sobre isso.

Essa abordagem não o intimidou. Ele queria discutir, e como eu não entrei no assunto, ele foi em frente expondo a sua visão.

— Bem, Joel, eu creio nisto... E nisto... E nisto.

Mantive a calma.

— Sabe de uma coisa? Acho que o senhor está certo — eu disse. — Concordo com o senhor.

Por fim, minha recusa em cair na armadilha o fez fazer uma pausa, mas não muito longa.

— Sim, mas eu creio nisto... E nisto... E nisto.

— Concordo plenamente — eu disse.

Seu rosto ficou vermelho. Eu o estava confundindo com a minha afabilidade sinistra.

— Sim, mas eu acredito nisto e nisto e nisto e nisto.

Aquele pobre sujeito havia vencido a discussão três vezes, mas não estava feliz. Ele não estava satisfeito. Ele queria continuar discutindo porque estava no modo de combate.

Por fim, ele pareceu pelo menos meio convencido de que eu concordava com ele. Então ele se afastou. Um. Dois. Três. Talvez dez passos antes que eu dissesse: "Perdoe-me, senhor, não estou certo se concordo com... uma coisa."

Ele deu meia volta.

— Estou só brincando. Estou brincando com o senhor — eu disse.

Acredite em mim, os punhos deles se levantaram. Ele estava pronto para brigar de novo, mas eu estava abaixando a cabeça e me desviando, permanecendo firme sobre os meus pés.

Viver Bem é a Melhor Vingança

Algumas pessoas são simplesmente briguentas por natureza. Elas discutem até com a própria imagem no espelho. Portanto sorria e afaste-se, porque nunca haverá poucas pessoas procurando briga ou tentando começar uma discussão.

De acordo com 2 Samuel 16:5-14, o rei Davi estava andando pela rua e um jovem começou a ofendê-lo, xingando-o e até jogando pedras nele. Ele o seguia por toda a parte, incomodando-o, tentando provocar uma briga, tentando irritá-lo.

Por fim, os amigos do rei Davi disseram: "O rei quer que demos um fim nele? O rei quer que nós calemos a boca dele? Ele está sendo um incômodo."

Amo a maneira como o rei Davi respondeu. Ele disse: "Não façam nada, deixem que ele continue falando. Talvez Deus veja que estou sendo injuriado e me abençoe por isso."

Essa é a atitude que você precisa ter. Ela tira toda a pressão de cima de você. Você não precisa retaliar. Na verdade, o seu atacante lhe fez um favor porque Deus será o seu vingador. O que essa pessoa pretendeu fazer para o seu mal será usado por Deus para promovê-lo, e as bênçãos virão em sua direção.

Capítulo 8

Calando a Voz do Acusador

Sam, que tinha nove anos de idade, estava visitando a grande fazenda de seus avós onde ele amava andar pela floresta com sua atiradeira. Ele praticava atirar pedras nas árvores e em garrafas e latas, mas não acertava muito. Sam ainda estava treinando sua mira.

Certa tarde, depois de um dia na floresta, ele ouviu o sino do jantar chamando-o para entrar. Enquanto Sam andava em direção a casa, ele avistou o pato de estimação de sua avó andando junto ao lago. Ele jamais sonhou nem em um milhão de anos que poderia acertar o pato, mas apenas por diversão ele esticou a atiradeira para trás e a deixou voar. Acredite se quiser, a pedra acertou o pato bem na cabeça. O pato caiu morto sem dar nem um último *quá*!

Sam ficou chocado. Nunca havia acertado em nada que mirava! Ele se sentiu péssimo.

Em pânico, ele correu até o pato morto e carregou-o para trás do celeiro onde o enterrou debaixo da pilha de madeira. Sam estava indo para casa, ainda se sentindo terrivelmente mal, quando avistou sua irmã de doze anos, Julie, e percebeu que ela havia visto todo aquele incidente cruel.

Naquela noite, depois do jantar, a avó deles disse:

— Julie, gostaria que você ficasse e me ajudasse com a louça se puder.

— Vovó — ela respondeu — eu adoraria, mas Sam disse que quer lavar a louça esta noite.

Enquanto passava por Sam, ela sussurrou em seu ouvido:

— *Lembre-se do pato.*

Preso na armadilha, Sam foi lavar a louça.

Na manhã seguinte, o avô deles convidou Sam e Julie para irem pescar, mas sua esposa tinha outros planos.

— Eu realmente preciso que Julie fique aqui e me ajude com algumas tarefas — disse a vovó.

Julie replicou:

— Vovó, Sam disse que ele gostaria de ficar com você e ajudá-la hoje.

Mais uma vez, sua irmã passou por Sam e resmungou: "Lembre-se do pato." Sam fez as tarefas. Julie foi pescar.

Depois de alguns dias de trabalho árduo, fazendo tanto as tarefas de Julie quanto as suas, Sam não aguentava mais. Ele confessou.

— Vovó, sinto muito. Não tive a intenção, mas matei seu pato.

Sua avó bondosa lhe deu um grande abraço.

— Sammie, eu sei o que aconteceu — disse ela — eu estava na janela vendo tudo acontecer. Vi o quanto você ficou chocado e já o perdoei. Estava apenas esperando para ver por quanto tempo você deixaria que Julie fizesse de você um escravo.

A avó de Sam não estava sozinha naquela janela. Deus estava bem ao lado dela. Ele vê cada erro que você comete, cada fracasso, cada fraqueza. A boa notícia é que Ele também o perdoou. Ele não está ressentido com você, está apenas esperando para ver por quanto tempo você permitirá que o acusador lhe faça de escravo.

Busque o Perdão e Siga em Frente

A Bíblia diz: "Portanto, agora já não há condenação para os que estão em Cristo Jesus... que não vivemos segundo a carne, mas *segundo o Espírito*" (Romanos 8:1,4; grifo do autor).

Essas três últimas palavras são a chave. Quando comete erros, se você estiver na carne, você pune a si mesmo, sentindo-se culpado e indigno. Você vive deprimido e derrotado. Mas escolher essa reação o deixará em um beco sem saída.

Em vez disso, abrace o Espírito e diga: "Sim, cometi erros. Foi minha culpa. Mas sei que no instante em que eu pedir perdão, Deus me perdoará e esquecerá os meus erros para que eu possa seguir em frente."

Muitas pessoas andam por aí se sentindo mal consigo mesmas. Quando elas cometem erros, em vez de receberem a misericórdia de Deus e seguirem em frente, elas dão ouvidos à voz do acusador. Essa voz as ataca constantemente relembrando seus erros, suas dietas fracassadas, seus ataques de nervos e suas imperfeições. Depois de certo tempo, elas ficam oprimidas pela culpa e pela autocondenação.

Uma senhora chamada Sheila, membro da nossa congregação, me disse que se sentia culpada por ter dado seu bebê para adoção quando foi mãe na adolescência. Isso aconteceu há dez anos, mas ela ainda se sentia mal consigo mesma.

"Sinto-me envergonhada, como se eu fosse uma mãe terrível", disse ela. "Não sei o que havia de errado comigo."

Sheila está ouvindo a voz do acusador por causa de uma situação do seu passado. Agora ela está carregando um fardo pesado de culpa que pode destruir o seu futuro, embora ela saiba que tomou a melhor decisão para o seu bebê naquele momento.

A culpa o coloca em uma esteira rolante; nela você está constantemente trabalhando, se esforçando e suando, mas não sai do lugar.

A Culpa é um Beco Sem Saída

O fardo da culpa suga a sua força, a sua energia e o seu entusiasmo. A culpa impedirá que você crie relacionamentos saudáveis. Ela pode afetá-lo não apenas emocionalmente, mas até fisicamente. Conheci pessoas que tiveram ataques de nervos por causa da culpa. Ano após ano carregaram aquele peso, por isso estão esgotadas e mal conseguem produzir.

A culpa o coloca em uma esteira rolante; nela você está constantemente trabalhando, se esforçando e suando, mas não sai do lugar.

Você pode ter cometido erros e feito coisas das quais não se orgulha, mas no instante em que pediu perdão, Deus o perdoou. A Bíblia diz em Isaías que Ele não se lembra mais dos nossos pecados.

Se Deus não se lembra dos seus pecados, então essa voz acusadora não é de Deus. É o acusador tentando amargurar o seu futuro. Você tem duas escolhas a fazer como resposta: pode acreditar nessas mentiras, ficar preso nelas e permitir que a culpa o oprima, ou uma decisão muito melhor é se levantar por fé e dizer: "Não, obrigado. Não vou ficar nessa. Se Deus não me condena, não vou me condenar!"

Há uma diferença entre a voz de Deus e a voz do acusador. Quando cometemos erros, como crentes, sentimos uma convicção interior. Nós nos sentimos culpados. A nossa consciência nos diz: *Isto não está certo.*

Esse é o Espírito de Deus nos convencendo. A coisa certa a fazer é se arrepender, pedir perdão e seguir em frente. No momento em que fazemos isso, Deus não se lembra dos erros e não guarda um registro deles.

Os seus erros e transgressões não são mantidos em uma base de dados secreta em algum lugar. Mas assim que Deus se esquece deles, o acusador começa a trabalhar em você. Embora Deus tenha esquecido os seus erros, o acusador tenta manter você se sentindo mal consigo mesmo e com os seus erros. Ele lembra a você tudo o que você fez de errado e tenta obrigá-lo a desistir e a permanecer à margem.

O objetivo do acusador é enganá-lo, fazendo-o viver em condenação, sentindo-se inferior e indigno das bênçãos de Deus. Seja perspicaz o bastante para reconhecer quem está falando com você. A voz acusadora não é a voz de Deus.

Diga a si mesmo: *Isto é o acusador tentando descarregar outro fardo de culpa sobre mim, tentando fazer com que eu continue me sentindo mal. Mas eu conheço a verdade. Não sou obrigado a ouvir suas mentiras. Creio no que Deus diz a meu respeito. Fui perdoado. Fui redimido. Meu passado foi apagado e o meu futuro é brilhante.*

Quando não acredita nessas mentiras, você cala a voz do acusador. A Bíblia diz: "E conhecerão a verdade, e a verdade os libertará" (João 8:32). A verdade é que o preço pelos seus erros foi pago há dois mil anos na cruz do Calvário. Você não precisa pagar por eles novamente.

Você foi redimido. A misericórdia de Deus é maior do que qualquer dos seus erros. Portanto, siga em frente com a cabeça erguida, sabendo que os seus melhores dias ainda estão por vir.

Tire a Mochila das Costas

Você não pode fazer nada acerca do seu passado, mas pode fazer algo a respeito do seu futuro. O ato de receber a misericórdia de Deus e seguir em frente pode ser ilustrado pela história de três homens carregando duas mochilas cada um. Um transeunte perguntou ao primeiro homem o que havia nas mochilas.

— A mochila nas minhas costas está cheia de todas as coisas boas que me aconteceram — disse ele. — A mochila da frente está cheia de todas as coisas más.

Ele estava constantemente focado nas coisas más diante dele de modo que não podia ver as boas nas suas costas.

O estranho fez a mesma pergunta ao segundo homem, e recebeu a resposta oposta.

— A mochila nas costas está cheia de coisas más — disse ele. — A mochila da frente está cheia de coisas boas.

Pelo menos ele podia ver o bem e não focar no negativo. Mas ambas as mochilas, estando tão cheias, ainda lhe pesavam, tornando sua vida um fardo.

Por fim, o estranho fez a mesma pergunta ao terceiro homem.

— A mochila no meu peito está cheia com as minhas realizações e vitórias — disse ele. — A mochila nas minhas costas está vazia.

— Por que ela está vazia? — perguntou o estranho.

— Coloquei todos os meus erros, fracassos, culpa e vergonha naquela mochila, e cortei um buraco no fundo para liberá-los — disse ele. — Assim, carrego mais peso na frente do que nas costas, de modo que continua avançando. Na verdade, a mochila vazia nas costas atua como uma vela ao vento, fazendo com que eu avance sempre.

Assim como aquele terceiro homem, você precisa soltar o que é mau, agarrar-se ao que é bom, e continuar avançando em direção aos seus objetivos.

Concentre-se no Que Está Certo

Uma maneira de saber que a culpa e a condenação não vêm de Deus é o fato de que elas não o ajudam a melhorar. A culpa e a condenação não fazem você se sair melhor. Ao andar por aí se sentindo mal consigo mesmo, você tem muito mais probabilidades de cometer outro erro. Já vi pessoas de dieta tão desesperadas a ponto de precisarem de um pote de sorvete para se recuperarem. Elas desistem dos seus objetivos porque a culpa não faz elas se saírem melhor; mas sempre pior.

Não perca tempo pensando no que está errado com você, mas em vez disso, pense no que está certo. Eu disse àquela jovem que havia dado o seu bebê para adoção: "Olhe para você. Você é linda e talentosa. Você tem sucesso e um ótimo emprego. Por que ainda está tão mal consigo mesma? Isso é passado."

A maneira correta de lidar com a culpa é arrependendo-se e pedindo perdão. Em outras palavras, seguindo em frente. A maneira errada é agarrar-se à culpa por uma semana, um ano ou por toda uma vida. Certas coisas não podem ser desfeitas. Não se pode "desmexer" ovos mexidos. Você não pode reviver o ontem, mas pode viver o hoje. Não permita que o acusador amargue mais o seu futuro. Comece a lidar com o que está certo com você, e não com o que está errado.

Já observou como a natureza humana é atraída para o negativo? Cem pessoas podem me dizer após o culto: "Foi uma mensagem maravilhosa. Eu realmente precisava ouvir aquilo." Mas então uma pessoa diz: "Não sei se realmente entendi seu ponto de vista. Não estou certo se concordo com você em relação a isso."

Eu costumava ir para casa deprimido, desanimado e me sentindo um fracassado. Agora, já aprendi como me livrar desse sentimento. Se alguém não gosta de mim, minha atitude é: *não vou permitir que a opinião de outra pessoa seja capaz de me fazer sentir mal comigo mesmo.*

Não vou permitir que um relatório negativo anule cem relatórios bons. Do mesmo modo, não permita que uma fraqueza ou um erro cometido cancelem todas as outras coisas maravilhosas a seu respeito. Você fez muitas escolhas erradas, mas também fez muitas escolhas certas.

Concentre-se em suas qualidades positivas. Foque nas suas vitórias. Saia da esteira rolante da culpa; ela não o está levando a lugar algum. A culpa roubará sua alegria. Não viva mais nem um instante sequer lamentando. A fonte da sua culpa pode ter sido o seu erro, mas é para isso que existe misericórdia. Levante-se e diga: "Este é um novo dia. Estou descarregando a bagagem. Chega de me sentir mal comigo mesmo. Chega de me sentir condenado. Já foquei por muito tempo no que fiz de errado. Agora vou focar no que estou fazendo certo."

> *A culpa roubará a sua alegria.*

Aceite o Perdão

É muito difícil para a maioria das pessoas aceitar o fato de Deus nos perdoar tão facilmente. Quando cometemos erros, pensamos que precisamos pagar por eles, então ficamos desanimados e abatidos. É certo que devemos sentir remorso quando agimos mal. Devemos lamentar realmente o que fizemos sem sermos displicentes, mas não precisamos passar meses seguidos nos revolvendo na culpa e na condenação.

Conheço algumas pessoas que cometeram erros anos atrás e ainda estão pedindo perdão a Deus. Elas provavelmente pediram perdão mil vezes. Não entendem que Deus concedeu o Seu perdão na primeira vez que elas pediram. O problema é que elas não aceitaram o dom do perdão de Deus; elas pensam que precisam mostrar a Deus o quanto lamentam abrindo mão da sua alegria e pagando algum tipo de penitência. Elas vivem derrotadas e desanimadas. E pedem sem parar: "Deus, por favor, perdoe-me. Deus, sinto muito. Por favor, Deus."

Não seja um pedinte. Seja um crente. Creia que Deus o perdoou na primeira vez. Você não precisa continuar pedindo.

Amo a história do filho prodigo (ver Lucas 15:11-32). O jovem pegou a sua herança e saiu de casa festejando, vivendo uma vida louca, indisciplinada e fazendo escolhas terríveis. Ele desperdiçou toda a sua herança e perdeu tudo. No fim, ele não tinha dinheiro nem um lugar para ficar.

Ele acabou trabalhando em uma fazenda alimentando porcos. Estava tão desesperado, tão faminto! Chegou a ponto de comer a comida dos animais só para manter-se vivo. Mas um dia, quando ele estava sentado na pocilga, culpado, condenado, envergonhado, e deprimido, algo se levantou dentro dele.

Ele pensou consigo mesmo: *Até os servos na casa de meu pai vivem melhor do que isto. E aqui estou eu sentado na pocilga, me revolvendo em derrota e mediocridade.* Ele fez uma declaração que mudou o seu futuro. Sem esta declaração, não teríamos mais ouvido falar desse jovem. Ele disse: "Vou me levantar e irei até meu pai."

Ele estava dizendo: "Sim, eu cometi erros. Trouxe problemas para mim mesmo, mas não vou permitir que um período ruim da minha vida arruíne todo o restante do meu futuro. Vou me levantar."

Talvez você olhe e veja hoje que fez algumas escolhas ruins. Como resultado disso não está onde gostaria de estar. A voz acusadora fica lhe dizendo: *A culpa é sua. É uma pena. Você trouxe isso sobre si mesmo.*

Se quiser ser restaurado, se quiser cumprir o seu destino, isso não cabe a Deus, mas a você. Faça como aquele jovem e diga: "Posso estar caído, mas não vou ficar caído. Cometi erros. A culpa é minha, mas conheço o segredo; vou me levantar e ir até meu Pai."

Creio que um motivo pelo qual este jovem pôde se levantar foi porque lá no fundo ele sabia quem era. Ele sabia a que família pertencia. Quando entende a sua posição, você pode mudar a sua condição. Entenda que você é um filho do Altíssimo Deus, que soprou Sua vida dentro de você. Você não foi criado para viver deprimido, derrotado, culpado, condenado, envergonhado ou se sentindo indigno. Você foi criado para governar, para reinar, para ser vitorioso.

Sua condição pode não ser boa em função das suas más escolhas e dos erros que cometeu. Você não se sente merecedor de nada nem se sente digno. Mas livre-se disso e diga: "Entendo a minha posição. Sei quem sou; um filho do Deus Todo-Poderoso. Talvez eu não sinta que mereça isso. Talvez eu não sinta que sou digno, mas sei que por causa do que Ele fez, Cristo me tornou digno. Ele levou a minha culpa para que eu possa ser livre. Então me levantarei e irei até meu Pai."

Foi o que aquele jovem fez. E quando o pai viu seu filho chegando pela estrada, ele saiu correndo em sua direção. Deu um grande abraço nele, colocou um anel em seu dedo e um manto sobre suas costas. Ele disse aos seus servos: "Vamos celebrar. Meu filho voltou para casa."

Deus fará a mesma coisa por você quando tomar a decisão de livrar-se da culpa, da condenação, e disser: "Estou prosseguindo com a minha vida." Quando você se mover, Deus se moverá. Ele virá correndo para você com misericórdia, perdão, restauração, favor e crescimento. Deus ainda pode levá-lo aonde você deve estar.

Muitas vezes quando cometemos erros, porém, vozes acusadoras ficam nos dizendo sem cessar: *Você não pode pedir ajuda a Deus. A culpa foi sua. Você tem sido um hipócrita. Você trouxe estes problemas sobre si mesmo.*

Na verdade, é aí que a misericórdia entra em cena. Quando age mal, você pede perdão e Deus o perdoa. Mas quando você realmente entende quem é, não apenas pede perdão — você dá um passo além e pede a Deus a Sua misericórdia.

Peça Misericórdia a Deus

Uma pessoa que espera misericórdia diz: "Deus, creio que Tu me abençoarás apesar desses erros."

Foi isso que Jacó fez. Ele havia vivido sua vida como um enganador, um trapaceiro, agindo mal com as pessoas. Ele se cansou de viver assim.

Um dia Jacó decidiu que queria consertar as coisas. Ele foi até o ribeiro para poder ficar sozinho.

Gênesis 32 descreve como o anjo do Senhor lhe apareceu na forma de um homem. Jacó e o anjo começaram a lutar. A luta deles durou toda a noite. Jacó disse ao anjo: "Sei quem você é, e não vou deixá-lo ir até que me abençoe."

Quando o anjo viu o quanto Jacó estava decidido e como ele não desistiria, ele estendeu a mão e lhe deu a bênção de Deus. Jacó saiu dali uma pessoa diferente. Deus até mudou o seu nome de Jacó para Israel, que significa "príncipe com Deus".

Mas você pode imaginar a coragem de Jacó? Sabe que isso lhe custou uma ousadia incrível? Até ali ele havia vivido toda sua vida fazendo escolhas ruins, enganando, trapaceando e mentindo. Ele devia estar se sentindo oprimido pela culpa e condenação, totalmente fracassado. De alguma maneira ele teve a confiança para não apenas pedir perdão, mas também para dizer: "Deus, creio que Tu me abençoarás apesar da maneira como tenho vivido."

Com certeza Deus poderia ter dito: "Jacó, do que você está falando? Ficou louco? Você não merece ser abençoado, nem mesmo perdoado. Não vou abençoá-lo."

Contudo, na verdade, Deus disse: "Jacó, amo o fato de que você sabe quem é: Meu filho, redimido, perdoado, tornado digno. Você não apenas pediu para ser perdoado, mas também pediu a Minha misericórdia. E Jacó, se você é ousado o bastante para pedir isso, Eu sou ousado o bastante para conceder isso a você."

> *Não é Deus quem está nos condenando. É o acusador.*

Esse tipo de fé chama a atenção de Deus, não quando nos arrastamos por aí condenados, culpados, nos sentindo mal por dentro. Não, é hora de nos levantarmos e irmos até o nosso Pai. Não é Deus quem está nos condenando. É o acusador. Pare de dar lugar a esses pensamentos.

Você pode ter falhado, mas a misericórdia de Deus nunca falha. O mais triste é que a maioria das pessoas aceita a condenação mais depressa do que aceita a misericórdia de Deus. Não permita que seja assim com você. Livre-se da culpa. Livre-se dos erros negativos do passado. Não passe nem mais um minuto lamentando, se sentindo mal consigo mesmo.

No instante em que você pediu perdão, Deus o perdoou. Agora faça a sua parte e retire esse peso das suas costas. Deixe a culpa bem aí onde você está. Não a leve com você. Solte a mala das lamentações. Solte a mala dos fracassos. Deixe a mala da condenação para trás. Se você aprender a calar a voz do acusador, a culpa e a condenação não podem oprimi-lo. Você viverá uma vida de liberdade, erguendo-se mais alto, superando obstáculos e realizando sonhos!

Capítulo 9

Uma Vida Sem Desculpas

Sou fã de esportes. Amo a história clássica e verídica de um garoto cujo sonho era jogar beisebol profissional. Ele era extremamente talentoso. Durante os últimos anos do ensino fundamental e do ensino secundário, ele era de longe o jogador mais talentoso de seu time. Olheiros profissionais assistiam regularmente aos jogos do rapaz.

Então, um dia, ele sofreu um acidente em uma fazenda. Perdeu todo o dedo indicador e a maior parte do dedo médio da mão que usava para lançar a bola. Parecia que seus dias no beisebol haviam terminado. Entretanto, aquele jovem tinha a mentalidade de alguém que não se contenta com desculpas. Ele aprendeu a lançar a bola sem aqueles dois dedos, embora geralmente eles sejam os dedos mais importantes para se lançar uma bola de beisebol.

Ele sempre foi um jogador da terceira base, mas certa tarde durante o treino, o treinador estava atrás dele e percebeu um movimento interessante na bola quando o jovem lançava do terceiro para o primeiro jogador. O técnico pediu a ele para tentar arremessar. Bem, aquela foi uma ótima ideia.

Mordecai "Três Dedos" Brown seguiu em frente e se tornou um dos maiores arremessadores da história da antiga Liga Nacional de Beisebol dos Estados Unidos. Na verdade, ele jogou em seis times diferentes, entre eles o St. Louis Cardinals e o Chicago Cubs, competindo até os quarenta anos. Ele ajudou na conquista do campeonato mundial e entrou para o Hall da Fama do Beisebol em 1949.

O que para muitos seria uma deficiência se transformou em grande qualidade. O giro que Brown Três Dedos podia fazer com a bola a tornava muito difícil de rebater. Deus sabe como transformar uma desvantagem em vantagem.

Muitas vezes é fácil encontrar explicações para o porquê de você não pode fazer ou ser o melhor possível. A maioria das pessoas pensa que tem uma deficiência de uma espécie ou outra, algo que as está detendo. Pode ser um desafio físico, um problema de personalidade ou talvez um divórcio ou um problema financeiro.

Ouvi muitas explicações, tais como "eu nasci no país errado" e "não tenho jeito para isso".

Cada um de nós tem desafios a superar, mas só porque você pensa que tem uma "desvantagem", não significa que deva se sentar e se contentar com a situação em que está. Talvez você não seja capaz de fazer o mesmo que os outros. Mas se permanecer positivo acerca do seu futuro e firme na fé, você pode transformar suas deficiências em qualidades.

Se estiver pedindo desculpas por ser diferente, por que não começa a olhar para si mesmo como alguém único? Você não é nem alto nem baixo demais, mas é simplesmente do tamanho certo. Tem também exatamente a personalidade certa, a aparência certa e os talentos certos.

Quando Deus criou você, não estava tendo um dia mau. Ele o criou intencionalmente para ser da maneira que você é. Ele terminou de criálo e deu um passo para trás, dizendo: "Ficou muito bom. Gosto dele! É outra obra de arte." Pode haver algo a seu respeito que você não gosta, mas não permita que essas coisas o detenham ou o impeçam de perseguir com os seus sonhos.

Você Foi Criado à Imagem de Deus

Minha mãe teve pólio quando criança. Ela usava aparelhos nas pernas. Hoje, uma de suas pernas é muito menor do que a outra. Quando sai para comprar sapatos ela precisa escolher dois pares porque seus pés são de dois tamanhos diferentes. Mas uma coisa que sempre amei em minha mãe é o fato de que ela nunca permite que as suas "diferenças" a impeçam de seguir em frente.

Ela poderia ter se encolhido e tentado esconder suas diferenças por se sentir insegura, mas em vez disso ela tem uma mentalidade que não tenta se esconder atrás de desculpas. Ela sabe que foi feita à imagem do Deus Todo-Poderoso. Ela usava bermudas e vestidos quando estava crescendo, nunca tentava esconder suas pernas. Ela usa vestidos até hoje.

Minha mãe tem setenta e sete anos e ainda mostra suas pernas! Não permita que ela o engane. Ela adora isso!

Os efeitos da pólio nunca a impediram de trabalhar no quintal e pela casa ou de querer ajudar os outros. Ela poderia ter pensado: *Não posso orar para que os outros sejam curados. Minhas pernas não estão bem.* Mas ela não permitiu que os seus próprios problemas de saúde a impedissem de orar por outros que precisavam de cura.

Você não precisa ser perfeito para que Deus o use. Faça o melhor possível independente das suas dificuldades. Creia que Deus transforma situações. Creia que Ele trará cura. E mesmo que a cura não aconteça, você ainda pode honrar a Deus sendo o melhor que puder ser exatamente como você está.

Minha irmã Lisa nasceu com sintomas de paralisia cerebral. Os médicos disseram aos meus pais que ela nunca poderia andar nem se alimentar sozinha. Eles disseram: "Vocês podem se preparar para cuidar de uma criança deficiente." É claro que meus pais ficaram arrasados. Eles oraram e creram, mas permaneceram na fé, e pouco a pouco Lisa foi melhorando cada vez mais. Hoje ela é perfeitamente normal. Faz parte da nossa equipe da igreja e costuma ministrar para nós.

Tenho outro amigo que é pastor e seu nome é David Ring. Assim como Lisa, ele nasceu com uma forma de paralisia cerebral. Mas o plano de Deus para a sua vida era diferente. David Ring não foi curado. Quando ele fala, demora três ou quatro vezes mais que as outras pessoas para se expressar. Quando caminha, suas pernas e braços não funcionam normalmente.

David poderia facilmente ter ficado sentado em casa pensando: *Que pena. Tenho esta deficiência. Minha fala é lenta. Não posso fugir disso. Deus, eu pensei que o Senhor quisesse que eu fizesse algo grande. Pensei que o Senhor quisesse que eu fosse um ministro do Evangelho. Devo ter me enganado, porque tenho uma deficiência.*

Deixe-me falar-lhe sobre David Ring: nada diminui o seu ritmo. Ele viaja pelo mundo falando para milhares de pessoas sobre a bondade de Deus e encorajando-as a superar obstáculos. Quando ele fala, é difícil entender porque ele fala muito lentamente. Mas amo a maneira como ele sempre começa. Ele diz: "Meu nome é David Ring. Qual é a sua desculpa?"

Pense nisto. Lisa foi curada da paralisia cerebral e está honrando a Deus com sua vida. David Ring está vivendo com paralisia cerebral, e ele está honrando a Deus com sua vida. O que estou querendo dizer com isso? Você precisa pegar aquilo que Deus lhe dá e fazer o máximo com isso. Não pode ficar sentado pensando: *Por que isto aconteceu comigo?*

Pare de se Concentrar nos Porquês

A fé tem tudo a ver com confiar em Deus mesmo quando você não entende o plano dele. Deus poderia ter curado David assim como restaurou minha irmã Lisa. Mas Deus é soberano. Não afirmo entender tudo, mas sei de uma coisa: Deus é bom. Ele tem um grande plano para a sua vida e um destino para você cumprir. Não importa com quantas desvantagens ou dificuldades você precise lidar, se você se livrar da autocomiseração, parar de se culpar e continuar avançando, nada poderá impedi-lo de se tornar tudo que Deus o criou para ser.

> *Você precisa pegar o que Deus lhe dá e fazer o máximo com isso.*

Pare de dar desculpas. Pare de se prender às decepções, às injustiças e sofrimentos infligidos a você. Saiba que Deus tem algo grande para a sua vida a caminho. As piores deficiências são aquelas que você estabelece sobre si mesmo. Muitas pessoas estão esperando que Deus torne-as perfeitas antes de correrem atrás dos seus sonhos e do seu destino. Corra agora mesmo atrás dos seus!

Honre a Deus com o que você tem. Ele quer que você tome as suas deficiências e as transforme em qualidades. Primeiramente, porém, é preciso aceitar que Deus talvez não coloque um fim no seu desafio, mas que Ele o usará em seu benefício.

Há uma história na Bíblia de um homem que nasceu cego (ver João 9). Algumas pessoas perguntaram a Jesus: "Por que ele nasceu assim?" e "De quem é a culpa, dele ou de seus pais?"

Eles estavam tentando encontrar alguém para culpar, um motivo ou uma desculpa. Temos a tendência de fazer o mesmo hoje. Mas amo a maneira como Jesus respondeu. Ele disse: "Não é culpa de ninguém, nem dele nem de seus pais. O motivo pelo qual ele nasceu assim foi para que a bondade de Deus pudesse ser demonstrada."

Jesus estava dizendo que quando você enfrentar uma adversidade, ou quando a vida lhe der um golpe duro, não fique amargo. Não pare aí. Reconheça que você é um excelente candidato por meio de quem Deus pode demonstrar o Seu favor e a Sua bondade.

Se você acha que está em desvantagem ou que é deficiente, em vez de dizer: "Isto não é justo, Deus", a sua atitude deveria ser: *Deus, estou pronto. Sei que o Senhor tem algo grande reservado. Recuso-me a viver derrotado e deprimido. Sei que esta desvantagem é apenas outra oportunidade para o Senhor entrar em cena e mostrar o Seu caráter.*

Foi exatamente isso que Tony Melendez fez. Ele nasceu sem braços. Quando era um garotinho, ele tinha o desejo de tocar guitarra. Algo dentro dele dizia: "Você deve cantar e escrever músicas", mas Tony não sabia como agir. Ele poderia ter dito: "Que pena. Eu adoraria tocar guitarra, mas não tenho braços." Em vez disso, sua atitude foi: *Posso não ter braços, mas tenho pés. Posso não ter os dedos das mãos, mas tenho dez dedos nos pés.*

Tony aprendeu a tocar guitarra com os pés. Ele pode tocar melhor com seus pés do que a maioria das pessoas com suas mãos.

Quando Deus coloca um sonho em seu coração, quando coloca uma promessa dentro de você, Ele deposita em você tudo que é necessário para realizar esse sonho. Deus não teria dado a Tony o desejo sem lhe dar a habilidade. A diferença é que não era da maneira "normal". Tony precisou ser ousado o bastante para dizer "Vou viver uma vida sem desculpas. Sim, isto pode parecer uma deficiência. Sim, humanamente falando, posso ter uma desvantagem, mas sei que para Deus não existem deficiências. Sei que quando Ele me criou não estava tendo um dia ruim. Deus me criou com um propósito e destino para cumprir, e farei o meu melhor para honrá-lo."

Tony tem uma atitude do tipo "tudo posso". Outras pessoas ficam presas ao que não têm ou ao que não podem fazer, mas na verdade essas "desvantagens" são vantagens apenas esperando para serem despertadas.

Hoje, é notável o grande favor de Deus na vida de Tony. Ele viajou para mais de quarenta países, cantando e contando sua história de fé. Deus o está usando para fazer grandes coisas.

A maioria das pessoas nunca precisou lidar com nada tão desafiador quanto a ausência de membros de Tony. Mas as pessoas costumam deixar que problemas mais comuns como o divórcio, a perda de um emprego ou os desafios financeiros as oprimam. Elas precisam adotar a mesma mentalidade de Tony, que não aceita desculpas, mas segue em frente e dá a Deus a oportunidade para transformar suas deficiências em qualidades.

Ore pela Direção de Deus

Em meus primeiros dias como pastor na Lakewood, eu me sentia como se a minha personalidade calma fosse uma desvantagem. Meu pai era um líder dinâmico e inflamado. Eu sentia que precisava ter uma personalidade mais dinâmica e extrovertida quando assumi o cargo.

Eu dizia: "Deus, o Senhor precisa me transformar. Tenho uma desvantagem, sou uma pessoa de fala mansa e mais reservada."

Meu pai podia inflamar uma multidão. Já vi outros pastores com vozes poderosas pregarem mensagens teológicas profundas com grande eloquência. Eles podem tocar toda a congregação apenas com o seu estilo de pregar e a sua maneira de articular as palavras. Pessoas assim são muito teatrais. Eu, por outro lado, tenho um discurso lento e natural, característico do Sul dos Estados Unidos. Falo suavemente, em um tom normal.

Quando meu pai partiu para estar com o Senhor, eu disse: "Deus, não sei se posso ocupar o lugar dele. Vamos ver o que acontece." Contudo, o que eu pensava ser uma deficiência se transformou em uma qualidade. Percebi que Deus me criou assim de propósito.

Não tenho aquela voz retumbante. Não tenho aquela personalidade dinâmica. Não prego usando termos sofisticados. Mas as pessoas me dizem que minhas mensagens são fáceis de entender, pois minha voz é calma e suave. Na verdade, uma senhora disse: "Joel, ouço suas pregações antes de ir me deitar todas as noites. Você me coloca para dormir!"

Ela disse isso como um elogio!

Qual é a sua deficiência? O que está impedindo-o de crer em si mesmo e de perseguir seu destino divino? Deus sabia de todos os problemas que você enfrentaria, bem como de suas dificuldades, suas fraquezas e inadequações. Você não é uma surpresa para Deus.

Deus Usará Sua "Deficiência" para Liberar o Seu Destino Divino

Em Lucas 19:1-10 a Bíblia conta a história de um homem chamado Zaqueu. Ele tinha uma desvantagem: era baixo demais. Sem dúvida, quando era menino na escola, as outras crianças mexiam com ele chamando-o de "baixinho" ou "amendoim". Posso imaginar que ele queria ser como todo mundo. Mas entenda, Deus nos faz como somos com um propósito.

Certo dia, Zaqueu ouviu dizer que Jesus estava passando por sua cidade. Todas as pessoas estavam enfileiradas nas ruas tentando ver Jesus, mas Zaqueu não tinha chances. Ele estava de pé lá atrás e não podia ver nada por cima das cabeças. Ele poderia ter facilmente desistido e sentido pena de si mesmo. Em vez disso, ele subiu em uma árvore e conseguiu ter uma vista ótima, talvez a melhor. Sua desvantagem se transformou em vantagem.

Quando Jesus desceu a rua, Ele olhou acima da multidão e viu Zaqueu na árvore. Jesus chamou Zaqueu e pediu para ir jantar na casa dele. Se Zaqueu fosse do tamanho "normal", ele não teria subido na árvore e chamado a atenção de Jesus na multidão. Mas por causa da sua "deficiência", Zaqueu subiu mais alto e colheu uma das maiores recompensas possíveis!

Adote uma perspectiva mais alta, como Zaqueu fez. Veja a sua suposta deficiência e considere que ela pode ser uma vantagem. Agora entendo que a minha personalidade calma, tranquila e de fala mansa é uma qualidade. Se eu agisse como outra pessoa, isso não daria certo. Aceitei quem sou e a nossa igreja também — ela me aceitou como sou.

Você Também Tem o Que Precisa para Ter Êxito

Ouvi falar de outro jovem atleta que nasceu sem a mão direita. Um dia ele estava no consultório médico fazendo exames para poder jogar futebol. O médico perguntou qual era a sua deficiência.

Ele disse: "Senhor, eu não tenho uma deficiência. Apenas não tenho a mão direita."

Amo essa atitude. "Não tenho uma deficiência. Apenas toco guitarra com os pés." "Não tenho uma deficiência. Apenas falo um pouco mais devagar." "Não tenho uma deficiência. Apenas não sou tão alto como os outros."

Eu o encorajo a viver sem desculpas. Prenda-se ao que você pode fazer. Foque nos seus dons. Recuse-se a sentir pena de si mesmo. Livre-se da autocomiseração e concentre-se em ser tudo que Deus o criou para ser.

Se você quiser viver assim, com fé e de cabeça erguida, Deus transformará suas deficiências e obstáculos para o seu bem. Ele pegará cada pedra de tropeço e a transformará em um degrau. Algo poderá parecer uma desvantagem, mas como aconteceu na vida de todos os exemplos que citei, Deus a transformará em qualidade. Não há desvantagens quando Deus está ao seu lado. Você tem tudo o que precisa para ter êxito!

> *Viva sem desculpas.*

Capítulo 10

Você Pode Rir por Último

Há muitos anos meu pai recebeu uma carta de outro pastor, com um conteúdo cruel, crítico e pernicioso. Ele acusou meu pai de coisas totalmente falsas. Meu pai ficou extremamente magoado e um pouco zangado. Ele respondeu ao seu agressor com a carta mais feia e má que conseguiu preparar. Ele destruiu o seu crítico.

Então, ele selou a carta fatal em um envelope, andou até o fim da calçada e colocou-a na caixa do correio para ser coletada.

Enquanto meu pai andava de volta para casa, uma voz disse em seu interior: *Você se vingou, não foi?*

"Sim, eu me vinguei", papai respondeu.

Você está se sentindo melhor, não está?

"Sim, eu me sinto melhor."

Você deu o troco a ele, não foi?

"Sim, eu dei o troco a ele."

Então a voz disse: *Sem dúvida. Você pagou o mal com o mal.*

Meu pai engoliu em seco, sentindo a convicção do erro. Ele sabia que Deus estava falando com ele e percebeu que havia reagido da maneira errada.

Papai voltou à caixa de correio, pegou a carta de volta e rasgou-a. Ele nunca a enviou; nunca disse uma só palavra ao homem sobre aquilo. Ele preferiu deixar que Deus fosse o seu vingador. Preferiu deixar Deus transformar o que estava errado em algo certo.

Dezesseis anos depois, meu pai recebeu um telefonema do homem que o havia atacado. Ele estava chorando e disse: "Pastor Osteen, aquela carta que eu lhe enviei estava inteiramente errada. Sinto-me tão mal. Poderia me perdoar?"

Deus sabe como fazer justiça em sua vida. Isso pode não acontecer da noite para o dia, mas acontecerá.

Todos nós passamos por situações nas quais somos tratados injustamente. Talvez alguém esteja fazendo fofoca a seu respeito ou implicando com você, ou tentando atacar sua reputação na escola ou no trabalho. A reação natural é se defender ou dar o troco. A natureza humana quer vingança. Gostamos de pagar com a mesma moeda. Mas o Senhor diz: "A mim pertence a vingança" (Deuteronômio 32:35). Isso significa que Deus transformará o que estiver errado com você em algo certo. Deus quer recompensá-lo por toda injustiça. Ele é um Deus de justiça.

O ponto principal é este: Deus quer que você ria por último.

Entenda como isso pode acontecer. A Bíblia diz em Romanos 12:19 para nunca nos vingarmos, mas deixarmos Deus fazer isso. Observe que você pode se vingar ou pode deixar Deus ser o seu vingador; mas você não pode fazer as duas coisas ao mesmo tempo.

Se quiser fazer justiça com as próprias mãos, Deus recuará e dirá: "Vá em frente. Você não precisa da minha ajuda." Mas se você aprender a agir da maneira correta, controlando as suas emoções e deixando Deus ser o seu vingador, Ele aparecerá e dirá: "Tudo bem, agora é Comigo!"

Deus Conhece Aqueles que lhe Fizeram Mal

Ele vê todas as vezes que você é magoado. Ele guarda os registros. Se você aprender a manter a atitude correta e não perder tempo tentando dar o troco àqueles que o feriram, Deus promete ser o seu vingador.

Deus liberará favor e promoção em sua vida somente quando souber que o seu caráter pode lidar com isso. Se você ficar irritado todas as vezes que alguém lhe fizer mal e tentar se vingar, não chegará ao lugar onde Deus quer que você esteja.

Davi foi ungido rei muitos anos antes de assumir o trono. Ele precisou passar por um período de teste. Durante esse tempo, o rei Saul estava tentando matá-lo. Foi uma situação muito injusta. Davi havia sido bom para Saul, mas Saul agiu de forma diferente. Em duas ocasiões, Davi teve a oportunidade de pôr fim à vida de Saul (ver 1 Samuel 24 e 26). Ele poderia ter dado um fim à sua frustração e infelicidade, mas não quis fazer isso.

Depois do primeiro incidente em que Davi poupou a vida de Saul, ele disse a Saul: "O Senhor julgue entre mim e ti. Vingue ele os males que tens feito contra mim, mas não levantarei a mão contra ti" (1 Samuel 24:12).

Não é de admirar que Davi fosse um campeão. Não é de admirar que ele tenha sido promovido. Ele sabia como deixar Deus ser o seu vingador.

Eu me pergunto quantas pessoas, assim como Davi, foram ungidas para fazer algo grande na vida, para estar em uma posição de liderança, em um lugar de honra, e para cumprir os sonhos que Deus lhes deu, mas nunca passaram no teste. Elas estavam ocupadas demais tentando dar o troco àqueles que as feriram, aos "Sauls" de suas vidas. Elas não entendem que aqueles que nos fazem mal são simples distrações.

Use seu tempo e energia para mover-se em direção ao destino que Deus lhe deu. Evite a armadilha da vingança e entenda que você não pode se vingar como Deus pode vingar você. Os caminhos de Deus são maiores e melhores que os nossos. Ele pode pegar aqueles que tentam ferir você e usá-los para promovê-lo.

A sua atitude deveria ser: *vou deixar Deus ser o meu vingador. Sei que quando Ele me vingar sairei totalmente inocente dessa situação. Você pode me menosprezar agora, mas um dia me admirará. Talvez eu não tenha muito hoje, mas um dia você desejará ter o que eu tenho.*

Sua Mesa Está Posta

Amo a maneira como Davi expressa essa imagem no Salmo 23, versículo 5: "Preparas uma mesa perante mim na presença dos meus inimigos" (ACF). Deus não apenas o vingará e transformará o que está errado em sua vida em coisas certas, mas também o abençoará diante dos seus inimigos. Ele poderia promovê-lo em qualquer lugar, mas irá fazer isso diante daqueles que tentam fazer você parecer mal. Ele lhe dará favor, honra e reconhecimento. Um dia aqueles que o apunhalaram pelas costas verão vê-lo receber o merecido crédito.

> *Deus não apenas o vingará e transformará o que está errado em sua vida em coisas certas, mas também o abençoará diante dos seus inimigos.*

Saber que Deus prepara a mesa para nós na presença dos nossos inimigos me impede de ficar desanimado quando as pessoas falam de mim de maneira desfavorável. Sei que Deus acabou de mandar os anjos para o mercado, para comprar os ingredientes da ceia.

Se alguém mente a seu respeito, isso não é grande coisa. Você consegue ver Gabriel pondo a mesa?

Seus críticos podem ver a refeição na mesa de Deus, mas eles não são convidados para a festa. Serão obrigados a assisti-lo desfrutar do que Deus preparou para você. Eles assistirão enquanto você é promovido.

Esteja pronto. Se você fez a coisa certa e ignorou ofensas e palavras negativas e abençoou os seus inimigos, então saiba que a mesa de Deus está posta. Seu jantar está pronto. É só uma questão de tempo antes que você esteja sentado à mesa.

Seus inimigos podem tentar estragar a festa roubando a sua alegria. Eles plantarão dúvidas, mas livre-se delas. O sino chamando para o jantar tocará para você a qualquer momento. Aqueles que o estão atrapalhando, tentando colocá-lo para baixo, verão você ascender a um novo nível. Eles verão o favor e a bondade de Deus alcançá-lo ainda mais.

Um mecânico em uma grande oficina me disse que durante muitos anos ele havia sido tratado injustamente no trabalho. Era um ambiente muito negativo, no qual seus colegas de trabalho o ridicularizavam constantemente. Achavam que ele era esquisito, pois não queria sair para farrear com eles depois do trabalho. Ano após ano, ele tinha de suportar essa zombaria.

Ele era um dos melhores mecânicos da empresa, mas em sete anos nunca havia sido promovido, nem recebido um aumento ou um bônus — nada — porque seu supervisor não gostava dele. Ele poderia ter trabalhado com um desgosto profundo, mas preferiu adotar a atitude mais correta, sabendo que Deus era o seu vingador.

Então, um dia, o proprietário da empresa chamou-o. Ele nunca havia se encontrado com o proprietário antes porque ele não estava envolvido nas operações do dia a dia. Mas por algum motivo ele chamou o mecânico e disse que estava se aposentando. Ele se ofereceu para vender a empresa para ele.

— Não tenho dinheiro para comprar a sua empresa — disse o mecânico.

— Você não precisa do dinheiro para comprá-la de uma vez — disse o proprietário. — Eu irei financiá-la para você.

Hoje, o mecânico é o proprietário da empresa, tendo pagado todo o valor do financiamento. Deus pôs a mesa, e ele foi servido. Agora aqueles que colocavam apelidos nele têm de chamá-lo de chefe. Os mesmos que costumavam menosprezá-lo, agora o admiram. Aqueles que costumavam ignorá-lo sem nunca dar atenção a ele, agora precisam marcar horário se quiserem vê-lo!

Deus Sabe como Vingá-lo

Não faça justiça com as próprias mãos. Se você deixar Deus ser o seu defensor, Ele fará justiça e irá promovê-lo bem diante das pessoas que tentaram fazer-lhe ficar mal.

Provérbios 16:07 diz: "Quando os caminhos de um homem são agradáveis ao Senhor, ele faz que até os seus inimigos vivam em paz com ele."

Conheci um homem em um dos corredores da nossa igreja que disse: "Eu era o seu maior crítico. Sempre falava mal de você e publicava críticas na Internet contra você. Vim a um dos cultos para encontrar mais alguma coisa para criticar, mas gostei muito e voltei na semana seguinte. Isso foi há seis meses, e desde então não perco um culto. Agora sou o seu maior defensor." Ele estendeu a mão e me cumprimentou.

Deus fará com que seus inimigos apertem a sua mão também. Pode haver pessoas contra você. Pode ter um colega de trabalho ou membro da família que mantém um rancor contra você. Talvez você tenha feito o seu melhor para ser gentil e respeitoso, mas recebeu deles exatamente o oposto do que lhes mostrou. Talvez quanto mais gentil você seja, mais terríveis eles sejam com você.

Seria mais fácil para você guardar mágoa contra eles, mas não desça para o mesmo nível. Continue fazendo a coisa certa. Deus é um Deus de justiça e Ele sabe como mudar os corações das pessoas. Pode demorar uma semana. Pode demorar um ano ou vinte e cinco anos, mas Deus promete que um dia aqueles que o magoaram irão apertar a sua mão.

Você Receberá o Merecido Respeito

Um amigo meu, Larry, está no ramo imobiliário. Ele trabalha duro e sempre se dedicou totalmente ao trabalho, mantendo uma postura muito correta. Entretanto, o proprietário da empresa onde ele começou, Charles, tratava-o sem nenhuma consideração. Ele se recusava a ouvir qualquer das sugestões de meu amigo e tornava tudo muito difícil. Larry continuou a fazer o seu melhor, mas inevitavelmente o proprietário o despediu.

Em uma atitude louvável, Larry não ficou amargo. Em vez disso, ele iniciou sua própria empresa imobiliária, tornando-se extremamente bem-sucedido depois de alguns anos. Ele se esqueceu de tudo o que Charles lhe fez, mas Deus é um Deus de justiça. Ele nunca esquece o que lhe devem. Você pode deixar para lá, mas Deus não deixa. Ele garante que você receba tudo o que merece.

Vários anos depois, Charles precisou reduzir o tamanho do seu negócio. Ele precisou de um novo prédio, e o que encontrou era propriedade de Larry. O ex-chefe quase desmaiou quando entrou e percebeu que estava prestes a alugar um prédio de propriedade do homem que ele havia despedido.

Desta vez, Charles ouviu tudo que Larry tinha a dizer. Ele tratou seu ex-empregado com respeito e honra. Ele ouviu atentamente e valorizou a sua opinião. Hoje, Charles paga aluguel, um valor bem alto, para Larry. Isso é Deus fazendo com que os seus inimigos apertem a sua mão. É Deus fazendo você rir por último.

Deus quer promovê-lo diante dos seus opositores. Uma das maneiras de o Senhor exercer a Sua justiça é vingá-lo para que aqueles que disseram que você fracassaria vejam você ter êxito e realizar seus sonhos.

Um pastor que conheço passou mais de cinquenta anos viajando pelo mundo fazendo o bem. Ele era amado em toda parte por aonde ia. Mas o jornal de sua cidade estava sempre encontrando algo errado com sua igreja. Ele podia fazer mil coisas certas, mas eles não noticiavam isso. Eles encontravam uma única coisa que ele havia feito errado e faziam um grande alarde a respeito. Isso continuou por anos a fio.

Meu amigo pastor encarou isso sob uma perspectiva interessante. Ele dizia: "Se não fosse aquele jornal, eu não teria realizado tanto. Eles não apenas me mantiveram de joelhos, como também me deram combustível para provar que estavam errados. O espírito de crítica deles e aquela injustiça me colocaram em uma posição para receber o favor de Deus de um modo ainda maior."

Ele foi em frente e construiu uma grande universidade naquela cidade. Milhares de jovens a frequentavam. Parecia o lugar menos provável para ele ser abençoado, o lugar menos provável para realizar seus sonhos. Mas Deus diz: "É ali que eu preparo a mesa. É ali que eu quero prosperar você. É ali que eu quero mostrar-lhe um favor inusitado."

Permaneça à Mesa para Ser Abençoado

De acordo com Gênesis 26:1, um dia houve uma grande fome na terra de Israel. Durante muitos meses houve uma seca que transformou a região em um deserto. Diante da calamidade, um jovem chamado Isaque estava prestes a fazer as malas e se mudar para outro lugar, mas Deus disse: "Não, Isaque. Não quero que você saia daqui. Eu o abençoarei exatamente onde você está."

Isaque obedeceu à ordem de Deus e cultivou seus campos. Os filisteus que viviam ali não gostavam de Isaque e já tinham inveja dele. Isso adicionou mais combustível ao fogo do desprezo que tinham por ele. Mas Isaque, cujo nome significa "riso", simplesmente continuou em paz.

Vários meses depois, todos aqueles que haviam criticado e ridicularizado Isaque ficaram impressionados ao ver os seus campos. Eles não podiam acreditar.

A Bíblia diz que Isaque "no mesmo ano colheu a cem por um" (Gênesis 26:12), mais do que havia plantado bem ali, em meio à fome. Seus críticos ficaram perplexos, mas ele sabia que Deus havia posto a mesa e o abençoado.

Em algum momento você pode ser tentado a fugir de uma situação ruim, mas quero que tenha uma nova perspectiva. Você não precisa fugir para ser abençoado. Deus quer abençoá-lo exatamente no lugar onde você está.

> *Deus quer abençoá-lo exatamente onde você está.*

Parte da vingança do Senhor é promover você para que a oposição possa ver isso. Portanto, sua atitude deve ser: *eles podem estar rindo agora, mas sei que este desafio está preparando o caminho para Deus me promover. Eles quiseram me manter subjugado, mas Deus usará isso para me fazer avançar!*

Você talvez esteja lidando com críticos, opositores, caluniadores, traidores e invejosos, e eles dizem que você nunca terá êxito. Deixe-me assegurar-lhe que Deus dará a eles uma visão clara da sua mesa. Deus irá garantir que eles o vejam ser promovido, honrado e realizado.

Deixe Deus ser o seu vingador. Deixe-o consertar o que está errado. Se permitir que Ele assuma esse papel, você sempre sairá melhor. Ele fará até mesmo com que os seus inimigos acabem apertando a sua mão. Eles podem estar rindo agora, mas saiba que Deus é fiel. No fim, você rirá por último. Ele fará justiça em sua vida.

PARTE III

Viva Sem Muletas

Capítulo 11

Vivendo Sem Muletas

Quando voltei da faculdade para iniciar a expansão da Igreja Lakewood através dos programas de tevê, eu tinha dezenove anos. Não sabia muito sobre produção para televisão, por isso contratamos um produtor experiente da Califórnia. Ele tinha cerca de sessenta anos e havia produzido programas de esportes das principais ligas nacionais e programas de auditórios matutinos em sua longa carreira.

Ele era entendido do assunto, talentoso, e tinha uma grande personalidade. Era uma pessoa divertida de se conviver e nós nos demos bem desde o começo. Eu chegava cedo, ficava até tarde, ia jantar com ele e andávamos juntos. Eu observava com muita atenção como ele montava os programas e como escolhia certas tomadas das câmeras.

Estava aprendendo muito com ele. Eu costumava pensar: *Jamais poderia fazer o que ele faz. Ele é tão criativo. Consegue escrever e dirigir. Eu não sou tão talentoso.*

Eu estava sendo mentoreado por aquele produtor veterano havia cerca de um ano quando ele entrou um dia e anunciou que partiria dali a um mês.

— De jeito nenhum — eu disse. — Você não pode me deixar sozinho para fazer este trabalho. Não sei o que fazer.

Ele me garantiu que eu me sairia muito bem.

— Você me observou por um ano, e eu o observei também — disse ele. — Você pode lidar com o trabalho sozinho agora.

Eu não estava convencido. Pedi a ele para ficar, ofereci-lhe um aumento e mais tempo de folga, mas ele insistiu que era hora de seguir em frente.

Nas duas primeiras semanas após sua partida fiquei muito nervoso. Não sabia o que estava fazendo. Eu telefonava para ele de vez em quando com perguntas. Mas após um mês comecei a me sentir mais confortável. Seis meses depois, pensei: *Sou bastante bom nisso.* Um ano depois eu disse: "Para que eu precisei *dele*?"

Agora entendo que meu mentor me fez um favor ao partir. Ele me obrigou a ir além e a usar os talentos que Deus me deu. Se ele não tivesse partido, eu nunca teria tomado posse do meu destino divino.

Seguindo em Frente

Uma muleta é um instrumento temporário que usamos para andar depois de uma lesão em uma perna ou pé. Quando a lesão é curada, deixamos a muleta de lado e andamos sozinhos. A palavra *muleta* também é usada para descrever algo ou alguém em quem podemos nos apoiar por pouco tempo para nos ajudar a atravessar um período de desafios. Entretanto, o termo assume uma conotação negativa quando usado para descrever algo de que nos tornamos desnecessariamente dependentes, geralmente em detrimento do nosso progresso físico, mental ou emocional.

Uma muleta deve ser temporária, apenas até estarmos curados ou até podermos nos virar sozinhos. Ela não deve ser permanente, mesmo quando nossa muleta é alguém importante para nós. Uma das coisas mais difíceis de aceitar é que nem todos estão destinados a permanecer em nossas vidas para sempre. Algumas pessoas, naturalmente, estão destinadas a conviverem com você por um longo prazo — seu cônjuge, seus filhos, seus irmãos, seus pais e seus amigos mais próximos. Mas existem aqueles que Deus coloca em seu caminho por um período limitado, talvez um mentor, um professor ou uma espécie de "guia" para ajudá-lo a atravessar uma determinada fase da vida ou um período difícil.

> *Assim como Deus traz as pessoas para as nossas vidas de modo sobrenatural, Ele tirará algumas pessoas de nós sobrenaturalmente também.*

Se Deus não os afastasse, nós ficaríamos dependentes. Em vez de nos ajudar, eles nos atrapalhariam. A presença deles poderia limitar nosso crescimento.

Você precisa ser maduro o suficiente para reconhecer quando o papel de alguém na história da sua vida terminou. Isso não significa que essa pessoa é má. Vocês ainda podem ser amigos, ainda podem amar e respeitar um ao outro. Mas você precisa aceitar que tudo muda. Para seguir em frente, é preciso deixar algo para trás.

Assim como Deus traz as pessoas para as nossas vidas de modo sobrenatural, Ele tirará algumas pessoas de nós sobrenaturalmente também. Quando uma pessoa se afasta e você pensa que não pode viver sem ela, isso é Deus dizendo: "É hora de você passar para um novo nível."

Você não precisa de alguém para pensar constantemente por você, acreditar em você, conduzi-lo e encorajá-lo. Pode fazer isso por si mesmo. Se quiser continuar crescendo, elimine a sua dependência de muletas.

Não tente convencer as pessoas a amarem você. Não tente persuadilas a ficarem além do tempo em que foram úteis. *Deixe-as ir.*

O seu destino não está ligado ao do seu mentor. O fato de ele partir lançará você para a frente. Não é um passo para trás, é um passo para cima. Quando alguém se afasta, não é por acaso. Deus abrirá novas portas. Você descobrirá maior força e novos talentos. Deus pode estar se preparando para trazer alguém ainda *melhor* para o futuro.

O Dom do Adeus

Quando meu mentor nos nossos programas de televisão partiu, eu tinha uma escolha. Podia ficar atordoado e sentir pena de mim mesmo por um longo tempo, ou podia avançar rumo ao meu destino. Passei a entender que existe uma coisa chamada "o dom do adeus".

Talvez você não entenda isso a princípio, mas perder sua muleta é um presente de Deus. Não fique triste. Alegre-se.

Durante os anos de ministério do meu pai vi esse princípio em ação sempre que alguém anunciava que estava deixando a congregação. Eles esperavam que meu pai ficasse abalado e desanimado pelo fato de estarem saindo. Então a pessoa costumava ficar chocada quando ele parecia feliz com a saída dela.

Ele nunca tentava convencer ninguém a ficar ou mostrar-lhe que estava cometendo um erro. Meu pai era sempre cheio de graça. Ele sempre lhes agradecia, orava por eles e depois os acompanhava até a porta. Ele não dizia isso, mas eu sei que ele estava pensando: *Quanto mais depressa você for, melhor para nós dois.*

Você deve desejar ter em sua vida as pessoas que devem estar ali. Quando Deus quer que elas estejam presentes na sua vida, elas não veem defeitos em tudo o que você faz, e não é preciso manipulá-las para ficarem. É isso que amo nos membros da nossa igreja em Lakewood. São tantos, que não consigo conhecer a maioria pelo nome. Não posso chamá-los pessoalmente, mas sei que eles não vão à igreja porque precisam de mim. Eles vão porque Deus os levou para a nossa igreja. Eles não precisam que eu toque neles, precisam que Deus os toque.

Quando Deus coloca pessoas no seu caminho, você não precisa tentar obter o favor delas e fazer tudo perfeitamente para mantê-las felizes. Você não precisa pisar em ovos tentando não ofender ninguém. Não precisa de amigos difíceis de agradar. Se alguém tentar manipulá-lo assim, esqueça e afaste-se. Você não precisa de ninguém mais para cumprir o seu destino.

Amo este versículo da Bíblia Sagrada: "Eles saíram do nosso meio, mas na realidade não eram dos nossos, pois, se fossem dos nossos, teriam permanecido conosco; o fato de terem saído mostra que nenhum deles era dos nossos" (1 Joao 2:19). Quando as pessoas saem da sua vida elas deixam de fazer parte do seu destino. O tempo delas acabou. Se você permanecer aberto, Deus lhe dará pessoas que não estão apenas *com* você, mas que são *por* você.

Há uma grande diferença entre as duas coisas! Quando você apenas está *comigo*, você está ali enquanto eu me sair perfeitamente bem, enquanto eu lhe der tudo que você precisa, enquanto eu não cometer nenhum erro. Contudo, quando não apenas está comigo, mas é *por mim*, você acredita no melhor que há em mim.

Assim você não tenta me controlar e me dá espaço para cometer erros. Não precisa da minha atenção o tempo todo e nem dá mais a esse relacionamento do que recebe. Esse é o tipo de pessoa que Deus quer trazer para a sua vida. Você não precisa *forçar* nada para que isso aconteça. Apenas seja o melhor que puder ser a cada dia, e Deus lhe trará conexões divinas. E então, quando o tempo desse relacionamento terminar, você não precisará ficar angustiado. Pode deixar essa pessoa partir com a sua bênção, continuando a amá-la e respeitá-la.

Aprendi o seguinte: Deus sempre traz as pessoas certas para a sua vida, mas você precisa deixar as pessoas erradas se afastarem. As pessoas certas nunca aparecerão se você não abrir o caminho, esvaziando-o das pessoas erradas.

Movido pela Dependência

Tome cuidado com pessoas que enfatizam as suas fraquezas como uma maneira de tentar convencê-lo de que você precisa delas em sua vida. Elas irão tentar fazê-lo pensar que não é suficientemente inteligente por si só ou não tem talento suficiente, e por isso precisa delas para compensar o que lhe falta. Não acredite nessas mentiras.

Há alguns anos conheci uma jovem brilhante que se mudou de uma cidade pequena e veio trabalhar no nosso ministério. (Vou chamá-la de Diana, mas esse não é o seu verdadeiro nome). Percebi que havia sempre um jovem que a deixava de carro no trabalho. Um dia, perguntei a ela se não tinha um carro.

“Ah, eu tenho um carro sim,” disse ela. “Eu dirigia para toda parte na minha pequena cidade. Mas quando me mudei para cá, meu amigo me disse que a cidade é muito grande e é muito complicado dirigir aqui; como não estou acostumada a dirigir em estradas, ele teria de me trazer para o trabalho todos os dias.”

Perguntei a Diana se ela planejava algum dia se sentar atrás do volante, e ela disse que provavelmente não, pois seu amigo havia lhe dito que o trânsito fica muito congestionado e difícil na cidade.

Ela estava usando aquele homem como uma muleta, e pareceu que ele a estava manipulando, controlando-a por alguma razão. Nessa hora eu percebi que deveria dizer alguma coisa.

“Diana, você é extremamente talentosa”, eu disse. “Não permita que ninguém a convença de que você não pode dirigir nas nossas estradas. Conheço jovens de dezoito anos que dirigem todos os dias nesta cidade.”

Diana contou ao seu amigo o que eu havia dito, mas ele continuou insistindo que as ruas eram perigosas demais para ela e que ela se perderia.

Eu disse a Diana que parecia que aquele jovem estava tentando torná-la dependente dele, e que se ele fosse um amigo de verdade, ensinaria a ela como se sair bem na direção para que ela pudesse adquirir confiança suficiente para sair sozinha.

Cerca de um mês depois Diana me disse que havia dirigido até o trabalho, sozinha, pela primeira vez.

“Isto é ótimo. Eu sabia que você conseguiria!” eu disse.

Então perguntei como havia sido dirigir nas estradas.

“Ah, eu não passo por elas. Eu pego as ruas laterais.”

Diana normalmente levaria meia hora para chegar ao trabalho. Em vez disso, ela levou uma hora. Encorajei-a a continuar dirigindo e a se esforçar para pegar as estradas.

Um mês depois ela fez isso. Hoje Diana dirige por toda a cidade, e não é interessante o fato do jovem de quem ela dependia não estar mais por perto?

Ele só estava interessado em Diana se pudesse mantê-la dependente dele e sentindo que devia algo a ele. Pessoas assim não são verdadeiros amigos. Elas não estão ajudando você, mas atrapalhando. Você não precisa de pessoas em sua vida que tentem limitá-lo. Deixe-as ir, e Deus lhe trará as pessoas certas.

Você não precisa de pessoas em sua vida que tentem limitá-lo.

Seja uma Pessoa do Tipo "Faça Você Mesmo"

Deus disse a Moisés para dizer a Faraó: "Deixa o meu povo ir."

Moisés disse: "Deus, não posso fazer isso. Sou gago. Não falo bem. Por favor, envia outra pessoa" (ver Êxodo 4:10, 13). Deus decidiu que o irmão de Moisés, Arão, que era um bom comunicador, deveria acompanhá-lo. Deus disse a Moisés: "Então você dirá a ele [Arão] o que dizer... Ele fará o papel da sua boca, mas você é quem decidirá o que deve sair dela" (Êxodo 4:15-16, A Mensagem). Moisés tinha toda a intenção de usar seu irmão como muleta. Ele levou Arão com ele, mas eu amo o que aconteceu. Quando eles compareceram diante de Faraó, no momento em que Arão ia começar a falar algo se levantou dentro de Moisés. Ele sentiu que era a sua hora.

Moisés colocou os ombros para trás e ergueu a cabeça e, juntos, eles disseram: "Assim diz o Senhor, o Deus de Israel: 'Deixe o meu povo ir'" (Êxodo 5:1).

Moisés quis que sua voz também fosse ouvida. Você não precisa que o seu amigo fale por você. Não precisa que o seu vizinho dirija para você. Você não precisa que ninguém lhe diga o que fazer. Você está equipado. Deus não o teria presenteado com oportunidades se Ele não tivesse lhe dado tudo que você precisa.

Deus equipou você. Você foi ungido e capacitado. Você é muito capaz. Não permita que ninguém tire vantagem das suas supostas "fraquezas". Sim, pode haver vezes em que você precise de ajuda, e isso não é um problema. Mas não deixe que alguém faça por você o que você pode fazer por si mesmo. Não fique excessivamente dependente das pessoas. Não use muletas quando pode andar sozinho.

Deus nunca teria dito a Moisés para falar perante Faraó se Ele não soubesse que Moisés podia fazer isso. Você pode ter algumas limitações, mas não precisa de uma muleta. Você foi equipado com tudo o que precisa para cumprir o seu destino. Você pode tomar suas próprias decisões. Deus lhe deu sabedoria para dirigir a sua própria vida. Você não precisa de alguém que esteja constantemente lhe dizendo o que fazer e o que não fazer.

É bom ouvir a opinião das pessoas e seus conselhos. Entretanto, entenda bem, você também pode receber informações de Deus. Você *pode* ouvir aquela *voz mansa e suave* do Espírito Santo porque tem uma linha direta com o trono de Deus. E se alguém está sempre tentando lhe dizer o que fazer, simplesmente diga: "Não, obrigado. Deus e eu estamos nos entendendo."

Você Tem Ligação Direta com Deus

Certa vez um membro da congregação disse a meu pai: "Meu amigo orou por mim. Ele disse que Deus quer que eu vá para a África e seja um missionário. O que o senhor acha?"

Meu pai disse: "A decisão é sua, mas se você for para a África com base neste conselho, certifique-se de levar esse amigo para que ele possa lhe dizer quando deve voltar para casa!"

Você não precisa que alguém lhe diga o que Deus quer que *você* faça! Ande com Deus por si só. Lembrei-me disso quando uma jovem pediu o meu conselho sobre uma questão de relacionamento.

"Um homem que mal conheço está dizendo que Deus lhe disse que eu devo me casar com ele."

Tive de rir, porque ela é uma jovem muito bonita. Então eu disse a ela para não levar esse sujeito muito a sério, porque todos os sujeitos que a virem pensarão a mesma coisa. "Ele simplesmente teve coragem suficiente para lhe falar isso", eu disse.

Você pode ouvir Deus por si mesmo; não precisa de uma muleta. Ouça a voz *mansa e suave* dentro de você. Às vezes Deus fala conosco através de uma impressão que é sempre compatível com a Sua Palavra escrita, a Bíblia.

Nos capítulos 6 e 7 de Juízes, a Bíblia conta a história de um homem chamado Gideão, que enfrentou três exércitos que marcharam contra ele e seus homens. Enquanto Gideão se preparava para a batalha, Deus disse: "Você tem homens demais com você e por isso será tentado a pensar que fez isso na sua própria força e Eu não receberei o crédito que mereço."

Para reduzir aquele número, Deus lhe disse para deixar todos os que tinham medo irem para casa.

Posso imaginar que Gideão tenha ficado abatido e com medo de perder a batalha por não ter guerreiros suficientes.

Mas Deus não havia terminado de reduzir o número do seu exército.

"Gideão, você ainda tem pessoas demais", disse Deus.

Quando Deus concluiu a redução, o exército dele caiu de 32 mil homens para apenas trezentos. Estou certo de que Gideão pensou que aquelas forças reduzidas seriam dizimadas.

Entretanto, quantas pessoas você tem ao seu lado não é importante. O que é importante é ter as pessoas certas ao seu lado. Gideão e os seus trezentos homens derrotaram dezenas de milhares de tropas inimigas.

É a Qualidade que Conta, Não a Quantidade

Se você não está disposto a deixar as pessoas partirem, perderá o melhor de Deus. Não se surpreenda se Deus reduzir o seu exército. Se isso acontecer, saiba que Ele não está tentando puxá-lo para trás. Ele está preparando você para um novo nível. Quando parar de depender dos outros, você experimentará vitórias que antes pareciam impossíveis e começará a agir debaixo de uma unção muito maior.

Há alguns anos, eu não achava que falar em público fosse uma opção para mim. Sou tímido demais. Mas hoje, quase todas as semanas, falo para milhares de pessoas. Isso me diz que Deus não nos dá menos talento do que precisamos. Ele nos dá *tudo* de que necessitamos.

Deus não criou você para continuar sendo dependente de alguém mesmo depois de se tornar um adulto. Não dependa de outra pessoa para orar por você, para falar por você, para acreditar por você, para encorajar você. Jogue fora as muletas e ande por si só. Não dependa de ninguém para fazer por você o que só você pode fazer por si mesmo.

Olhe para dentro de si mesmo e recorra ao poder que Deus colocou em você. Assim como Moisés, você se levantará com uma nova confiança. Sim, isso pode exigir que você se supere, mas ao fazer isso você descobrirá novos dons e talentos. Deus trará as pessoas certas na hora certa. Creio e declaro que você se tornará tudo que Ele o criou para ser.

Capítulo 12

Não Viva em Busca da Aprovação dos Outros

Quando anunciei os planos de mudar a nossa igreja para o antigo estádio conhecido como Compaq Center, 99% da congregação apoiou essa decisão. A maioria das pessoas ficou muito entusiasmada. Mas havia um oponente claramente declarado, e ele fez questão de que sua oposição chegasse aos meus ouvidos. Todas as semanas depois do culto, ele me procurava na área de recepção de visitantes. Ele dizia: "Sabe, seu pai disse que nunca mudaria a igreja de lugar. Você está cometendo um grande erro. E eu quero que você saiba que se mudar a igreja, eu não irei segui-lo."

Pensei: *Você promete mesmo que fará isso?*

Todos têm o direito a ter uma opinião, mas ele não sabia o que eu estava sentindo. Ele não sabia o que Deus estava falando comigo. E eu não podia permitir que ele interrompesse aquele movimento. É muito fácil permanecer onde estamos para não correr riscos. Mas seja forte e siga o que Deus colocou no seu coração.

> *É muito fácil permanecer onde estamos para não correr riscos. Mas seja forte e siga o que Deus colocou no seu coração.*

Aprendi que posso ser obrigado a desagradar algumas pessoas para não desagradar a Deus. Nunca gosto de ver alguém deixar a igreja, mas se eu quiser permanecer fiel ao meu coração, preciso acreditar que para cada um que deixar a igreja Deus enviará muitos mais em troca.

Agora, quando alguém ameaça partir, eu apenas sorrio e digo: "Posso levá-lo até a porta? Quanto mais cedo melhor." (Tudo bem, talvez eu não diga isso, mas é o que penso!)

Muitas pessoas fundamentam seu próprio valor no que as outras pessoas pensam a seu respeito. Elas se preocupam se as pessoas gostam delas, se as aprovam ou se acham que elas são importantes. Por causa dessas inseguranças, estão constantemente bajulando as pessoas, tentando conquistar o favor delas e atender a todas as expectativas dos outros.

Quando age assim, você se predispõe a ser controlado e manipulado. Você permite que os outros o coloquem em uma caixa. Algumas pessoas não seguem os seus sonhos porque estão muito preocupadas em perder as boas graças dos outros. Você pode perder a aprovação dos outros se seguir os seus próprios sonhos, mas se seus amigos só o aprovam quando você atende às expectativas deles, eles não são amigos de verdade. Eles são manipuladores e controladores.

Há uma verdadeira liberdade quando você percebe que não precisa da aprovação dos outros, afinal, você tem a aprovação do Deus Todo-Poderoso. Não tente manter todos à sua volta felizes. Algumas pessoas nem sequer querem ser felizes. Você precisa ser seguro o bastante para dizer: "Eu amo você, mas não vou permitir que você me controle. Talvez você não me dê a sua bênção, mas tudo bem. Tenho a bênção de Deus. E não estou preocupado em agradar as pessoas; estou preocupado em agradar a Deus."

Assuma o comando da sua vida. Se você está sendo manipulado e pressionado a se tornar alguém que não é, isso não é culpa da outra pessoa — a culpa é sua. Você controla o seu destino. Você pode ser gentil. Você pode ser respeitoso. Mas não permita que ninguém o faça se sentir culpado por ser quem você é.

A vida é curta demais, por isso não gaste seu tempo tentando manter os outros felizes. Você não pode agradar a todos. Para cumprir o seu destino, permaneça fiel ao seu coração. Não deixe que ninguém tente colocá-lo dentro de uma fôrma.

Busque a Aprovação de Deus

Quando meu pai partiu para estar com o Senhor e eu assumi o cargo de pastor da igreja, um senhor mais velho que eu conheci a vida inteira me chamou de lado e disse: "Se quiser que isso funcione, eis o que você deve fazer."

Ele me disse como dirigir a igreja, como ministrar, como liderar a equipe, como seguir em frente. Ouvi o seu conselho e fui muito aberto às suas sugestões, mas nada do que ele disse combinava com o que eu sentia dentro de mim.

Orei. Sondei o meu próprio coração a respeito do que ele havia dito, mas nada testificava. Arrisquei-me a perder a boa vontade daquele senhor seguindo o meu próprio coração. A decisão foi difícil, mas busquei a aprovação de Deus, e não a daquele homem.

Dei o passo de fé e segui o meu coração, e Deus abençoou a minha decisão. A igreja floresceu. No entanto, perdi o apoio daquele senhor. Ele não ficou feliz por eu não ter seguido o conselho dele.

Aqueles que ficam irritados quando você não faz as coisas do jeito deles não estão *realmente* a seu favor. Eles não têm em mente o que é melhor para você. Se estivessem a seu favor, eles seriam maduros o bastante para dizer: "Ainda que você não faça do meu jeito, ainda que você não aceite as minhas sugestões, eu o apoiarei. Darei o meu apoio a você porque sou seu amigo e quero que você tenha êxito."

É assim que um verdadeiro amigo age.

Quando não segui o conselho daquele homem, ele deixou de estar ao meu lado. Ele não tomou nenhuma atitude clara e enfática, mas havia sinais sutis da sua falta de apoio. Eu entrava em uma sala e podia sentir sua reprovação.

Graças a Deus por eu não ter precisado da aprovação dele. Ele não era Deus. Não estava sentado no trono. Ele não escreveu o plano da minha vida.

Em vez disso, confiei em Deus e disse: "Ele pode não estar a meu favor, mas sei que Tu estás. Deus, eu posso não ter a aprovação dele, mas sei que tenho a Tua aprovação. Isso é tudo que realmente importa."

Segui em frente fazendo o que Deus colocou em meu coração para fazer. Deus não apenas levou a nossa igreja a atravessar aquela transição, como Ele nos levou a sermos maiores, melhores e mais excelentes do que jamais havíamos sido. Deus sabe o que está fazendo.

Esteja Seguro de Quem Deus o Criou para Ser

Antes de você nascer, Deus o carimbou com a aprovação dele. Você não precisa comprar a amizade de mais ninguém. Se começar uma amizade comprando-a, você terá de continuar pagando para mantê-la. Quando se cansar de fazer o que seu novo amigo quer que você faça, a amizade terminará. Ele o deixará. Você estará em uma situação melhor se confiar em Deus para lhe dar conexões divinas.

Deus sempre lhe dará direção para a sua vida. As pessoas podem ter sugestões a fazer. Elas podem ter ideias, mas Deus fala diretamente com você. O Espírito Santo vive dentro de você; Ele o guia e dirige.

Seja aberto e ouça seus pais, mentores e amigos, mas siga o seu próprio coração. Dentro de você há uma voz mansa e suave, uma certeza — isso é Deus falando com você.

Tome cuidado, porém, com aqueles que têm uma palavra do Senhor para compartilhar com você. Cresci em uma igreja, por isso ouvi muitas palavras do Senhor, algumas delas excelentes, outras estavam muito longe da verdade. Mas todas as vezes que alguém lhe der uma "palavra do Senhor", ela deve simplesmente confirmar o que você já sabe em seu interior.

Quando aquele homem mais velho me disse como dirigir a igreja, as palavras dele não estavam de acordo com nada que eu estava sentindo. Elas eram completamente estranhas. Aprendi que Deus não vai dizer aos outros aquilo que deseja para a minha vida sem que Ele mesmo me diga primeiro. Deus e eu nos entendemos; nós conversamos todos os dias.

Se eu quisesse ser alguém que agrada às pessoas e dirigisse a igreja como aquele homem queria, ministrando como ele me disse, não estaria onde estou hoje. Eu teria a aprovação dele, mas que bem isso me faria?

Prefiro ter a aprovação do Criador do universo. Prefiro ter o Deus que trouxe toda humanidade à existência pela Sua Palavra sorrindo do alto para mim.

Para Agradar a Deus, Talvez Você Precise Desagradar às Pessoas

Este era um conceito difícil para mim, pois eu queria agradar a todos. Queria que gostassem de mim. Quando você seguir o que está no seu coração, alguns poderão ficar insatisfeitos com você. Talvez eles não entendam. Talvez você caia no conceito deles e até mesmo perca alguns amigos.

Quando minha mãe tinha vinte e seis anos, meu pai decidiu abandonar a igreja que estava pastoreando havia muitos anos. A antiga congregação não estava realmente apoiando a sua nova doutrina de fé, cura e milagres. Minha mãe tinha amigos de longa data naquela igreja. Em vez de comemorar o novo começo de minha mãe, esses amigos não quiseram mais manter contato com ela.

Amigos de toda uma vida se afastaram apenas porque meu pai decidiu iniciar um novo ministério. Amo o que Jesus disse em Lucas 18:29-30: "Ninguém que tenha deixado casa, mulher, irmãos, pai ou filhos por causa do Reino de Deus deixará de receber, na presente era, muitas vezes mais, e, na era futura, a vida eterna." Observe que a Bíblia não diz que quando você chegar no céu Deus o abençoará. Ela diz "na presente era" — aqui na terra — se você desistir de qualquer coisa por amor a Deus, Ele o recompensará mais do que você possa imaginar.

> *Se você desistir de qualquer coisa por amor a Deus, Ele o recompensará mais do que você possa imaginar.*

Minha mãe perdeu todos os seus amigos; eles não quiseram lhe dar a sua aprovação. Mas posso lhe dizer que Deus é um Deus fiel: mamãe encontrou muitos outros amigos, ainda mais do que ela poderia imaginar.

Meus pais poderiam ter preferido não correr riscos, ficando naquela igreja e mantendo a aprovação daqueles amigos. Eles poderiam ter ficado a bordo daquele barco, mas Deus pediu que eles embarcassem em outro.

Em um dado momento Deus lhe pedirá para sair do barco. Não seria tão difícil se todos os seus amigos e membros da família também o incentivassem a fazer isso. Na maioria das vezes, porém, seus amigos o aconselharão a ficar onde está.

Algumas pessoas deram um ultimato a meus pais: "Fiquem aqui e nós os apoiaremos. Mas se partirem vocês estarão por conta própria."

Foi então que meus pais seguiram as palavras do apóstolo Paulo: "Não estou tentando obter a aprovação das pessoas, mas de Deus" (Gálatas 1:10, ABV).

Deus Não Vai Abandonar Você

Não se deixe deter pelo medo de que as pessoas o abandonem. Se elas o deixarem, é porque você não precisa delas. Deus disse que Ele nunca nos deixaria ou abandonaria. Portanto, se elas forem embora quando você realmente precisar delas, é sinal de que não vieram de Deus. Sabemos que Deus não pode mentir. Portanto, você pode tirar a seguinte conclusão: *se eles me deixaram, não faziam parte do meu destino. Se não querem ser meus amigos, não preciso deles. Se não me derem sua aprovação, isso não é problema. Tenho a aprovação de Deus.*

Às vezes uma pessoa bem intencionada pode tentar detê-lo. Jesus disse a Pedro que iria para Jerusalém e "sofreria muitas coisas" (Mateus 16:21). Pedro disse: "Nunca, Senhor! Isso nunca Te acontecerá!" (v. 22).

Pedro amava Jesus. Estava preocupado com Ele, mas não entendia o destino de Jesus. As outras pessoas podem não entender o que Deus colocou no seu coração. Você não precisa riscar o nome delas do seu caderno, mas precisa ser forte e seguir o seu destino, com ou sem a aprovação delas.

Foi isso que Jesus fez. Ele olhou para Pedro e disse: "Para trás de mim, Satanás! Você é uma pedra de tropeço para mim, e não pensa nas coisas de Deus, mas nas dos homens" (v. 23). Ele foi forte. Ele foi firme. Mas não foi desrespeitoso.

Jesus não disse: "Nunca mais vou falar com você novamente porque você não concorda comigo." Ele simplesmente falou a verdade em amor e seguiu em frente para cumprir o Seu destino sem a aprovação de Pedro.

Do mesmo modo, você não se tornará tudo que Deus o criou para ser se precisar ter a aprovação de todos que o cercam. Eu adoraria lhe dizer que toda a sua família e todos os seus amigos estarão lá para incentivá-lo, encorajá-lo e apoiá-lo. Na maior parte do tempo, porém, alguém ficará com inveja. Alguém não irá entender. Alguns tentarão diminuí-lo ou desacreditá-lo.

Você não pode agradar a todos, portanto deixe que aqueles que o reprovam saibam que você os ama e que a única aprovação de que necessita é a de Deus. Diga-lhes: "Tenho a aprovação do Deus Todo-Poderoso, e Ele prometeu que se eu abrir mão de qualquer coisa por amor a Ele, Ele me recompensará grandemente."

Essa é uma atitude poderosa. Quando você estiver seguro o bastante de quem é, estará confiante no destino à sua frente. Continue sendo o melhor possível. Faça isso, e nada o impedirá.

O Criador do universo derrubará todas as barreiras e o levará aonde você deve estar. Mantenha uma boa atitude. Livre-se das vozes negativas. Não preste atenção aos opositores que tentam desacreditá-lo e fazer com que você fique mal aos olhos dos outros. Se você permanecer na fé, quanto mais eles falarem negativamente de você, mais alto Deus o levará.

Coloque o Foco em Ganhar o Favor de Deus

A Bíblia diz que a promoção não vem das pessoas, mas de Deus. Talvez você não tenha a aprovação de alguém "importante", mas foque em ganhar o favor de Deus em vez disso.

Como você pode fazer isso? Sendo uma pessoa que zela pela excelência, tendo uma atitude de fé, abençoando seus inimigos, sendo bondoso com as pessoas. Agindo assim, você alcança o favor do Criador. Ele lutará as suas batalhas. Deus lhe trará aquelas conexões divinas: pessoas que o apoiem e incentivem.

Amo pessoas leais. Amo pessoas fiéis. Tenho amigos, família e uma equipe em minha vida neste instante que sei que me darão a aprovação deles até o dia em que eu morrer.

Deus colocou pessoas em minha vida que me apoiam e me dão liberdade para me tornar quem Ele me criou para ser. Ele colocou o mesmo tipo de pessoas em sua vida — as pessoas certas. Portanto, não perca seu tempo tentando ganhar a aprovação daqueles que querem manipulá-lo colocando-o em uma caixa projetada por eles. Seu destino é grande demais para isso. Você não precisa da aprovação deles. Você tem a aprovação do Deus Todo-Poderoso!

Capítulo 13

Livre das Competições

Eu estava fazendo uma corrida certo dia e percebi uma pessoa correndo à minha frente, cerca de quatrocentos metros adiante. Percebi que ele estava correndo um pouco mais devagar que eu, e pensei: *Vou tentar ultrapassá-lo*.

Eu tinha cerca de mil e seiscentos metros à frente antes de chegar a uma curva. Então comecei a correr cada vez mais depressa. A cada quadra, eu me aproximava mais um pouquinho dele. Depois de alguns minutos eu estava a apenas noventa metros, então realmente apertei o passo e me esforcei mais. Quem me visse correndo daquela maneira poderia pensar que eu estava correndo o último trecho de uma competição olímpica. Eu estava decidido a alcançá-lo.

Finalmente, consegui. Alcancei-o e ultrapassei-o. Senti-me muito bem comigo mesmo. *Eu o venci!* É claro que ele nem sequer sabia que estávamos competindo. Depois que o ultrapassei, percebi que estava tão focado em competir com ele que havia perdido a rua onde deveria entrar.

Já estava seis quadras depois de onde deveria ter entrado. Precisei dar a volta e retornar todo aquele caminho.

Não é isso que acontece em nossa vida quando focamos em competir com nossos colegas de trabalho ou com os vizinhos, tentando superá-los ou tentando provar que temos mais sucesso ou somos mais importantes? Desperdiçamos nosso tempo e energia correndo atrás deles e perdemos nosso próprio caminho para o destino que Deus nos deu.

Muitos de nós veríamos nossas vidas alcançarem patamares mais altos se deixássemos de competir com todos os que nos cercam e nos concentrássemos em nossas próprias carreiras para sermos o melhor que Deus nos criou para ser. É preciso muita energia, física e emocional, para competir constantemente com nossos vizinhos, nossos colegas de trabalho ou com os membros da nossa família.

Quando você abre mão dessa necessidade de competir, isso é muito libertador. Diga a si mesmo: *Não preciso impressionar ninguém hoje. Não tenho nada a provar. Estou seguro de quem sou. Não tenho de me igualar a ninguém. Não estou nessa corrida.*

O problema com a competição não saudável é que ela é um ciclo interminável. Sempre haverá alguém à sua frente; alguém com um emprego melhor, com um círculo maior de amigos, com um carro melhor ou com mais dinheiro no banco. É muito libertador quando você percebe que não está competindo com seus vizinhos, amigos ou colegas de trabalho. A única pessoa com quem está competindo é com você mesmo.

Seja o Melhor Possível

Saiba que o seu "Melhor Possível" talvez não lhe dê tanto sucesso quanto o seu vizinho tem, mas tudo bem. A "melhor parte" de você talvez não seja tão magra quanto sua irmã, mas tudo bem. Talvez não seja tão talentosa, tão dinâmica ou tão extrovertida quando seu colega de trabalho, mas tudo bem.

Sinta-se confortável com a pessoa que Deus o criou para ser. Você não deve se distrair e perder o foco se comparando com os outros. Corra sua própria corrida.

Entendo que eu talvez não seja o melhor pastor do mundo. Estou tranquilo quanto a isso. Entretanto, estou dedicado a ser o melhor pastor que consigo ser. Talvez eu não seja tão bom pai quanto outros homens são, mas tudo bem. Não estou competindo com ninguém. Estou tentando ser o melhor pai que posso ser. Talvez eu não seja o marido ideal, — Victoria, não diga "amém" — mas estou me esforçando para ser o melhor marido possível.

Tenho um amigo que me deixa envergonhado pela sua maneira de ser tão romântico com sua esposa. Ele planeja grandes escapadas com ela nos finais de semana. Escreve lindas poesias para ela e passa horas dizendo o quanto ela é linda.

Tenho vontade de dizer a ele: "Quer parar de fazer isso? Você está me fazendo sentir mal." Mas aprendi que não sou Romeu. Sou Joel-*eu.*

Deus nos criou diferentes deliberadamente. Você pode se inspirar em outra pessoa. Pode ser desafiado a subir mais alto, mas não se condene se alguém se sair melhor em uma coisa ou outra.

Algumas pessoas são mais fortes em certas áreas, mas todos nós temos nossos pontos fortes. Meu amigo romântico escreve lindos poemas para sua esposa, mas eu escrevi alguns livros bastante bons!

Deus Não Nos Criou para nos Compararmos e Competirmos

Algumas pessoas são inseguras por prestarem atenção em excesso ao que os outros estão fazendo, para onde estão indo ou o que estão vestindo. Em vez disso, elas deveriam ficar focadas nos seus próprios objetivos. Você não foi ungido para competir com ninguém. Deus lhe deu a graça de ser quem Ele o chamou para ser.

Quando você tem sentimentos de competição que não são saudáveis, a vida é uma luta constante. Você nunca será bom o bastante porque assim que alcançar uma pessoa, encontrará outra à sua frente. Essa não é a maneira de encontrar a felicidade na sua vida diária, não é verdade?

As mulheres podem ter amigas que vestem um tamanho de vestido muito menor, mas a atitude delas deveria ser: *Não vou me sentir inferior por não poder me medir por esse padrão. Vou usar o meu tamanho 46 como se ninguém antes tivesse usado um 46. Vou me arrumar. Vou colocar acessórios e passear por aí como a pessoa mais fantástica do mundo!*

Conheci mulheres que normalmente não ficariam em evidência por causa da sua aparência, mas elas se tornam atraentes, pois se colocam com confiança e parecem muito seguras de quem Deus as criou para ser. Você encontra uma mulher assim e não pode deixar de pensar: *Ela está arrasando!*

> *Pessoas confiantes, felizes e seguras ficam em evidência, pois o que está dentro delas transparece no seu exterior.*

Pessoas confiantes, felizes e seguras ficam em evidência, pois o que está dentro delas transparece no seu exterior. Elas se sentem tão confortáveis em sua própria pele que não se deixam intimidar facilmente. São pessoas que não se sentem inferiores caso não usem a roupa da moda ou não tenham um físico perfeito. Elas entendem que não estão em uma competição, pois estão focadas em ser o melhor que podem ser.

Pegue o que Deus lhe deu — seu peso, sua altura, sua personalidade — e extraia o máximo disso. Arrume-se e use essas qualidades com orgulho. Vejo muitas pessoas que estão constantemente frustradas e oprimidas por causa da sua aparência, da sua altura ou do seu peso. Elas estão sempre lutando para consertar o que não gostam em si mesmas em vez de se aceitarem.

Não me entenda mal, sou totalmente a favor das pessoas melhorarem sua saúde permanecendo em forma, fazendo exercícios e comendo de maneira saudável. Não estou dizendo que devemos ser desleixados. Mas precisamos entender que a genética tem a sua função.

Nossos pais, avós e Deus determinam os nossos genes. Esses genes, em sua maior parte, determinam nosso tamanho ideal, nosso peso ideal e nossa altura ideal, assim como quanto cabelo teremos e se teremos um físico forte, atlético, musculoso ou um físico como o do meu irmão, Paul!

A maioria das nossas características é predeterminada pela nossa constituição genética. Podemos ajustar esse peso ideal em 15 ou 20% mas, ainda assim, se os seus genes são estabelecidos para um peso de setenta quilos, não importa o que você faça, você não conseguirá manter o seu peso em quarenta e cinco quilos por muito tempo. Esse não é quem Deus criou você para ser.

Se você acha que precisa competir com alguém que consegue ter vinte quilos a menos que você *naturalmente*, está se predispondo a se frustrar e a ter sentimentos de inferioridade. Você está competindo com alguém que nem sequer está correndo com você.

Continue na Sua Corrida

Sua corrida para ser o melhor é só sua, e o objetivo não é vencê-la. Deus não vai medir você em comparação com os outros. Ele não vai julgá-lo de acordo com o que um colega de trabalho realiza, com o tipo de carro que o seu vizinho dirige ou para ver se você é tão magro quanto o seu melhor amigo.

Deus o julgará pelo que você fez com os dons que Ele lhe deu. Ele estará interessado no quanto você é confiante e seguro. Ou será que você se sentiu inseguro e se deixou abater enquanto se comparava com as outras pessoas?

Eu estava assistindo à corrida das Quinhentas Milhas de Indianápolis pela televisão e admirando os carros de corrida velozes. Eles são bem baixos, próximos ao chão e extremamente aerodinâmicos. Estão equipados com motores enormes que os movimentam a trezentos e vinte quilômetros por hora em linha reta. Podem fazer curvas a cento e sessenta quilômetros por hora. São velozes, rápidos e precisos.

Mas apesar de todos esses pontos fortes, os carros da Fórmula Indy também têm pontos fracos. Eles só têm espaço para um motorista e não são muito confortáveis. O interior é todo de metal e equipamentos. Não têm ar condicionado, rádio estéreo e nenhum luxo. Por que é assim? Os carros da Fórmula Indy foram projetados com um propósito específico, para serem os melhores em sua corrida específica.

Victoria e eu temos um carro modelo SUV que pode levar oito pessoas confortavelmente. A área do bagageiro é tão grande que podemos colocar todas as nossas bicicletas e bagagem lá atrás. Ele tem ar-condicionado e um bom aparelho estéreo, e assentos tão altos que você se sente o rei da estrada.

Mas se você levasse o nosso SUV para a pista de Indianápolis, os carros de corrida fariam círculos ao nosso redor. Ele seria ultrapassado muitas e muitas vezes. Se você tentasse fazer uma curva a cento e sessenta quilômetros por hora, ouviria os anjos dizendo: "Bem-vindo ao céu." Ele não conseguiria dar conta de uma pista de alta velocidade. Esse veículo grande e confortável estaria competindo em uma corrida para a qual ele não foi projetado para correr.

Por outro lado, se Victoria e eu trocássemos a nossa SUV por um carro de corrida e tentássemos usá-lo todos os dias, poderíamos chamar muita atenção — esses carros fazem muito barulho. Além disso, não sei onde colocaríamos as crianças ou as compras. Se batêssemos em um buraco com uma dessas coisas, pensaríamos que estávamos em um terremoto. Dentro de alguns dias, estaríamos pedindo nosso carro de volta.

Cada tipo de carro é projetado para uma finalidade específica. Um carro de família não vai ganhar nenhuma corrida nas Quinhentas Milhas de Indianápolis, e os carros de corrida não são a escolha da mãe de nenhum jogador de futebol para um veículo de uso diário. Ainda assim, ambos os carros têm pontos fortes incríveis. A chave é se certificar de dirigir cada um deles na corrida certa.

Hoje, talvez você seja a versão humana daquele carro de corrida, com a sua velocidade, agilidade e aparência. Se esse é o seu caso, vá em frente. Seja o melhor que puder ser. Corra a sua corrida.

Mas se você não é uma pessoa do tipo "modelo de corrida", não se sinta mal por isso. Não há nada de errado em dizer: "Esses não são os meus pontos fortes. Nunca serei rápido assim. Nunca serei tão ágil. Não tenho uma aparência tão esportiva, mas estou bem com isso." Afinal, aquela SUV talvez não chame tanta atenção, mas existem muitos mais delas na estrada do que carros de corrida.

Saiba o Que Você É e o Que Você Não É

No Novo Testamento, João estava batizando centenas de pessoas e ficando famoso quando alguém lhe perguntou: "Quem é você?" (João 1:19). João sabia o que estavam realmente perguntando, por isso respondeu calmamente: "Eu não sou o Cristo" (v. 20).

João sabia quem era, e também sabia quem ele não era. É tão importante saber quem você não é porque se você não entender suas limitações, pode ser afastado do que Deus o ungiu para ser. Se isso acontecer, você estará em uma luta constante.

Às vezes o orgulho e a competição podem dificultar que você admita o que não é. É preciso ser uma pessoa segura para dizer: "Não tenho o dom para aquela área, mas tenho os meus próprios talentos."

Quando ouço o nosso pastor dos cultos em espanhol, Marcos Witt, pregar e depois começar a cantar no fim do seu sermão, fico maravilhado com ele. É claro que ele é uma pessoa musical. Ele ganhou diversos Grammys e parece cantar sem esforço algum. Ouvi-o outro dia e o seu canto me deu arrepios que subiam e desciam pelos meus braços.

Meu primeiro pensamento foi: *Deus, isto não é justo. Como ele pode ter dois dons incríveis? Ele pode ministrar e cantar.*

Então percebi que eu também tenho dois dons incríveis. Posso ministrar e sou bom em escolher pastores que falam espanhol e possuem muitos talentos!

Como você pode ver, há sempre uma maneira de nos sentirmos bem com nós mesmos sem nos compararmos ou competirmos. Você pode sentir-se bem consigo mesmo no lugar em que está neste momento, pois tem unção para ser quem é. A boa notícia é que ninguém pode ser *você* melhor do que você mesmo.

Seja o Melhor Você!

Li sobre um menino de sete anos chamado Joey que nunca estava contente consigo mesmo. Ele estava sempre muito impressionado com Billy. Ele andava como Billy e falava como Billy.

Bem, Billy também não gostava de quem ele era. Ele admirava Corey. Então Billy andava como Corey e falava como Corey. Então, Joey estava imitando Billy, que estava imitando Corey.

Acontece que Corey tinha um complexo de inferioridade também. Ele estava muito mais impressionado com Frankie. Então ele andava como Frankie e falava como Frankie.

Assim, Joey imitava Billy, que imitava Corey, que imitava Frankie.

Você não pode imaginar o que aconteceu em seguida. Frankie também não estava contente consigo mesmo. Ele admirava Joey. Então ele andava como Joey e falava como Joey.

Tudo bem, deixe-me ver se entendi: Joey estava imitando Billy, que estava imitando Corey, que estava imitando Frankie, que por sua vez estava imitando Joey! Então, Joey estava imitando a si mesmo!

Corra a sua própria corrida. Você tem algo grande a oferecer.

Essa história mostra a verdade de que as pessoas com quem você quer se parecer, muitas vezes, querem ser como você. Elas podem admirá-lo assim como você as admira. Não há nada de errado em admirar as pessoas; é bom demonstrar respeito e admiração. Mas não desista da sua identidade para ter a delas. Corra a sua própria corrida. Você tem algo grande a oferecer.

Você Tem uma Unção Exclusiva

Na primeira vez que Victoria e eu fomos à casa de Billy Graham para fazer uma visita a ele e a sua esposa Ruth, ficamos muito honrados. Quando entramos na sala e vimos Billy Graham sentado em uma cadeira, foi como ver Moisés. Ele é um dos heróis da nossa fé. Sempre tive o máximo respeito e admiração por ele. Admirei-o e sempre tive certo assombro por ele. Foi uma honra conhecer esse gigante da nossa fé.

Quando apertei sua mão, ele disse: "Amo vê-lo na televisão e admiro muito a maneira como você pode levar essa mensagem de esperança por todo o mundo."

Isso é impressionante, pensei. *Eu o admirei a vida inteira, e de algum modo ele encontrou algo em mim para apreciar.*

Billy tem uma personalidade maravilhosa, mas todos nós precisamos acreditar que somos especiais. Você tem uma unção própria e exclusiva. Você tem talentos. Você tem virtudes.

Você pode ter a tendência de olhar sempre para os outros e admirar o quanto são grandiosos, mas deixe-me dizer-lhe que há algo grande em você também. Alguém o considera impressionante. Alguém é inspirado através da sua vida. Alguns até gostariam de ser como você. Você é alguém a ser celebrado, portanto estufe o peito e levante a cabeça. Você não precisa competir com ninguém. Apenas seja o melhor que puder ser.

Aceite o Dom que Deus lhe Deu

Essa foi uma das coisas que tiraram o rei Saul do seu caminho. Ele estava indo bem. Samuel o havia ungido para ser rei. O futuro parecia muito brilhante, mas ele não entendeu esse princípio.

Um dia, ele e Davi estavam na batalha. Eles derrotaram os filisteus. Tudo estava ótimo até que algumas das mulheres disseram: "Saul matou os seus milhares, mas Davi os seus dez milhares" (1 Samuel 18:7).

A Bíblia diz em 1 Samuel 18:9-10 que Saul ficou muito irado e com inveja; ele nunca mais olhou para Davi da mesma maneira. Saul era tão inseguro que o sucesso de Davi fez com que ele se sentisse inferior. (Saul não estava confortável em ser um carro de família. Ele tinha de ser aquele carro de corrida.)

Você poderia pensar que o rei Saul ficaria empolgado por ter alguém tão habilidoso quanto Davi em sua equipe. Mas é preciso ser uma pessoa segura para dizer: "Embora eu esteja na sua frente, vou deixar você brilhar. Vou deixar você subir mais alto."

Um dos testes da vida requer que aprendamos a celebrar o sucesso dos outros. Você pode ser tentado a ficar com inveja ou a ser crítico quando alguém subir mais alto, ultrapassando você, quer seja no escritório, em um time ou em uma empresa. A Bíblia diz: "Tendo, portanto, diferentes dons, de acordo com a graça que nos foi dada, vamos usá-los" (Romanos 12:6).

O verdadeiro teste para ver se Deus continua a promover você é a forma como lida com o sucesso dos outros. Você consegue celebrar o que Deus está fazendo na vida deles e não ficar com inveja e ser crítico, ou sente que está competindo com eles?

Saul perdeu o reino, em parte, porque ele não conseguia suportar o fato de alguém ser mais elogiado do que ele. O espírito de competição, de orgulho ou de inveja fará com que façamos coisas que nunca sonhamos que faríamos.

Antes dessa inveja, Saul amava Davi. Ele o tratava como um filho, a ponto de levá-lo para o palácio. Davi jantava com Saul e sua família todas as noites. Saul nunca sonhou que um dia lançaria uma lança contra Davi e tentaria matá-lo. Nunca imaginou que um dia ele o caçaria pelo deserto.

Qual era o problema dele? Saul não conseguia lidar com o fato de ser o número 2. Ele não podia suportar o fato de que a reputação de Davi como guerreiro tivesse crescido a ponto de ser maior do que a dele. Saul deveria ter feito como João Batista, e dito: "Ei, isto é o que sou, e isto é o que não sou, e estou bem assim."

Se Saul tivesse ficado satisfeito com o seu dom e corrido a sua própria corrida, ele poderia ter cumprido o destino que Deus havia lhe dado. Mas em vez disso, ele se distraiu. Desperdiçou seu tempo e energia competindo com alguém que nem sequer estava na corrida com ele. Deus já havia ordenado Davi para ir além.

Não se compare com ninguém. Celebre quem você é.

Você precisa ser maduro o bastante para reconhecer seus limites e ser o melhor que puder ser. Corra a sua corrida. Entenda, não há nada de errado em ser quem você é. Pare de pensar que precisa se comparar com outra pessoa para se sentir bem consigo mesmo.

Meu irmão completou doze anos de faculdade e se tornou um cirurgião experiente. Eu terminei somente o meu primeiro ano na faculdade e voltei para trabalhar na igreja do nosso pai. Paul e eu não estamos competindo um com o outro. Respeitamos um ao outro, pois sabemos quem somos e nos concentramos em ser o melhor de Deus.

Você está sozinho em uma classificação só sua. Quando Deus fez você, jogou o molde fora. Portanto, não se compare com ninguém. Celebre quem você é. Você tem tudo o que precisa para cumprir o destino que Deus lhe deu. Sinta-se confortável em sua própria pele.

Lembre-se de que você não precisa impressionar ninguém. Não precisa provar quem você é. Você é um filho do Deus Altíssimo, ungido, equipado, capacitado. Mantenha o peito estufado e a cabeça erguida. Seja seguro de quem Deus o criou para ser. Se ficar livre do espírito de competição e simplesmente correr sua corrida, você não apenas desfrutará mais a vida, como também verá seus dons e talentos se desenvolverem ao máximo. Porque quando você celebra os outros, Deus celebra você.

CAPÍTULO 14

Conecte-se às Pessoas Certas

O seu destino é grande demais para você cumpri-lo sozinho. Deus já preparou pessoas para apoiarem e injetarem fé em você. Ele os colocou em seu caminho para inspirar, desafiar e para ajudar você a crescer e realizar seus sonhos. Mas há certas pessoas que nunca alcançam o máximo do seu potencial por nunca se afastarem das pessoas erradas.

Nem todos podem ir onde Deus está levando você. Conecte-se com aqueles que entendem o seu destino, amigos que valorizem sua singularidade, encorajadores que podem fazer germinar suas sementes de grandeza. Você não precisa daqueles que o puxam para baixo, mencionando sempre aquilo que você não pode ser, sem nunca lhe darem a aprovação deles quando você se sai bem.

Deus Substituirá o Negativo Pelo Positivo

Se você remover as pessoas negativas de sua vida, Deus trará pessoas positivas para dentro dela. Seu círculo íntimo de amigos está detendo você? Os que são mais próximos estão com você, mas não estão a seu favor? Se você descobriu que é preciso um esforço constante para ganhar a aprovação e o incentivo dessas pessoas, provavelmente elas não entendem o seu destino.

A Bíblia diz: "Não... atirem suas pérolas aos porcos" (Mateus 7:6). Você poderia dizer que a sua pérola é o seu dom, a sua personalidade, é quem você é. Quando está com amigos de verdade, pessoas que realmente acreditam em você, eles não ficarão com inveja dos seus dons.

Não irão questionar constantemente quem você é. Eles não vão tentar convencê-lo a desistir dos seus sonhos. Será exatamente o contrário. Eles irão conectá-lo com pessoas que eles conhecem e ajudarão a impulsioná-lo mais adiante.

Não perca tempo com pessoas que não valorizam seus dons nem reconhecem o que você tem a oferecer. Agindo assim você lança suas pérolas aos porcos. Os que estão mais próximos de você deveriam celebrar quem você é e ficar felizes quando obtém êxito. Eles deveriam acreditar no melhor que há em você.

Se essa atitude de incentivo não descreve as pessoas que fazem parte do seu círculo mais íntimo, exclua-as. Você pode ser gentil. Vocês ainda podem ser amigos à distância, mas o seu tempo é valioso demais para ser gasto com aqueles que não estão totalmente a seu favor. Não é a quantidade de amigos que é importante; é a qualidade deles. Eu preferiria ter dois bons amigos e ter a certeza de estarem completamente a meu favor a ter cinquenta amigos que só estão parcialmente a meu favor.

A Bíblia conta a história (ver Marcos 5:22-24, 35-43) de um homem chamado Jairo que implorou para que Jesus fosse à sua casa, onde sua filha estava morrendo, para curá-la. Jesus e o homem estavam a caminho quando a notícia chegou por um mensageiro: "Não precisa mais ir. Ela já morreu."

Mas Jesus respondeu: "Não se preocupe com isso. Ela ficará bem. Vamos lá assim mesmo."

Jesus não quis deixar ninguém ir com Ele exceto Pedro, Tiago e João. Eles faziam parte do Seu círculo íntimo. Ora, os outros que andavam com Ele também eram boas pessoas. Eles amavam o Senhor. Mas Jesus disse: "Quero que somente estes três me acompanhem."

Por quê? Jesus sabia que quando entrasse no quarto onde a menina estava morta, precisava estar cercado de verdadeiros crentes que não questionassem quem Ele era ou o que pretendia fazer. Jesus não precisava de pessoas que duvidassem ou de céticos perguntando: "O Senhor tem certeza de que é o Filho de Deus? O Senhor já fez isso antes? E se não der certo? O Senhor tem um plano B?"

Quando você está no meio da batalha e precisa do favor de Deus, não pode se dar ao luxo de ter pessimistas e pessoas que duvidam no seu círculo íntimo. Jesus não precisava ouvir comentários do tipo: "O Senhor realmente acha que ela vai ficar bem? Minha avó morreu desta mesma doença."

Todos nós precisamos de pessoas unidas conosco em espírito, dizendo: "Se você é ousado o bastante para crer, conte comigo. Sou ousado o bastante para concordar com você."

Você precisa de apoiadores que entrem em concordância com você e liberem a sua fé, e não de pessoas que duvidam e lhe digam o que você não pode fazer.

> *Quando você está no meio da batalha e precisa do favor de Deus, não pode se dar ao luxo de ter pessimistas e pessoas que duvidam no seu círculo íntimo.*

Quando Jesus entrou no quarto da criança, todos os que estavam reunidos ficaram perturbados e chorando. "Não se angustiem. Ela não está morta", Jesus disse. "Ela está apenas dormindo."

Alguns dos que choravam se dirigiram a Jesus com raiva, ridicularizando-o.

A reação do Mestre é uma das chaves para vivermos uma vida de vitória. Marcos 5:40 diz: "Mas todos começaram a rir de Jesus. Ele, porém, ordenou que eles saíssem."

Jesus mostrou a porta da rua para eles. A atitude dele foi: "Não preciso da sua dúvida."

Se você está cercado de pessoas que o ridicularizam e duvidam de você, mostre-lhes a porta da rua assim como Jesus fez.

Ele não permitiu que ninguém ficasse no quarto, exceto os pais da menina e o Seu círculo íntimo de amigos. Em seguida, Jesus falou com a criança e ela voltou à vida. Ele poderia tê-la curado diante da multidão que ria e debochava. Ele é o Filho de Deus e poderia fazer qualquer coisa.

Mas creio que Jesus queria enfatizar um ponto: o de que nosso círculo íntimo é extremamente importante. Se Jesus dedicou tempo para eliminar as ervas daninhas — os que duvidavam — com certeza você e eu devemos estar igualmente preocupados com o nosso próprio círculo íntimo de amigos.

Avalie Sua Equipe

Quem está tendo voz ativa em sua vida? A quem você está dando o seu tempo e energia? Com quem você está se encontrando para almoçar todos os dias? Para quem está enviando mensagens de texto?

As pessoas do seu círculo íntimo estão edificando ou derrubando você? Elas estão inspirando-o a ir além ou estão lhe dizendo o que você não pode fazer? Elas estão sendo um modelo de excelência, integridade, generosidade e santidade? Ou são pessoas preguiçosas que fazem concessões e não estão chegando a lugar algum? Não perca o seu tempo com ninguém que o arrasta para baixo em vez de torná-lo melhor.

Certa vez trabalhei com um homem que deixava o escritório inteiro esgotado. Ele condenava cada ideia nova que surgia. Era uma "esponja" que sugava todo o entusiasmo e alegria e nos deixava secos. Quando, depois de muitos anos, ele anunciou que estava partindo, demos uma festa de despedida, mas devo admitir que eu não estava comemorando pelo mesmo motivo que ele. A partida daquele homem tirou um fardo de toda a nossa equipe. Eu fiz o máximo para parecer triste, mas por dentro estava saltando de alegria. Quando ele partiu, foi como se a noite tivesse se transformado em dia. Não percebíamos o quanto uma pessoa negativa em nosso círculo íntimo podia afetar o restante da equipe.

Talvez você não esteja consciente do efeito que uma pessoa negativa está tendo sobre você, drenando suas forças. O quanto você poderia realizar, crescer e desfrutar mais se simplesmente se afastasse daqueles que estão com você, mas não estão a seu favor? Certifique-se de que aqueles que fazem parte do seu círculo íntimo acreditam em você. Eles deveriam celebrar os seus dons e impulsioná-lo para a frente, e não detê-lo.

Não consigo pensar em nada pior do que chegar ao fim da vida e perceber que alguém em quem você confiava o impediu de tornar-se a pessoa que Deus o criou para ser. Você pode ter medo de perder um amigo e ficar sozinho, mas saiba que quando abre mão de algo para Deus, Ele sempre o compensará lhe dando outra coisa melhor em troca.

Se você fizer essa mudança, Deus não apenas lhe dará novos amigos, mas lhe dará amigos melhores. Amigos a respeito de quem você não precisará se perguntar: *eles estão a meu favor ou contra mim?* Amigos que não tentem manipulá-lo para ser o que eles querem que você seja, mas que celebrem você e o ajudem a se tornar aquilo que Deus o criou para ser.

Cuidado com os Negativos e Carentes

Como pastor, espero que as pessoas necessitadas me procurem. Eu as recebo e tento ajudá-las da maneira que posso. Entretanto, apesar de toda a ajuda recebida, há algumas pessoas que simplesmente continuam voltando em busca de mais. Essas pessoas negativas e carentes estão constantemente despejando seus problemas na sua porta e esperam que você limpe a sujeira. Elas só conhecem uma música, e é muito triste. Depois de chorar com elas durante oito ou nove estrofes, você percebe que elas não querem ser ajudadas ou encorajadas. Elas só querem descarregar em você. Deleitam-se na atenção que você lhes dá e sugam a sua energia. Passe uma hora com elas e você se sentirá como se tivesse corrido uma maratona.

Pessoas carentes podem abusar da sua bondade. Às vezes você precisará tolerar as dificuldades e amá-las até restaurarem sua integridade, mas você não pode passar a vida inteira atolado até os joelhos com os problemas dessas pessoas. Você tem um destino dado por Deus para cumprir. Descobri que em alguns casos a melhor ajuda que você pode dar a pessoas negativas e carentes é não ajudá-las de modo algum. Se fizer isso, estará apenas reforçando a disfunção delas.

Ferro com Ferro se Afia

Provérbios 27:17 diz: "Assim como o ferro afia o ferro, o homem afia o seu companheiro." Seus amigos estão tornando-o mais forte? Eles o estão desafiando a se tornar um pai ou mãe melhor, um cônjuge melhor, um colega de trabalho melhor, um membro melhor da comunidade?

Você não pode voar com as águias enquanto estiver andando com as galinhas. Portanto, livre-se dos relacionamentos que o sugam, que o arrastam para baixo ou que o deixam se sentindo um bagaço.

Quando eu tinha vinte e poucos anos, ou seja, há apenas alguns meses atrás (Não ria!), costumava frequentar o salão de uma jovem muito gentil e de bom coração para cortar o meu cabelo. Infelizmente, cada golpe da tesoura vinha acompanhado de outro conto de terror. Ela descarregava tudo em mim enquanto cortava meu cabelo. Mês após mês, ano após ano, ela despejava nos meus ouvidos suas histórias sobre a maneira como era maltratada por seus patrões, seus parentes e suas amigas, e assim por diante.

Todas as vezes que eu saía do salão eu estava com menos cabelo, mas minha cabeça parecia mais pesada. Eu ficava deprimido. Ela era uma ótima contadora de histórias. Ouvi-la me fazia lembrar daquele sujeito que estava prestes a saltar de uma ponte e pôr fim à sua vida quando um bom samaritano correu para salvá-lo, dizendo: "Não salte! Não salte! Conte-me seus problemas, em vez disso!", e duas horas depois, ambos saltaram da ponte.

Assim era aquela jovem. Eu fazia o máximo para animá-la. Orava com ela, dava dinheiro a ela e mandava clientes para ela. Nunca era o suficiente. Um dia percebi o que estou lhe dizendo: eu não podia ir para onde Deus estava me levando com ela em minha vida. Orei por ela. Sinto falta do seu bom corte de cabelo, mas não podia cumprir o destino que Deus me deu com ela envenenando meus ouvidos mês após mês.

Então, mudei de cabeleireira.

Talvez você também precise mudar o lugar onde tem os seus negócios, onde joga bola, onde trabalha, onde faz compras. O seu tempo nesta terra é breve e valioso. Você tem um destino a cumprir e não pode fazê-lo acontecer se estiver carregando pessoas carentes e negativas nas costas. A solução está em Marcos 5:40. Mostre a porta para elas. Seja gentil. Seja educado. Mas afaste-se.

Dê um Salto em Direção ao Seu Destino

Você encontrará na Bíblia a história de Isabel, que estava lutando para ter um bebê. Naquele tempo, uma mulher era desprezada se não pudesse gerar um filho. Finalmente, bem depois do tempo esperado, Isabel concebeu. Ela estava muito animada por poder ter aquele bebê.

Durante as primeiras semanas Isabel estava simplesmente nas nuvens. Seu sonho ia se realizar. Então, à medida que a data do parto se aproximava, ela começou a se preocupar. Ela nunca havia tido um bebê antes. Ela esperava e orava para que tudo estivesse bem, mas três meses, quatro meses, cinco meses se passaram e ela não havia sentido nenhum movimento.

Quanto mais tempo se passava, mais preocupada ela ficava. Então, um dia, alguém bateu à sua porta; um convidado inesperado. Era sua prima mais nova, Maria, uma adolescente. Isabel abriu a porta. Maria deu-lhe um grande abraço, e disse: "Isabel! Parabéns! Ouvi a grande notícia de que você vai ter um bebê."

A Bíblia diz em Lucas 1:41: "Quando Isabel ouviu a saudação de Maria, o bebê agitou-se em seu ventre."

Naquele instante Isabel soube que a criança estava viva. Ela soube que a promessa se cumpriria!

Deus preparou pessoas para entrarem em sua vida a fim de fazer o seu bebê — o seu sonho ou a sua promessa — saltar. São pessoas positivas e cheias de fé, que ajudarão a trazer os seus sonhos à vida e fazer suas promessas acontecerem.

Maria, naturalmente, era uma conexão divina. Ela havia sido ordenada pelo Criador do universo para trazer esperança, fé e visão à vida de Isabel. Ela nem precisou dizer nada de mais profundo. Ela só disse "olá", e a promessa dentro de Isabel acordou para a vida.

Deus já preparou a sua Maria. Quando você conhecer as pessoas certas, elas poderão dizer simplesmente "Bom dia" e os seus sonhos saltarão. Essa é uma conexão sobrenatural.

Mas há um segredo: se você continuar atendendo à porta e os seus sonhos nunca saltarem, certamente você está abrindo-a para as pessoas erradas. Não abra a porta para um fofoqueiro, para um murmurador ou para quem só quer usá-lo. Abra a porta somente para aqueles que o inspiram, encorajam e desafiam a cumprir o destino que Deus lhe deu.

Maria estava grávida de Jesus, o Filho de Deus. Isabel estava grávida de João Batista. Quando a promessa em Maria entrou em contato com a promessa em Isabel, houve uma explosão de fé. Quando você encontrar e se misturar com as pessoas certas, quando se conectar aos grandes sonhadores e grandes realizadores, então a promessa dentro de você se conectará às promessas dentro deles. Você verá Deus aparecer e fazer algo sobrenatural em suas vidas.

> *Se você continuar atendendo à porta e os seus sonhos nunca saltarem, certamente você está abrindo-a para as pessoas erradas.*

Assim como Isabel, você está carregando uma promessa. Sabe que Deus falou com você, mas talvez tenha sido há muito tempo. Talvez você não tenha sentido nenhum movimento em seu interior, por isso está pensando: *Será que ouvi Deus direito? A promessa ainda está dentro de mim? Ainda vou dar à luz esta promessa?*

Creio que Deus me enviou hoje para ser uma das suas "Marias". Com relação àquele sonho ou esperança da qual você está prestes a desistir, Deus esta dizendo: "Isso acontecerá." A promessa está dentro de você. Está viva e vai bem. Talvez você não perceba nada acontecendo, talvez sinta que não ouviu Deus corretamente. Mas Deus ainda está no trono.

Agora mesmo Deus está movendo as circunstâncias a seu favor. O que Ele lhe prometeu, Ele fará acontecer. Se você receber essas palavras pela fé, sentirá algo em seu espírito; uma força, um impulso, uma pressão. O que é isso? É a sua promessa despertando.

Você é um filho do Altíssimo Deus. Possui sementes de grandeza dentro de você. Não há erro que você tenha cometido grande demais para a misericórdia de Deus. Não há obstáculo alto demais, nem doença grave demais, nem sonho grande demais. Você e Deus são maioria.

Quando ouvir palavras desse tipo, deixe que elas criem raízes e você sentirá a fé brotando. É o seu bebê, a sua promessa, começando a saltar. Não demorará muito e você estará convencido de que pode realizar tudo que deseja através do plano de Deus. Mas se quiser se tornar tudo o que Ele o criou para ser, você precisa encher o seu círculo íntimo com pessoas de visão, de fé e de encorajamento.

Não é tarde demais. Você não é velho demais nem cometeu erros demais. A promessa ainda está viva. Agora, cabe a você deixar de lado aqueles que o estão detendo e substituí-los por pessoas que o coloquem para cima. Deus já as enviou à sua porta! Deixe-as entrar, e então, como o ferro afia o ferro, você abrirá caminho em meio aos seus desafios, colocando-se acima de todos eles. Creio e declaro que, assim como Isabel, você dará à luz todas as promessas que Deus colocou em seu coração e se tornará tudo que Ele o criou para ser!

PARTE

IV

Viaje Sem Carregar Pesos

Capítulo 15

Perdoe Para ser Livre

Todos nós passamos por situações injustas. Podemos escolher nos agarrar à mágoa e deixar que ela destrua nossa felicidade diária e envenene nosso futuro, ou podemos escolher liberar a mágoa e confiar em Deus para nos compensar por ela. Você pode pensar que não consegue perdoar aqueles que o feriram, sejam eles amigos, um cônjuge ou colegas de trabalho. Mas não pense que você precisa perdoá-los para o bem deles. Perdoe para o seu próprio bem.

Quando perdoamos as pessoas, retiramos o poder que elas têm de nos ferir. Mas o erro que cometemos na maioria das vezes é nos agarrarmos à mágoa. Ficamos amargos e irados, mas tudo que estamos fazendo com isso é permitir que aqueles que nos magoaram controlem nossas vidas. O abusador, o intimidador ou o crítico não é ferido pela nossa raiva e amargura. Estamos apenas envenenando nossas próprias vidas com ela.

Conheço pessoas que ainda estão zangadas com outras que há muito tempo morreram e partiram. Elas ainda estão amarguradas com seus pais ou com um ex-chefe ou com um ex-cônjuge que já não vive mais. Já é suficientemente ruim o fato de alguém ter lhe magoado uma vez; não permita que ele continue ferindo-o ao permanecer irado. Ao perdoar alguém, você liberta um prisioneiro. Esse prisioneiro não é a pessoa que o feriu, é você.

Alguém pode ter mentido a seu respeito, traído ou maltratado você, mas o que ele fez não foi suficiente para impedi-lo de cumprir o seu destino. Você não pode deixar que um divórcio, uma traição ou uma experiência negativa na infância o impeça de viver o futuro maravilhoso que Deus tem reservado para você.

Os irmãos de José o traíram. Eles o venderam como escravo. Ele poderia ter ficado irado e permitido que aquele infortúnio e injustiça roubassem o seu destino, mas ele deixou isso para trás e seguiu em frente para reivindicar suas recompensas. Não se pode dizer quantas pessoas nos tempos de José foram impedidas de receber o melhor de Deus por terem decidido partir para a vingança.

Não permita que isso aconteça com você. Seu destino é grande demais para permitir que o que alguém lhe fez o impeça de seguir em frente. O perdão não tem a ver com ser gentil e bondoso; tem a ver com deixar o assunto para trás e assim poder reivindicar o futuro incrível que espera por você.

> *O perdão não tem a ver com ser gentil e bondoso; tem a ver com deixar o assunto para trás e assim poder reivindicar o futuro incrível que espera por você.*

Sei que há motivos bastante válidos para ficarmos irados. Talvez você tenha sido maltratado quando jovem. Não foi culpa sua. Você não tinha controle sobre a situação e o que lhe fizeram foi errado. Perdoar não significa desculpar nada ou ninguém. Não significa que você está diminuindo a gravidade da ofensa. Não estou dizendo que você precise ser amigo de quem o magoou; estou dizendo simplesmente para deixar de lado para o seu próprio bem. Pare de ficar preso a essa ofensa. Pare de revivê-la em sua lembrança. Pare de dedicar tempo e energia a ela.

Você tem um destino a cumprir. Tem uma vida alegre a reivindicar. Todas as vezes que você deixa que as mágoas do passado invadam os seus pensamentos, está apenas reabrindo uma velha ferida.

Deixe Suas Feridas Cicatrizarem

Quando nos agarramos a uma mágoa, nunca permitimos que ela seja curada. É como um machucado que não quer desaparecer. Se você já bateu com o braço e o machucou e depois alguém esbarrou ali novamente, sabe como isso dói. Você recua porque a área machucada está muito sensível. Passa então a se proteger em excesso se certificando de que ninguém se aproxime. Da mesma forma, quando foi ferido emocionalmente, o menor esbarrão fará com que você fique na defensiva. Passa a ser difícil desenvolver relacionamentos saudáveis enquanto suas feridas emocionais continuarem abertas.

Conheço mulheres que não confiam em homem algum, pois um homem as feriu. Um homem mal resolvido lhes fez mal e elas nunca esqueceram isso. Qual é o problema? Elas ainda estão feridas. Estão na defensiva e não confiam e acham que todos os homens estão determinados a feri-las, de modo que não podem ter relacionamentos saudáveis.

Isso não acontece somente com as mulheres, é claro. Há alguns meses um homem me disse que gostava de me ouvir falar, mas na verdade não confiava em mim. Perguntei-lhe por que e ele disse que há vinte anos estava em uma reunião de sua igreja e o pastor agiu de modo errado com ele. Então ele ficou magoado e saiu da igreja, mas continuava se agarrando àquela mágoa ano após ano. Agora ele acha que todos os pastores são maus.

Ele ainda está ferido. A Bíblia diz que Jesus foi enviado para "proclamar liberdade aos presos... para libertar os que estão oprimidos [os que estão humilhados, feridos, esmagados e arrasados pela calamidade]" (Lucas 4:18, AMP). Isso indica que quando estamos feridos, não estamos livres. Coisas injustas acontecem a todos nós. Se você quer ver essa ferida desaparecer e andar na liberdade que Deus tem reservada para você, é preciso perdoar as injustiças. Você precisa esquecer o que alguém fez e seguir em frente com a vida.

Não há nada que o inimigo adoraria mais do que o fato de você permitir que algo ruim acontecido no passado — uma pessoa problemática que agiu mal com você ou uma injustiça — arruíne o restante da sua vida. Bata o pé e diga: "Meu destino é grande demais, meu futuro é brilhante demais e o meu Deus é grande demais para permitir que uma velha mágoa faça com que eu fique amargo, azedo e empacado onde estou. Vou me livrar disso e seguir em frente, em direção ao futuro brilhante que Deus tem reservado para mim."

Uma mulher me disse recentemente que foi abusada por seu pai quando era criança. Foi muito injusto. Ela cresceu confusa e envergonhada. Pensava que era sua culpa. Ela não confiava nos homens, mas fazia qualquer coisa para tentar ganhar a aprovação deles. Isso era tudo que ela conhecia. Por dentro, ela era amarga e irada. Carregava uma dor profunda.

Durante vinte e seis anos, ela não falou com o pai. Ela o odiava. Todas as vezes que pensava nele, ficava irada e amarga. Um dia, porém, ela me ouviu falar sobre o perdão. Pensou no assunto quando eu disse que nenhuma mágoa ou ofensa deveria nos impedir de cumprir nosso destino, porque quando perdoamos isso nos liberta para seguirmos em frente.

Aos trinta e seis anos, ela viajou para outra cidade e encontrou seu pai. Quando ele abriu a porta e a viu, não sabia o que fazer. Ela disse: "Pai, eu o odiei a minha vida inteira, mas não posso mais viver com esse veneno em mim. Não vou permitir que você arruíne a minha vida. Eu o perdoo por tudo o que você fez."

Ela me disse que quando se afastou de seu pai naquele dia, foi como se tivesse sido liberta de uma prisão. Até aquele momento ela havia passado pela vida aos solavancos, entrando e saindo de relacionamentos, fracassando em vários empregos. Mas hoje, dez anos depois, ela está casada e feliz, com três lindos filhos. Ela possui seu próprio negócio e tem muito sucesso. Ela diz que a vida não poderia ser melhor. Sua recuperação começou quando ela liberou sua mágoa.

Deus Acertará as Contas

Perdoe para ser livre. Não permita que a pessoa que o feriu o mantenha aprisionado. Se deixar a mágoa para trás, Deus fará por você o que Ele fez pela mulher que mencionei e também por José. Ele pegará o que foi preparado para o seu mal e o usará em seu benefício. O que aconteceu com você pode ter sido doloroso, mas não desperdice a sua dor. Deus usará essa dor para promovê-lo.

Em Hebreus 10:30 a Bíblia diz que Deus resolverá os assuntos do Seu povo.

Talvez você precise ter alguns dos seus assuntos resolvidos. Talvez alguém tenha roubado sua infância ou alguém tenha ido embora e lhe deixado com um monte de filhos para criar, ou o tenha enganado em um negócio e por isso você perdeu muito dinheiro. Em todos esses casos, você poderia facilmente viver irado e angustiado por uma dor profunda. Em vez disso, anime-se. Deus é um Deus de justiça. Ele conhece todas as pessoas que o feriram e o deixaram sozinho e com medo. Talvez ninguém mais tenha visto isso, mas Deus viu e sabe que isso não estava certo, e Ele está dizendo hoje: "Vou acertar suas contas. Vou consertar o que está errado em sua vida. Vou lhe pagar de volta não apenas o que você merece, mas o dobro."

Deus disse em Isaías: "Em lugar da vergonha que sofreu, o meu povo receberá porção dupla, e ao invés da humilhação, ele se regozijará em sua herança; pois herdará porção dupla em sua terra, e terá alegria eterna" (61:7). Se alguém mentiu a seu respeito e tentou lhe fazer ficar mal perante as pessoas, deixe isso para trás e você receberá o dobro. Aqueles que o feriram? Perdoe-os e você receberá o dobro. O sócio que o enganou por dinheiro? Supere o ressentimento e receberá em dobro. O cônjuge que foi infiel? Perdoe e você terá o dobro de alegria, o dobro da paz e o dobro da realização.

Deus Nunca Permitirá que Você Fique Humilhado

Talvez você se sinta culpado por algo que não foi culpa sua. Talvez alguém o tenha maltratado e você se sinta culpado por isso. Mas se alguém abusou ou tirou vantagem de você, não há motivo para se sentir envergonhado. Não se sinta culpado. Mantenha a cabeça erguida. Você é um filho do Deus Altíssimo.

O seu valor não diminui por alguém tê-lo tratado mal. Você ainda é a menina dos olhos de Deus, ainda é o bem mais precioso para Ele. A situação pode ter sido injusta, mas se você se livrar da vergonha e da culpa e não deixar a amargura criar raízes, Deus fará com que o restante da sua vida seja melhor do que teria sido se as coisas ruins não tivessem acontecido. Ele o recompensará com mais.

Deus não permitirá que tirem vantagem constantemente de um dos Seus filhos. Se você está em uma situação onde alguém está lhe fazendo mal ou lhe fez mal, não fique deprimido, não desista pensando que a vida acabou. Continue crendo, pois o dia do seu pagamento está chegando.

Se seu marido fez as malas e partiu com outra mulher, você não precisa sentir vergonha. Não acredite nas vozes que lhe dizem que você não é boa ou atraente o bastante. São mentiras. Não há nada de errado com você, há algo de errado com ele. Você não tem problemas, ele sim.

> *O seu valor não diminui porque alguém o tratou mal.*

Se ele a magoou, ele será magoado pela próxima mulher também. Mantenha a cabeça erguida, sabendo que Deus fará justiça em sua vida. Ele resolverá a questão.

O Nosso Deus é um Deus de Justiça

Algo que o ajudará a perdoar é entender que as pessoas que o feriram têm problemas. Pessoas feridas ferem pessoas. Quando alguém o fere com palavras ou o trata injustamente, é porque essa pessoa tem problemas não resolvidos em sua própria vida. Não há desculpa para ferir alguém, mas isso faz parte de uma cadeia que precisa ser quebrada. Alguém feriu essa pessoa, então por sua vez ela fere você. Adote uma abordagem misericordiosa e diga: "Deus, eu sei, o que ela fez foi errado. Ela me feriu e isso não foi justo, mas não vou tentar me vingar. Peço a Tua cura para ela e que o Senhor lhe dê o que ela precisa."

Quando você puder orar pelos seus inimigos e até abençoar aqueles que lhe fazem mal, como a Bíblia diz, Deus acertará suas contas. (Mateus 5:44; 18:21-35.) Les foi criado em um ambiente muito abusivo. Seu pai era alcoólatra e tinha crises violentas de fúria quando voltava para casa. Les tinha medo que seu pai ferisse sua mãe e a ele também. Ele temia por sua vida. Não havia paz em sua casa.Uma noite, seu pai chegou bêbado e começou a abusar de sua mãe, não só verbalmente, mas também fisicamente. Les tinha quatorze anos de idade. Ele avançou contra o pai e disse a ele para deixar sua mãe em paz. Eles brigaram e no fim seu pai expulsou-o de casa.

"Não quero mais ver o seu rosto", seu pai lhe disse. "Se você algum dia colocar os pés nesta casa de novo, será pela última vez."

Les ficou arrasado e tão deprimido que pensou em tirar a própria vida. Ele estava de pé em uma ponte no meio da noite, prestes a saltar, quando algo inesperado o impediu. Les nunca havia ido à igreja. A religião não fazia parte da sua vida. Mas de repente ele ouviu uma voz dizendo: "Não faça isso. Eu serei o seu Pai. Eu serei o seu Protetor. Eu cuidarei de você."

Naquele instante, Les sentiu como se um óleo morno estivesse sendo derramado sobre ele. Foi como algo que ele nunca havia sentido antes. Era o seu Pai celestial aparecendo para lhe fazer justiça. O salmista disse: "Ainda que me abandonem pai e mãe, o Senhor me acolherá" (Salmos 27:10).

Les estava por conta própria daquele dia em diante. Ele estava cheio de mágoa, dor e um profundo sentimento de rejeição. Mas ele tomou a decisão, desde o princípio, de que não odiaria mais seu pai. Ele o perdoou e seguiu em frente com a sua vida.

Ele se tornou um pastor. Les procurou o pai ao longo dos anos, mas ele não queria nada com o filho. Então, em um domingo de manhã, vinte e dois anos depois, Les estava de pé no púlpito quando de repente seu pai entrou na igreja. Era a primeira vez que Les via o pai desde aquela noite, quando tinha quatorze anos.

No fim do culto, seu pai foi até o altar com lágrimas escorrendo pelo rosto. Ele pediu perdão ao filho e também entregou sua vida ao Senhor.

Deus é um Deus de justiça. Não sei quanto tempo vai demorar, mas Deus prometeu consertar o que está errado. Ele vai restaurar o que o inimigo roubou. Não importa o quanto alguém o feriu. Não importa o quanto eles estavam errados. Se você deixar isso para trás, Deus acertará suas contas. Ele o recompensará.

No fim daquele culto, pai e seu filho se sentaram e conversaram. O pai disse coisas que Les nunca soube antes. Ele disse que seu próprio pai, avô de Les, era um alcoólatra. Enquanto crescia, ele também havia brigado com sua mãe. O lar onde seu pai morava na infância era tão instável que quando seu pai tinha dezesseis anos, ele já havia morado com quatro famílias.

Não havia desculpas para o comportamento de seu pai, mas o que quero demonstrar a você é o fato de pessoas feridas ferirem pessoas. O pai de Les tinha toda aquela raiva e abuso dentro dele, e cometeu o erro de carregar isso consigo para todo lugar. Ele não percebia que estava transmitindo aquela herança para a geração seguinte.

O Perdão Libertará Você

Quando Jesus ressuscitou dos mortos e voltou para falar com os Seus discípulos, Ele disse: "Se perdoarem os pecados de alguém, estarão perdoados; se não os perdoarem, não estarão perdoados" (João 20:23). Quando retém um pecado, você se prende a ele. Deus estava dizendo que quando você se agarra aos males que as pessoas lhe fizeram, então o veneno o contamina. Quando não perdoa, é fácil se tornar aquilo que você odeia.

Sharon odiava seu pai, pois ele enganava sua mãe. Ela não teve uma boa infância. Sempre se ressentia pelo fato de que seu pai não era fiel e não estava presente enquanto ela crescia. Ela não conseguia suportar a presença dele.

Mas quando Sharon cresceu, ela traiu o marido e destruiu o seu próprio lar. Ela não estava presente para seus próprios filhos. Ela se tornou exatamente o que odiava em seu pai.

É por isso que é tão importante perdoar e deixar as coisas para trás. A amargura, o pecado que você retém, pode produzir os mesmos resultados que o feriram. Se você foi criado em um ambiente abusivo, se vem de uma família cheia de ira e disfunção, em vez de ficar amargo e irado, por que você não é a pessoa a pôr um fim nesse ciclo negativo?

Você pode ser a pessoa que vai fazer a diferença. Você está se agarrando à ira e à falta de perdão e transmitindo veneno para a próxima geração? Ou está disposto a deixar isso para trás para que sua família possa subir a um novo nível?

Entendo que pode ser muito difícil perdoar, principalmente quando alguém o magoou, mas Deus nunca lhe pedirá para fazer alguma coisa sem lhe dar a capacidade para fazê-lo.

O perdão é um processo. Ele não acontece da noite para o dia.

O perdão é um processo. Ele não acontece da noite para o dia. Você não estala os dedos e faz uma mágoa desaparecer; pensar assim não é realista. Mas se você continuar a ter o desejo de perdoar e pedir a Deus para ajudá-lo, então pouco a pouco esses sentimentos negativos desaparecerão. Um dia, eles não o afetarão mais.

Deus Compensará Você

A Oração do Pai Nosso está em Mateus 6. No versículo 12, Jesus diz: "Perdoa as nossas dívidas, assim como perdoamos a quem nos tem ofendido." Quando Deus fala sobre dívidas, não está falando sobre dívidas monetárias, mas sobre as vezes em que as pessoas feriram você, as vezes em que as pessoas lhe fizeram mal. Deus se refere a isso como uma dívida porque quando você é maltratado, pode sentir que lhe devem alguma coisa.

A natureza humana diz: "Agiram mal comigo. Agora quero justiça. Você me tratou mal. Agora tem de me pagar." Contudo, o erro que muitas pessoas cometem é tentar cobrar uma dívida que só Deus pode pagar. O pai não pode dar a inocência de volta à filha da qual abusou. Seus pais não podem lhe pagar de volta por não terem lhe dado uma infância amorosa. Seu esposo não pode lhe pagar de volta a dor que ele lhe causou por ser infiel. Só Deus pode realmente pagar por isso.

Se você quer ser restaurado e ficar inteiro, entre na folha de pagamento de Deus. Ele sabe como consertar as coisas. Ele sabe como fazer justiça. Ele lhe dará o que você merece. Deixe as coisas com Ele e pare de esperar que as pessoas compensem você. Elas não podem lhe dar o que não têm.

Jesus contou uma parábola sobre um homem que devia dez mil talentos (ver Mateus 18:23-35). E a Bíblia diz que ele "não tinha condições de pagar" (18:25). O texto não diz que ele não queria pagar, mas que ele não tinha condições de fazer isso. Ele não tinha meios para pagar. Se você está sempre procurando que as pessoas lhe paguem pelos males que lhe fizeram, levará uma vida frustrada.

Vi mais de uma pessoa passar por um divórcio amargo, começar um novo relacionamento e depois cometer o erro de tentar fazer com que a nova pessoa pagasse pelo que o cônjuge anterior havia feito. Elas estão sempre tentando cobrar uma dívida, o que acaba arruinando o relacionamento. Não puna a pessoa com quem você está casado agora por algo que aconteceu anos atrás em outro relacionamento. Eles não podem pagar você de volta. Entre na folha de pagamento de Deus.

Conversei com um homem cujo negócio foi perdido depois de ele ser enganado. Foi há anos, mas ele ainda está furioso com o mundo. Ele passou por três empresas diferentes, mas não consegue manter um emprego. É uma pessoa amarga e acha que lhe devem alguma coisa. Ele ainda está esperando que lhe paguem.

Qual é o problema? Aquele homem está na folha de pagamento errada.

Sua atitude deveria ser: *Deus, Tu sabes o que passei; Tu viste cada erro, cada mágoa, cada lágrima. Não vou ficar amargo tentando fazer com que as pessoas me deem o que elas não têm. Senhor, vou deixar isso contigo. Sei que Tu prometeste resolver os meus assuntos. Disseste que me pagarias o dobro por cada injustiça. Então vou deixar toda a minha família, meus amigos, colegas de trabalho, vizinhos de lado e vou colocar a minha confiança e a minha esperança em Ti.*

Ao entrar na folha de pagamento de Deus, Ele se certificará de que você seja bem compensado. Se deixar as pessoas livres e parar de achar que elas lhe devem algo, sua virá passará para um novo nível. Elas podem ter lhe feito mal e pode ter sido culpa delas, mas não é culpa delas o fato de não poderem lhe restituir.

Se você passar a vida toda tentando receber deles o que só Deus pode lhe dar, isso arruinará esse relacionamento, e o mais triste é que você levará esse mesmo problema para o relacionamento seguinte, depois para outro relacionamento, e assim por diante.

Coloque um Carimbo: "Pago"

Às vezes, quando estou analisando minhas contas, vejo aquelas letras grandes em vermelho que dizem: "Pago." Alguém as carimbou com um daqueles grandes carimbos vermelhos. Considere suas contas, suas mágoas, como totalmente quitadas. Em vez de tentar cobrar dos que o feriram como se lhe devessem algo, pegue aquele grande carimbo vermelho e marque essas contas como totalmente quitadas.

Quando você vir a pessoa que lhe fez mal, carimbe a conta na sua imaginação: totalmente quitada. É muito libertador dizer: "Ninguém me deve nada. Eles podem ter me magoado, eles podem ter me feito mal, eles podem ter roubado a minha infância, podem ter me enganado por dinheiro, mas não estou procurando pessoas para me darem a restituição. Estou na folha de pagamento de Deus. A boa notícia é que Deus nunca deixa de fazer um pagamento."

Carimbe em suas contas: totalmente pago. Deixe-as para trás. Deus resolverá seus assuntos. Perdoe para ser livre. Perdoe para que Deus possa lhe pagar em dobro.

Muitas linhas aéreas agora cobram pela sua bagagem. O mesmo acontece na vida. Você pode carregar bagagem por aí, mas isso vai ter um preço. Você pode carregar a falta de perdão, mas isso vai lhe custar a felicidade diária e a alegria tão desejada. Pode carregar sua amargura, mas isso vai lhe custar a sua paz. Pode até mesmo arrastar a mala do "Eles me Devem Alguma Coisa" com você por aí, mas não gratuitamente. Se fizer isso por muito tempo, o preço a pagar será alto, pois isso impedirá você de cumprir o seu destino.

Talvez você diga: "Mas aqueles que me magoaram não merecem ser perdoados." Talvez não, mas você merece. Caso não os perdoe, seu Pai celestial não pode perdoá-lo. Por que você não solta essa bagagem? Por que não carimbar em algumas contas: "totalmente pago"?

Você precisa perdoar para ser livre e viver a cada dia com felicidade no coração. Se abrir mão das mágoas, das dores e entrar na folha de pagamento de Deus, Ele resolverá o seu problema. Deus consertará o que está errado em sua vida e fará justiça. Você receberá o que merece. Deus lhe retribuirá com o dobro da alegria, o dobro da paz, o dobro do favor e o dobro da vitória.

Capítulo 16

Vencendo o Desânimo

O povo de Israel estava caminhando em direção à Terra Prometida, mas eles "ficaram muito desanimados no caminho" (Números 21:4). O interessante é que Deus os estava guiando, portanto não se pode dizer que eles estavam realmente perdidos. Porém, como eles se deixavam desanimar tão facilmente, acabaram se sentindo perdidos.

Pouco a pouco, eles ficaram esgotados. Eram pessoas boas que amavam o Senhor e haviam experimentado grandes vitórias no passado. Bem no fundo do coração eles sabiam que estavam a caminho da Terra Prometida, mas com o tempo perderam sua paixão pela vida.

Com o passar do tempo, eles disseram: "Esqueçam isso. Vamos voltar para o Egito. Isso não vai dar certo."

O que aconteceu? Eles não passaram no teste do desânimo. Não importa o quanto você é bem-sucedido ou quantas vitórias já conquistou no passado, mais cedo ou mais tarde haverá uma oportunidade de abrir mão da sua felicidade e ficar desanimado.

Vejo muitas pessoas que deixaram que a vida as esgotasse. Elas um dia foram alegres e andavam como se tivessem uma mola nos pés. Saudavam cada dia com entusiasmo. Mas com o tempo, permitiram que sua felicidade desse lugar a um peso. Como uma nuvem escura, esse peso as segue por todo lugar aonde vão. Se não passarem no teste do desânimo, ele as impedirá de alcançar o melhor de Deus.

Talvez você enfrente problemas e dificuldades, mas lembre-se de que Deus ainda está à frente do caminho. Ele nos deu força para estarmos onde estamos com uma atitude positiva. Quando esse espírito de desânimo vier bater à porta, você não precisa atender. Apenas diga: "Não, obrigado. Vou manter minha alegria. Sei que Deus está no controle da minha vida. Ele permitirá que eu vá para onde devo ir."

Haverá oposição no caminho em direção ao seu destino. Pode demorar mais do que você esperava e pode ser mais difícil do que pensava. Você pode facilmente se sentir desanimado e pensar que nunca vai dar certo, seja qual for o desafio. Mas é preciso entender que do outro lado desse desânimo lhe aguarda um novo nível em seu destino. Quando você passar no teste, sempre haverá uma promoção.

Talvez você enfrente problemas e dificuldades, mas lembre-se de que Deus ainda está à frente do caminho.

Se você quer se tornar tudo o que Deus o criou para ser, precisa estar disposto a dizer: "Cheguei longe demais. Não posso parar agora. Pode ser duro e até estar demorando muito. Talvez eu não entenda, mas sei de uma coisa: o meu Deus ainda está no trono, e o que Ele prometeu, Ele fará acontecer."

Tenha uma mente decidida e determine que não importa o que cruzar o seu caminho, por mais que demore ou por mais que pareça impossível, você está nisso até o fim. Você não vai perder a sua paixão e vai passar nos testes do desânimo. A sua vitória já está a caminho.

Gálatas 6:9 coloca isso da seguinte maneira: "E não nos cansemos de fazer o bem, pois no tempo próprio colheremos, se não desanimarmos."

Deus Levantará Sua Cabeça

Assim como o povo de Israel, você está bem ao lado da sua terra prometida. O seu tempo devido está logo ali, na próxima esquina: aquela guinada, a realização daquele sonho, o momento de encontrar a pessoa certa ou de superar aquele obstáculo.

Deus já colocou isso na agenda dele. Já marcou a hora e a data para fazer isso acontecer. Portanto, agora não é hora de ficar desanimado. Mais do que nunca, é tempo de ser um crente. É hora de permanecer na fé.

A Bíblia diz: "Levantai... as vossas cabeças... e entrará o Rei da Glória" (Salmos 24:9 ACF). Se você quer que Deus entre e lhe mostre o Seu favor, precisa levantar a sua cabeça. É daí que vem a sua ajuda. O salmista disse: "Levanto os meus olhos para os montes e pergunto: De onde me vem o socorro? O meu socorro vem do Senhor, que fez os céus e a terra" (Salmos 121:1-2). Não podemos passar pela vida olhando para baixo, pensando em nossos problemas e presos ao pensamento de como as coisas vão mal, revivendo cada coisa negativa que aconteceu, e ainda assim esperar ter o melhor de Deus. Levante a cabeça. Crie uma visão totalmente nova para a sua vida. Há vitórias maiores no seu futuro do que você experimentou no seu passado. Mas enquanto estiver olhando para baixo e se perguntando por que não está funcionando ou demorando tanto, você não subirá mais alto.

Davi diz no Salmo 3:3: "Mas tu, Senhor, és o escudo que me protege; és a minha glória e me fazes andar de cabeça erguida." Algumas vezes as circunstâncias podem convencê-lo a manter a cabeça baixa. Você pode sentir que tem problemas demais, mas Deus é a sua Glória e aquele que lhe faz andar de cabeça erguida.

A palavra *glória* significa "favor". O inimigo tenta lançar peso sobre você com fardos pesados e convencê-lo a manter o foco em suas dificuldades. Depois de um tempo, o desânimo é como um peso que você arrasta por onde vai. Mas se permitir que Deus seja a sua glória e Aquele que lhe faz andar de cabeça erguida, trabalhando com Ele para se livrar desse desânimo, a única coisa que pesará sobre você será o favor de Deus.

Em vez de ficar pesado com o desânimo, a depressão e os fardos, você ficará pesado de alegria, pesado com o favor, pesado com as bênçãos, pesado com a vitória. Ele é a nossa Glória e aquele que levanta a nossa cabeça. Quando você não puder erguer a cabeça na sua própria força, ou quando as circunstâncias estiverem oprimindo você, é aí que Deus aparecerá como a Glória e como Aquele que levanta a sua cabeça.

Davi experimentou esse poder que nos levanta. Ele disse no Salmo 40:1-3: "Deus me tirou de um poço de destruição, de um atoleiro de lama, pôs os meus pés sobre uma rocha... Pôs um novo cântico na minha boca."

Há um levantar de Deus em ação hoje na sua vida. O Criador do universo está dizendo: "Se você colocar a sua confiança em Mim e se livrar do desânimo, Eu o levantarei e o colocarei em lugares que você não poderia alcançar por si só. Eu o erguerei dos problemas para a vitória. Eu o erguerei da doença para a saúde. O erguerei da escassez para a abundância." Deus erguerá você das situações injustas e lhe dará beleza em vez de cinzas.

Naqueles momentos em que você começar a se sentir desanimado, é bom simplesmente olhar para cima e dizer: "Pai, quero Te agradecer porque Tu és a minha Glória e Aquele que me faz andar de cabeça erguida."

O Salmo 30:5 diz: "O choro pode persistir uma noite, mas de manhã irrompe a alegria." A manhã começa no primeiro minuto após a meia-noite. O que é interessante é que embora seja uma nova manhã, à meia noite ainda está escuro. Quando ainda é uma, duas três da manhã está escuro. Parece que nada está acontecendo. Mas por mais escuro que esteja, a luz está vindo. Você entrou em um novo dia.

Geralmente entre as seis e sete da manhã você verá o sol nascer no horizonte. As coisas começarão a se iluminar. Em outras palavras, os negócios prosperarão, a saúde será restaurada, os sonhos se realizarão. Nesses períodos de desânimo você precisa se lembrar de que Aquele que levanta a sua cabeça, o Altíssimo Deus, prometeu que a alegria está vindo. Só porque está escuro, não significa que a alegria não está a caminho. Você entrou em um novo dia. É apenas uma questão de tempo até ver o sol nascer.

Estenda a Mão

Vejo muitas pessoas ficarem desanimadas ao longo do caminho. Elas começam bem, mas então se deparam com uma dificuldade. Em vez de se livrarem daquilo criando uma nova visão, elas permitem que a vida as oprima e perdem a paixão. Assim, acabam se contentando com menos do que o melhor de Deus.

Na Bíblia há um homem que fez isso. Não sabemos o seu nome, mas ele era uma das pessoas enfermas que ficavam junto ao tanque de Betesda. Ele estava enfermo havia trinta e oito anos. Quando Jesus o viu, percebeu que ele estava doente há muito tempo e perguntou-lhe: "Queres ser curado?"

O homem disse que não podia ser curado porque não havia ninguém para colocá-lo nas águas curadoras do tanque, e ele estava fraco demais para chegar lá sozinho. Jesus lhe disse: "Levante-se! Pegue a sua maca e ande!" (João 5:1-15).

O homem teve de tomar a decisão na mesma hora. Será que ele poderia fazer o que nunca havia feito antes? Estou certo de que houve uma batalha em sua mente. Havia fortalezas que estavam ali há anos, convencendo-o de que ele nunca poderia melhorar. Ele poderia ter dado muitas desculpas, mas não deu nenhuma.

Por fim, aquele homem ousou dar um passo de fé e foi curado instantaneamente.

A vida pode ter enfraquecido e desanimado você com o tempo, mas Deus está lhe dizendo o que disse àquele homem. Se quiser ser curado, levante-se. Acredite que você pode ir a lugares onde nunca esteve antes. Adote uma visão mais ampla das possibilidades em sua vida.

O lugar onde você está agora não é onde Deus quer que você fique. Só porque o seu sonho não aconteceu no passado não significa que não possa acontecer no futuro. Se você entrar em acordo com Deus e "se levantar", Deus fará com que novos períodos de promoção e crescimento venham em sua direção.

Adote uma visão mais ampla das possibilidades em sua vida.

Eu estava no quintal conversando com Manny, que ajuda com o nosso paisagismo. Estávamos em pleno inverno e a grama estava muito escura. Ela parecia morta. Eu disse a Manny que temia que a grama estivesse morta e ele disse: "Ela não está com uma aparência muito boa, mas a verdade é que a grama não está realmente morta. Ela apenas não está na estação certa. Na primavera, esta mesma grama estará verde e exuberante."

Na vida acontece o mesmo. Às vezes nossos sonhos parecem mortos ou debilitados, mas você precisa entender que eles na verdade não estão morrendo. Eles simplesmente estão fora da estação certa, mas irão voltar. Novas estações de crescimento estão a caminho. Saúde Renovada. Novos relacionamentos. Novas oportunidades. Só porque algo parece morto, não desista dele.

O nosso Deus é um Deus de novos começos. Quando você passar por essas decepções e dificuldades, em vez de ficar deprimido, desanimado e desistir, tenha a seguinte atitude: *Esta situação pode parecer não estar bem, mas conheço a verdade. Ela não está realmente morta, apenas não está na estação. Estou no inverno, mas sei que a primavera vai chegar. Então vou levantar a cabeça e me preparar para as coisas novas que Deus está prestes a fazer.*

Nada Permanece Igual

Se deseja superar o desânimo, aprenda a fazer a transição para as diferentes estações da vida. A Bíblia nos fala sobre uma mulher chamada Noemi que não fez isso muito bem. Ela não percebeu que o fato de um período ter terminado, não significava que a sua vida havia terminado.

Muitas vezes queremos que certa fase dure para sempre, mas talvez não seja esse o plano de Deus. É preciso estar aberto e disposto a se adaptar e a se ajustar quando as mudanças vierem. Não fique amargo quando acontecer algo de que você não goste ou não entenda.

É claro que ninguém gosta de passar por mudanças traumáticas, perdas ou decepções, mas tudo isso faz parte da vida. Nesses momentos difíceis, você precisa se lembrar de que Deus ainda está no trono, e o fato de a grama parecer morta não significa que ela nunca ficará verde outra vez.

Noemi estava indo muito bem. A vida era boa, mas com o tempo ela passou por uma série de perdas. Seu marido morreu. Mais tarde, seus dois filhos morreram. É difícil passar por uma perda. Há um tempo apropriado para o luto. Mas você precisa se certificar de que não vai deixar que um *período* de sofrimento seja transformado em uma *vida* de sofrimento.

Noemi cometeu o erro de deixar que a amargura e o desânimo permanecessem dentro dela. Ela se desesperou e perdeu toda a felicidade. Não pensou que a grama algum dia seria verde outra vez. Na verdade, ela mudou seu nome para Mara, que significa "amargura", porque queria se lembrar da sua dor e da sua infelicidade todas as vezes que alguém chamasse o seu nome.

A atitude de Noemi foi: "Todos os meus sonhos foram destruídos. Nunca serei feliz de novo. Deixem-me com o meu problema e com o meu sofrimento."

Obviamente, não recomendo que você siga o caminho escolhido por Noemi. Quando você sofre uma perda, uma decepção, uma injustiça, precisa se certificar de que não vai deixar que as circunstâncias lhe roubem a felicidade pelo restante da vida.

Lembre-se de que Deus é bom. Se você se recusar a viver no desânimo, se levantar a cabeça e se elevar acima do seu desespero, descobrirá, como Noemi descobriu, que só porque uma estação terminou não significa que toda a vida terminou.

Depois de sofrer muito, Noemi mudou-se de volta para a sua cidade natal com sua nora, Rute. Ali, Rute conheceu um homem, apaixonou-se e casou-se. Finalmente, Rute teve um filho. A essa altura, Noemi era uma mulher idosa, mas quando viu aquele bebezinho algo se acendeu dentro dela. Ela sentiu uma nova sensação de propósito, uma nova sensação de destino. Enquanto segurava o bebê, algo impressionante aconteceu. O leite começou a ser produzido em seu corpo. A Bíblia diz que aquela mulher idosa, nos anos de sua velhice, pôde amamentar o bebezinho. Noemi sentiu-se tão feliz e realizada quanto possível. Ela descobriu que a primavera sempre vem depois do inverno e que os tempos maus não duram para sempre. (Você pode ler a história de Noemi no livro de Rute.)

Deus Nos Prepara para os Seus Testes

Você não estaria vivo se Deus não tivesse um propósito para a sua vida. Você pode ter passado por decepções, um bom período pode ter terminado, mas se você se livrar disso e continuar seguindo em frente, entrará em outro bom período. Deus revelará a você um novo propósito, com novos amigos e novas oportunidades. Não importa se você tem trinta anos, quarenta, cinquenta ou noventa e cinco, Deus ainda tem algo para você fazer.

Uma jovem chamada June perdeu as duas pernas em um acidente. Ela ficou naturalmente arrasada e deprimida. Durante algum tempo, ela não achou que tinha nenhum motivo para viver; não via nada de bom no seu futuro. Mas eu amo o que ela fez. June fez menção a Jeremias 29:11 e disse: "Deus, ainda que eu não tenha nenhum plano e que eu esteja oprimida demais para ver qualquer coisa boa, sei que Tu tens planos e que eles são bons para me dar um futuro e uma esperança." Se algum dia você estiver oprimido e não vir nada de bom no seu futuro, eu o encorajo a fazer como June e entrar em concordância com Deus, dizendo: "Deus, sei que Tu tens um bom plano. Tu tens um propósito para mim. Tu tens dias mais brilhantes reservados para mim à frente."

Às vezes, quando estamos sendo testados pelo desânimo, parece que Deus está em silêncio. Oramos e não ouvimos nada. Lemos a Bíblia e ainda ficamos sentindo como se Deus estivesse a um milhão de quilômetros de distância. Mas lembre-se de que isto é um teste. Quando você está na escola, os professores nunca falam durante os testes. Eles ficam parados na frente da sala em silêncio, apenas observando enquanto todos os alunos fazem a prova.

Os professores preparam você nos dias e semanas anteriores ao teste. Muitas vezes, eles deram aulas extras para garantir que todos tivessem a oportunidade de se sair bem. No dia do teste, eles querem ver se você aprendeu as lições. Eles sabem que você tem as informações de que necessita e que você está preparado. Você está pronto. Agora, tudo o que você tem a fazer é colocar em prática o que aprendeu.

Deus trabalha da mesma maneira que os seus professores aqui na terra. Quando está em silêncio, não suponha que Ele o abandonou. Ele está bem ali com você durante o teste. O silêncio significa apenas que Deus o preparou e agora está observando para ver se você aprendeu. Ele não lhe daria o teste se não soubesse que você está pronto.

Deus não está zangado com você quando está em silêncio. Ele não o abandonou. O silêncio dele é um sinal de que Ele tem grande confiança em você por saber que você tem tudo para vencer. Ele sabe que você sairá do teste vitorioso, ou não teria permitido que você fosse testado.

A chave é permanecer otimista e não ficar desanimado ou amargo. Coloque em prática aquilo que aprendeu. Permaneça firmado na fé. Agarre-se à sua felicidade. Trate os outros com gentileza. Seja uma bênção. Se fizer isso, passará no teste e florescerá em uma nova estação. Deus trará coisas de dentro de você que você nem sabia que existiam ali. Entenda que se você não permitir que o inimigo o desanime, uma das maiores armas dele foi perdida.

> *Se você não permitir que o inimigo o desanime, uma das maiores armas dele foi perdida.*

Hoje é um novo dia. Deus está soprando uma nova esperança dentro do seu coração e uma nova visão dentro do seu espírito. Ele é a Glória e Aquele que levanta a sua cabeça. Olhe para cima com uma visão nova, e Deus fará por você o que Ele prometeu a Davi. Ele o tirará do poço, colocará seus pés sobre uma rocha e também um novo cântico no seu coração. Você não se arrastará pela vida, derrotado e deprimido, mas voará cheio de alegria, fé e vitória.

Se você tem lutado contra o desânimo, a depressão e o abatimento, eu declaro neste instante que o espírito de desânimo está quebrado em sua vida no nome de Jesus. Declaro que o espírito de abatimento e depressão está quebrado em sua vida, na sua família e no seu futuro. Ele não terá mais nenhum efeito sobre você. A felicidade será sua para que você a reivindique todos os dias da semana. Assim eu declaro e assim creio.

Capítulo 17

Lidando com Dificuldades Inesperadas

Há alguns anos, eu estava em um voo para a Índia com o meu pai, quando os céus, antes amigáveis, de repente se tornaram perigosos. Já viajávamos havia treze horas, e ainda faltavam duas horas para chegarmos. Mas em certo ponto, passamos por uma área de turbulência como eu jamais vi.

Isso era pior que a pior das montanhas-russas. O avião balançava para todos os lados. Alimentos e malas saíam voando, batendo no teto, nos passageiros e no chão. Durante dez minutos, aquele foi o voo mais selvagem da minha vida. As pessoas gritavam. Os bebês choravam. O avião sacudia com tanta violência, que tínhamos certeza de que a coisa toda estava se partindo em pedaços.

Sendo o grande homem de fé que sou, pensei: *É o fim. Acabou. Não há jeito de sobreviver a isso.*

Sim, abri mão da minha felicidade e da minha alegria, cedendo ao pânico total e declarado.

A turbulência pareceu durar uma eternidade, mas sem dúvida, em dez minutos passamos por ela e voltamos a ter um voo calmo e suave. Duas horas depois, aterrissamos com segurança em nosso destino.

Na vida, também é assim. Em um minuto você está feliz e cheio de contentamento, vivendo muito bem. Você tem um bom emprego, filhos saudáveis e se sente abençoado. Então, uma turbulência o atinge. Seus exames médicos de rotina se transformam em um problema; seu relacionamento torna-se difícil; um processo na justiça surge.

O desafio é continuar olhando para a frente, sabendo que a turbulência não durará para sempre e que, um dia, em breve, a felicidade será possível. Naquele momento, você pode sentir que a boa vida acabou, mas acredite em mim, isso também passará.

Deus ainda está no trono, e foi Ele que o trouxe até aqui. Sua vida pode ter dado um mergulho, talvez você se sinta como se tivesse sido colocado em um liquidificador gigante, e as pessoas que o cercam podem estar em pânico. Mas cedo ou tarde, porém, a calma será restaurada.

Minha teoria é que toda pessoa tem pelo menos dez minutos de turbulência na vida. Geralmente, os momentos assustadores não acontecem de uma vez. Você pode experimentar um minuto aqui, cinco minutos ali, dois minutos mais adiante. Nesses momentos difíceis, quando você sente como se o avião estivesse se partindo em pedaços e o pânico toma conta de você, agarre-se à fé. Confie que o Criador do universo está pilotando o seu avião. O Deus Altíssimo está dirigindo os seus passos. Lembre-se de que Ele disse que "nenhuma arma forjada contra você prevalecerá" (ver Isaías 54:17). Deus disse para não nos surpreendermos com essas provas de fogo. Não entre em pânico. Vá para aquele lugar de paz, mesmo em meio à turbulência.

Certa vez, ouvi uma frase interessante: "Os problemas são inevitáveis, mas a infelicidade é opcional." Os problemas vêm sobre todos nós de tempos em tempos, mas podemos decidir se vamos desmoronar ou ficar em pé. E temos esse poder mesmo quando somos apanhados de surpresa.

Deus Tem a Solução

Uma coisa é saber que você está entrando em um período de desafios e enfrentando um teste de desânimo. Nesse caso, você pode se preparar mentalmente para essas provas. Mas e quanto às dificuldades que você não vê se aproximarem? O que dizer dos terremotos, tsunamis e tornados da vida, as doenças inesperadas, as mortes súbitas, os divórcios e outras tragédias e crises que nos pegam totalmente despreparados e de surpresa? Eles podem ser avassaladores e até devastadores. Vêm do nada e de repente nossas vidas são viradas de cabeça para baixo.

Nossa família já enfrentou um bom número de golpes inesperados, mas provavelmente o mais chocante foi a carta bomba que explodiu e feriu minha irmã Lisa, em janeiro de 1990. O pacote continha uma bomba em um tubo recheado com pregos de vinte centímetros. Lisa abriu-a no escritório da igreja, enquanto a segurava no colo. Milagrosamente, ela não se feriu gravemente, mas teve queimaduras e cortes leves. Até hoje, não sabemos quem enviou o pacote que estava endereçado ao nosso pai.

Lisa estava apenas abrindo a correspondência pela manhã, seguindo sua rotina diária. Felizmente, sua vida foi poupada e ela não sofreu lesões de longo prazo. Mas você pode imaginar como isso virou a vida dela de cabeça para baixo. Todos nós fomos afetados em certa medida, mas ela lidou com o impacto tanto físico quanto emocional — este último muito maior — por muitos e muitos anos. No fim, o poder de sua fé a fez superar isso.

Todos nós temos de enfrentar tragédias e traumas inesperados. Ser crente não exime você dos tempos turbulentos da vida.

A Bíblia diz que a chuva cai sobre justos e injustos. Quando você está enfrentando uma crise, é fácil desistir da sua felicidade, entrar em pânico e desabar, mas você precisa entender que essa crise não é uma surpresa para Deus. Ela pode ser inesperada para nós, mas Deus conhece o fim desde o começo. Deus tem soluções para problemas que nós ainda nem enfrentamos. E Ele não teria permitido essa dificuldade nos alcançar se não tivesse um propósito divino para ela.

Deus Transformará o Seu Teste em um Testemunho

Você precisa se lembrar de que está em um ambiente controlado. Pode parecer que as circunstâncias ao redor estão fora de controle, mas o Criador do universo está no controle total. Ele tem você na palma da Sua mão. Nada pode lhe acontecer sem a permissão de Deus.

Na verdade, Deus está no controle até dos seus inimigos. A Bíblia fala sobre como Deus fez o coração do Faraó se endurecer e não deixar o povo israelita partir. Observe que Deus *fez com que* Faraó dificultasse as coisas. Por quê? Para que Deus pudesse mostrar o Seu poder de maneiras extraordinárias.

Quando algo inesperado acontecer e pegar você de surpresa, em vez de desabar, colocar a culpa em Deus e entrar em pânico, sua atitude deve ser: *Deus, sei que Tu ainda estás no trono. Isto não é surpresa para Ti. Sei que não terias permitido esta situação se não tivesses um propósito. A surpresa pode parecer um obstáculo, mas conheço a verdade. Isto é um obstáculo para Tu mostrares o Teu poder de uma maneira maior. Isto é um obstáculo para mostrares aos meus colegas de trabalho incrédulos a Tua grandeza.*

O propósito de Deus nas crises é mostrar não apenas a nós o Seu poder, mas mostrar às outras pessoas o que Ele pode fazer. Se você encarar essa adversidade como uma oportunidade para Deus demonstrar a Sua grandeza, Ele o usará como exemplo. Ele quer que os seus vizinhos digam: "Como foi que ela conseguiu? O diagnóstico médico dizia 'impossível', mas olhe para ela hoje. Ela está forte e saudável como nunca." Ou "Ele foi despedido no pior momento possível, mas olhe para ele agora. Ele tem um emprego ainda melhor do que antes".

Deus quer transformar o seu teste em um testemunho. É por isso que Ele permitirá que você enfrente a adversidade. Ser um crente não o torna imune às dificuldades. Mas Deus promete que se você permanecer em fé, Ele pegará o que estava preparado para o seu mal e o usará não apenas em seu benefício, mas também para demonstrar a Sua grandeza às outras pessoas.

Quando algo inesperado acontecer, em vez de desabar e entrar em pânico, espere que Deus apareça e transforme a situação. Espere pelo favor de Deus. Espere pelo Seu poder sobrenatural.

> *Deus quer transformar o seu teste em um testemunho.*

É verdade que a chuva cai sobre justos e injustos, mas há uma diferença. Para os justos, para os crentes — falo de você e de mim —, a Palavra do Senhor diz que nenhuma cilada preparada contra nós prosperará. Ela não diz que os desafios jamais se levantarão. Em vez disso, a Palavra diz que você pode enfrentar dificuldades, mas porque é um filho do Deus Altíssimo, os problemas não prosperarão contra você. As dificuldades não tirarão o melhor de você, ao contrário, você tirará o melhor delas. Deus o fará passar por essa circunstância e sair dela melhor do que você estava antes.

Você Está Promovendo o Reino

Quando você enfrenta um desafio inesperado, é fácil se culpar e pensar: *Estou tentando fazer o melhor que posso e honrar a Deus. Devo estar fazendo algo errado. Talvez não esteja agindo suficientemente bem.*

Muitas vezes, quando você tem dificuldades, não significa que está fazendo algo errado, mas elas surgem justamente porque você está fazendo algo certo. É porque você está fazendo a diferença. Porque está tomando um novo território para a sua família, porque você é uma ameaça para o inimigo. Ele o deixaria em paz se você não estivesse promovendo o Reino. Ele não o incomodaria se não soubesse que Deus tem algo tremendo planejado para você no futuro. É por isso que ele está tentando deixá-lo desanimado, amargo e culpando a Deus, a fim de impedi-lo de chegar aos novos níveis que Deus tem reservado para você.

As trevas nunca gostam da luz, mas não se preocupe com isso. A luz sempre sobrepujará as trevas. Apenas continue brilhando. Continue sorrindo. Agarre-se à sua felicidade e à sua alegria. Continue tratando as pessoas bem, embora elas o tratem mal. Faça a coisa certa, embora aconteçam coisas erradas com você incessantemente. Os seus problemas são um sinal garantido de que Deus tem algo poderoso para o seu futuro. A sua felicidade será restaurada em abundância.

O inimigo não vai estender o tapete vermelho e permitir que você cumpra o seu destino sem lhe fazer qualquer oposição. Na verdade, ele vai lançar desafios inesperados, problemas inesperados e dificuldades inesperadas. Mas saiba que o Deus a quem servimos tem favor inesperado, cura inesperada, reviravoltas inesperadas e quebras de barreiras inesperadas também.

O Seu Joio se Transformará em Trigo

Em Mateus 13:24-30, Jesus conta a história de um homem que plantou trigo. Ele plantou uma boa semente, fez o que era certo, honrou a Deus e foi bom com os outros. Porém, enquanto ele dormia, um inimigo veio e plantou joio, um tipo de erva daninha, em seu campo. O homem estava esperando ter uma grande colheita de trigo, afinal, ele havia semeado uma boa semente, mas quando chegou o tempo da colheita, o joio brotou entre o seu trigo.

Não se surpreenda se as coisas se saírem mal para você, mesmo quando fizer as coisas certas, honrar a Deus e trabalhar para ser o melhor possível todos os dias. Talvez isso não pareça justo, mas o inimigo está espalhando ervas daninhas entre o seu trigo, exatamente como aconteceu com aquele fazendeiro.

Os trabalhadores disseram ao fazendeiro:

— De onde vieram essas ervas daninhas? Nós observamos você. Nós sabemos que você plantou boas sementes.

O fazendeiro disse:

— Um inimigo veio e plantou essas sementes destrutivas.

A boa notícia é que essas ervas daninhas não têm de impedir que você cumpra o destino que Deus lhe deu. A Bíblia diz que quando o trigo estava pronto para a colheita, as ervas daninha brotaram inesperadamente. A mensagem é que quando você está próximo da vitória, quando está prestes a empreender as suas maiores realizações e as suas maiores quebras de barreiras, quando você está prestes a entrar na estação da colheita, é aí que os desafios inesperados surgirão enquanto o inimigo tenta impedi-lo de seguir em frente.

A parábola do joio e do trigo termina com os trabalhadores perguntando ao fazendeiro: — Devemos sair e arrancar o joio?

— Não. Esperem, e no tempo certo o joio será destruído — disse o fazendeiro.

É isso que Deus está nos dizendo. Você não precisa passar a sua vida tentando arrancar o joio que brota constantemente. Se fizer isso, acabará destruindo também a colheita.

Simplesmente Espere e Deixe Deus Cuidar Disso para Você

Um dia, um cachorro mordeu um homem que caminhava. O homem foi ao médico e descobriu que o cachorro tinha raiva. Quando soube que teria de tomar uma série de dolorosas injeções antirrábicas, ele ficou furioso.

O médico deixou o homem sozinho, e foi preparar as injeções. Quando ele voltou, encontrou o homem fazendo uma lista. Ele pensou que o paciente estivesse escrevendo um testamento.

— Senhor, não é tão grave assim — disse o médico. — O senhor não vai morrer disso.

— Este não é o meu testamento — disse o paciente. — É uma lista de todas as pessoas que estou pretendendo morder.

Conheço pessoas assim. Elas se deparam com algumas turbulências, então ficam furiosas com o mundo e espalham veneno em todo lugar por onde passam. Não permita que você seja assim. Quando aparecerem desafios inesperados, a sua atitude deveria ser esta: *Isto, também, passará. Deus me ajudará a lidar com isto. É apenas mais um passo no caminho para o meu destino divino.*

José é um exemplo bíblico de alguém que precisou adotar essa atitude. Ele estava constantemente lidando com dificuldades inesperadas, mas jamais imaginou que seus próprios irmãos o atirassem em um poço e o vendessem como escravo. Ele poderia ter dito: "Deus, isto não é justo. Pensei que o Senhor tivesse colocado um sonho no meu coração."

Em vez disso, José entendeu esse princípio: ele sabia que Deus cuidaria das ervas daninhas, então simplesmente continuou sendo o melhor que podia. Ele nunca esperou que a mulher de Potifar mentisse a seu respeito e mandasse que o lançassem na prisão. Ele jamais imaginou que o companheiro de cela que ele havia ajudado lhe voltasse as costas.

José foi atingido por golpes de infortúnio, um atrás do outro. Ele podia ter ficado amargo e irado. Em vez disso, ele continuou sendo o melhor que podia, e acabou sendo o segundo no comando de toda uma nação.

"... Planejaram o mal contra mim, mas Deus o tornou em bem", disse ele (Gênesis 50:20).

Talvez, neste exato instante, você esteja atravessando um dos seus dez minutos de turbulência. A sua situação pode parecer muito difícil, mas estou aqui para lhe dizer: "Isto, também, passará."

Deus não o trouxe até aqui para falhar com você agora. As coisas podem estar complicadas, mas Ele está dizendo: "Eu ainda tenho uma solução. Eu sou Jeová-Jirê, o Senhor Seu Provedor. Eu sou Jeová-Rafá, o Senhor que o Cura. Eu sou El-Shaddai, o Deus que é Mais do que Suficiente."

> *Se você está vivo e respirando, ainda pode se tornar tudo que Deus o criou para ser.*

Se essa crise inesperada que você está enfrentando pudesse paralisá-lo, tenha certeza de que Deus nunca teria permitido que ela acontecesse. Se esse desafio repentino pudesse impedir que você cumprisse o seu destino, o Deus Altíssimo não o teria permitido.

Se você está vivo e respirando, ainda pode se tornar tudo que Deus o criou para ser. Não permita que uma crise roube a sua alegria ou lhe impeça de seguir em frente.

Lembre-se de Romanos 8:28: "Todas as coisas cooperam para o bem daqueles que amam a Deus." A palavra-chave nesse versículo é *cooperam*. Cooperar é "operar com". Uma dificuldade sozinha pode não fazer sentido, mas quando todas elas se juntarem em um dia, isso fará sentido.

Nada na vida é desperdiçado. Deus usará até os seus dez minutos de turbulência em seu benefício. Você já ouviu o ditado: "Coisas ruins acontecem com pessoas boas"? Isso é verdade, mas também é verdade que as pessoas boas superam as coisas ruins e saem delas melhores do que eram antes. Deus transformará o seu teste em um testemunho. Os seus problemas inesperados são um sinal garantido de que Ele tem algo maravilhoso planejado para o seu futuro. Lembre-se de que o nosso Deus tem favor inesperado, quebras de barreiras inesperadas e crescimento inesperado para você!

Capítulo 18

Não Tenha um Espírito Crítico

Um casal mudou-se para outro bairro. Certa manhã, enquanto marido e mulher estavam tomando o café, a mulher olhou pela janela e viu a vizinha pendurando roupa lavada na corda para secar. Ela percebeu que a roupa lavada estava escura e suja, então disse ao seu marido: "Aquela vizinha ao lado não sabe lavar roupa. Suas roupas não estão limpas. Pergunto-me se ela está usando algum detergente."

Os dias se passavam, e ela fazia o mesmo comentário: "Não acredito que essa vizinha não saiba lavar roupa. Não acredito que ela use essas roupas escuras e sujas."

Algumas semanas depois, a mulher olhou pela janela e as roupas estavam limpas e brilhantes como nunca. Ela ficou muito surpresa, então chamou o marido e lhe disse: "Olhe, querido, não posso acreditar. Ela finalmente aprendeu a lavar roupa. Não imagino o que possa ter acontecido."

O marido sorriu e disse: "Querida, levantei-me cedo esta manhã e limpei a nossa janela."

O quanto a roupa da sua vizinha parece suja depende do quanto a sua janela está limpa. A Bíblia diz: "Para os puros, todas as coisas são puras" (Tito 1:15). Se você não consegue ver nada por um ângulo positivo; se dirige para cima e para baixo na estrada e só vê os buracos; se você só vê o arranhão no chão e nunca a casa maravilhosa, se você só vê o que seu chefe faz de errado e nunca o que ele faz certo, então o meu conselho é que você limpe a sua janela.

O problema não são os outros; você é quem tem um problema interno. É como o homem que sofreu um acidente dirigindo para o trabalho.

Ele saiu do carro e disse: "Senhora, por que não aprende a dirigir? Você é a quarta pessoa que bate em meu carro hoje."

Em algum momento, olhe no espelho e diga: "Talvez seja eu quem precisa mudar. Se eu sou sempre crítico, talvez tenha desenvolvido o hábito de procurar o mal em vez de procurar o bem. Se sou sempre cético, talvez eu tenha me treinado para ser depreciativo e sarcástico em vez de acreditar no melhor. Se estou sempre encontrando defeitos, talvez o meu filtro esteja sujo. Talvez eu tenha me tornado alguém que julga e condena, em vez de dar às pessoas o benefício da dúvida."

Essa reflexão é especialmente importante nos relacionamentos. Você pode se treinar para ver os pontos fortes das pessoas ou pode se treinar para ver as fraquezas delas. Pode se concentrar nas coisas que gosta em seu cônjuge e exaltar suas boas qualidades, ou pode focar nas coisas que não gosta e ampliar as características menos desejáveis que irritam você.

É por isso que alguns relacionamentos têm tantos problemas. As pessoas desenvolveram o hábito de serem críticas; elas não podem ver nada de bom. Ouvi falar de um homem que pediu a sua mulher para fazer-lhe dois ovos, um frito e um mexido. Ela os fez e colocou-os em um prato. Quando ele viu a refeição, sacudiu a cabeça.

— O que eu fiz de errado agora? — ela perguntou. — Foi exatamente isto que você pediu.

— Eu sabia que isto iria acontecer — disse ele. — Você fritou o ovo errado.

Algumas pessoas se tornaram tão críticas que não importa o que seja feito por elas, nunca está certo. Elas nunca veem o bem que seus cônjuges estão fazendo e se esqueceram do motivo pelo qual se apaixonaram. Isso acontece porque elas estão ampliando as coisas erradas.

Se você tem dificuldades nessa área, faça uma lista das qualidades de que você gosta em seu cônjuge. Anote as coisas boas que seu cônjuge faz. Talvez ele não seja um ótimo comunicador, mas é uma pessoa que trabalha duro. Anote isso. Talvez ela tenha algumas fraquezas, mas é uma ótima mãe. Ela é inteligente. É divertida. Coloque esses pontos na sua lista e releia-a todos os dias.

Comece a se concentrar nessas boas qualidades. Todo o seu panorama é envenenado quando você age com um espírito de crítica. Desse jeito, você e seu cônjuge não se comunicarão adequadamente. Vocês não vão querer fazer coisas juntos. Isso afetará vocês em todas as áreas. Você precisa fazer uma mudança. Comece a valorizar os pontos fortes dessa pessoa e aprenda a subestimar os pontos fracos.

Todas as pessoas têm falhas e hábitos que podem irritá-lo, o segredo para evitar ter os nervos à flor da pele é reconhecer o que você está superestimando. Você está superestimando as coisas erradas quando deixa que o espírito de crítica assuma o comando. É quando você começa a reclamar que o ovo errado foi frito. Há relacionamentos hoje nos quais duas pessoas boas estão casadas. Elas têm um grande potencial, mas o espírito de crítica os está separando. Quando você é crítico, começa a implicar: "Você nunca leva o lixo para fora. Você nunca fala comigo. Está sempre atrasado."

As pessoas reagem mais ao elogio do que à crítica. Na próxima vez que quiser que seu marido corte a grama, em vez de implicar: "Por que você nunca corta a grama, seu preguiçoso?", simplesmente diga: "Eu já lhe disse que quando você corta a grama fica lindo de se ver lá fora, e que com seus músculos ressaltados pela camisa e o suor pingando no seu rosto, você fica muito bonito e atraente?"

As pessoas reagem mais ao elogio do que à crítica.

Se você o elogiar assim, ele vai cortar a grama todos os dias! As pessoas reagem ao elogio.

O Espírito de Crítica Contamina Tudo

Aprendi algo interessante sobre o espírito de crítica: ele o segue aonde você vai. Você não pode fugir dele. Você pode deixar um emprego sentindo-se amargo, irado e irritado, dizendo: "Eles não me trataram corretamente", mas se não tratar a raiz do problema, você enfrentará a mesma dificuldade no próximo emprego. Porque a sua janela está suja, você achará que todos estão contra você, que eles não conseguem fazer nada direito e que o seu chefe não sabe o que está fazendo.

Cresci com uma mulher que tem um espírito crítico desde que a conheço. Mesmo quando era adolescente, ela reclamava das coisas na escola nas quais eu nem pensava. Eu nunca soube que a coisa era tão séria até ela me contar. Há pouco tempo, ouvi dizer que ela acabou de sair de outro emprego, dizendo que as pessoas não a trataram direito. Desde o colegial, já são trinta anos que isso acontece. O mais triste é que ela passará o restante da vida amarga e frustrada se não limpar essa janela.

Ela está olhando através de um filtro que tem estado sujo por anos e anos de crítica e julgamento. Pais, é importante lidarmos com esses problemas em nós e quebrarmos qualquer espírito de crítica, qualquer tendência a encontrar defeitos em tudo, a fim de que não passemos esse espírito para os nossos filhos. Foi isso o que aconteceu com esta jovem. Lembro-me de ter ido à casa dela quando éramos crianças, e constatei que seus pais eram da mesma maneira. Eles estavam sempre criticando alguma coisa: criticando a cidade, criticando os seus vizinhos. O pai criticava o chefe. A mãe estava sempre reclamando do lugar em que trabalhava.

O espírito de crítica contamina tudo. Qual é a solução? Em primeiro lugar, reconheça quando a sua janela estiver suja. Segundo, assim como você desenvolveu o hábito de ver o pior, treine-se novamente para ver o bem. Não vá trabalhar focado em todas as coisas que você não gosta no seu chefe. Concentre-se no fato de que você tem um emprego. Seja grato por não estar desempregado.

Não dirija para cima e para baixo na estrada vendo apenas os buracos, as construções e o trânsito. Treine-se para ver as coisas que são boas. Seja grato por ter uma estrada na qual dirigir. Seja grato por viver em um lugar no qual há lei e ordem e você não precisa temer pela sua segurança. Olhe para as belas árvores, olhe para o céu. Respire fundo e deixe a bondade de Deus entrar.

Dê o Benefício da Dúvida

Quando a tentação de ser crítico vier, contenha-se. Você precisa lidar com os pensamentos negativos um de cada vez. Se vir alguma coisa ou alguém que não entende ou com quem não concorda, não se apresse a julgar. Não permita que esse espírito de crítica se manifeste.

Mude e diga: "Sabe, talvez eu não o entenda, e talvez eu não concorde, mas não vou ficar procurando defeitos. Vou dar a esta pessoa o benefício da dúvida."

Há alguns meses, conheci um jovem e sua namorada depois de um culto. Eles tinham mais *piercings* e tatuagens do que eu jamais vi. O homem tinha tatuagens nos dois braços inteiros, no pescoço e até no rosto. A jovem devia ter uns cem *piercings*.

Eles, definitivamente, não se pareciam com os nossos visitantes tradicionais. Quando você vê pessoas cuja aparência é fora do comum, o espírito de crítica tenta se levantar e fazê-lo pensar: *Por que eles têm essa aparência? Eles devem ter problemas sérios.*

Mas em vez de vê-los com os meus olhos críticos, olhei para eles através dos olhos de Deus. Quando fiz isso, tive uma perspectiva diferente. Fiquei satisfeito por eles se sentirem confortáveis em vir à nossa igreja. Fiquei satisfeito por eles reservarem tempo para honrar a Deus.

Quando falei com eles, percebi que eles não se pareciam em nada como eu imaginara. Eram as pessoas mais gentis e respeitosas que alguém poderia conhecer. Olhando para a sua aparência exterior, você poderia encontrar mil razões para ser julgador ou crítico. Uma atitude religiosa quer apontar todos os defeitos e perguntar: *Quem eles pensam que são? Qual é o problema deles?*

Mas que lugar seria melhor para eles estarem do que na igreja? Acabei descobrindo que aquele jovem era o líder de uma banda *heavy metal* de muito sucesso. Eles haviam feito um grande concerto no estádio na noite anterior. Ele parecia ter trinta anos de idade. Ele disse: "Nunca fui a uma igreja na minha vida. Esta é a primeira vez em que coloco os pés em um local de adoração."

Ele me deu um de seus CDs e me disse para ouvir a faixa 7.

"Esta é uma canção que escrevi depois de ouvi-lo pregar", ele disse.

Não julgue as pessoas por sua aparência externa. Quando você for tentado a ser crítico e encontrar defeitos, lembre-se de que o inimigo é chamado de "o acusador dos nossos irmãos" (Apocalipse 12:10). Reconheça a fonte da sua crítica. É ele quem está lhe dando esse desejo. Não sei quanto a você, mas eu não vou ficar do lado do acusador; vou ficar do lado de Deus. Vou acreditar no melhor.

Pode haver mil coisas erradas, mas vou procurar até encontrar uma coisa que esteja certa. Fui perdoado de muitas coisas, então tento amar ainda mais. Se eu errar, não estou errando do lado do julgamento; estou errando do lado da misericórdia.

Aprendi que alguém pode parecer duro por fora, mas você não pode julgar um livro pela capa. Dê às pessoas o benefício da dúvida. Afinal, se não fosse pela misericórdia de Deus, como você sabe se não seria exatamente como aquela pessoa?

Se eu não tivesse sido criado na igreja por bons pais, quem sabe onde eu estaria? Não estou julgando, não estou procurando defeitos. Estou mantendo o limpador de vidraças à mão. Estou mantendo a minha janela limpa.

Infelizmente, as pessoas hoje em dia são rápidas para criticar, rápidas para condenar, rápidas para julgar. Se uma pessoa não for exatamente como elas, se for um pouco diferente, alguns não entendem. Em vez de darem a uma pessoa o benefício da dúvida, em vez de acreditarem no melhor, eles a olham de cima para baixo e escolhem os defeitos que podem encontrar.

Eu nunca me vestiria assim. Não sei por que eles dirigem aquele tipo de carro. Se eu fosse eles, não tiraria férias neste momento de economia instável. Se eu fosse eles, não mandaria meus filhos para aquela escola. Eu não usaria tantas joias.

Um visitante me disse na semana passada que o seu pastor havia tirado seis semanas de folga para fazer um cruzeiro pelo mundo. Ele simplesmente não entendia isso. Ele estava reclamando e falando sem parar, me dizendo como aquilo não estava certo. Durante todo o tempo em que ele reclamou, fiquei pensando que o motivo pelo qual o seu pastor foi fazer aquele cruzeiro foi para fugir de pessoas como ele.

A maneira como alguém gasta o dinheiro, o que dirige, o modo como cria os filhos, o lugar onde passa as férias, o bairro em que mora — isso não é problema meu.

Cuide da Sua Vida

Não sei quanto a você, mas tenho dificuldades suficientes em tentar dirigir a minha própria vida sem tentar dirigir a vida de outra pessoa. Uma das melhores maneiras de manter minhas janelas limpas é cuidando da minha própria vida. Se um vizinho tirar quatro férias por ano, isso não é problema meu. Se uma amiga usar um anel em cada dedo e dois em cada dedo do pé, isso não é problema meu. Se um membro da Igreja Lakewood dirige por aí em uma limusine ou vem à igreja de barco, isso não é problema meu.

> *Pessoas intrometidas são pessoas críticas.*

Não seja intrometido. Pessoas intrometidas são pessoas críticas. Elas querem saber todos os detalhes e todas as últimas fofocas, não para poder orar a respeito, não para poder ajudar a pessoa, mas porque elas sabem que pode haver algo ali que é interessante. Fazer isso irá alimentar a natureza julgadora delas.

Elas vão para o trabalho e dizem: “Você ouviu o que eu ouvi? Ouviu o que eles disseram? Você ouviu a última?”

A sua resposta deveria ser: "Não. E não quero ouvir. Não quero ser envenenado. Meus ouvidos não são latas de lixo para enchê-los de sujeira."

Não fique sentado passivamente se um fofoqueiro *quiser* lhe dizer algo negativo sobre outra pessoa. "Eu não pude evitar. Eles quiseram me contar", diz o fofoqueiro.

Antes que eles lhe contem qualquer coisa má, diga simplesmente: "Sabe de uma coisa? Acabo de lembrar que tenho um compromisso importante."

Se você não puder sair, seja ousado o bastante para dizer: "Sabe, em vez de falar sobre essa pessoa, vamos orar por ela."

Fique na Ofensiva

Não deixe as pessoas envenenarem você. Se os seus amigos são críticos, pessoas que procuram defeitos e bisbilhoteiros, encontre amigos novos. Esse espírito de crítica pode envenená-lo. Não vá almoçar com colegas de trabalho que se sentam e criticam o chefe, falam mal da empresa, fofocam e reclamam.

"Mas eu me sinto solitário", você pode dizer.

Sim, mas eu preferiria estar só a ser envenenado. Prefiro que você esteja só a permitir que as pessoas que não estão indo a lugar algum o impeçam de cumprir o seu destino.

"Bem, se eu não for almoçar com eles, eles podem começar a falar de mim."

Deixe-me contar-lhe um segredo: muito provavelmente eles já estão falando de você. Se eles falam de outras pessoas quando elas não estão presentes, eles vão falar de você quando você não estiver também.

Tenho um amigo que trabalhava para um ministério muito conhecido há alguns anos. Ele era muito jovem quando começou a trabalhar ali. Certa vez, eles estavam na estrada em outra cidade fazendo uma conferência. Uma noite, depois da reunião, os dois membros principais da equipe desse grande ministério convidaram o jovem para ir até o quarto de hotel deles para fazer um lanche. Eles ficaram ali, simplesmente assistindo a um jogo de bola, mas aqueles dois homens começaram a falar de seu chefe, um pastor muito conhecido.

Eles foram tão críticos e tão negativos com relação ao pastor, que o jovem ficou chocado. Ele havia acabado de sair do seminário, mas aqueles homens trabalhavam com o pastor havia mais de vinte anos. Quando começaram a falar mal dele, o jovem sentiu algo em seu interior dizendo: *Saia daqui. Isso não está certo.*

Ele se desculpou muito educadamente. Ele nunca disse uma palavra a respeito disso, mas na semana seguinte o pastor chamou aqueles dois membros da equipe e disse: "Eu estava orando hoje, e senti em meu espírito que vocês não estão comigo, portanto é hora de vocês partirem."

Atualmente, esse jovem está em um ministério extremamente bem-sucedido. Ele prega em todo o mundo. Ele me disse: "Sei que se eu não tivesse saído naquela noite, se tivesse permitido que eles me envenenassem e tivesse me tornado crítico e julgador, eu não estaria onde estou hoje."

Aqueles dois homens eram tão talentosos quanto ele. Tinham todo o potencial, mas eles simplesmente ficaram à deriva. Por causa do espírito de crítica que permitiram se manifestar, eles nunca entraram na plenitude do que Deus tinha reservado para eles.

Quando as pessoas estiverem criando problemas ao seu redor, quando começarem a falar negativamente sobre os seus líderes, sobre os membros de suas famílias ou sobre os seus amigos, não fique sentado com elas fazendo parte disso. O espírito de crítica dessas pessoas pode impedi-lo de cumprir o seu destino.

Deus não irá promover alguém que tem um espírito de crítica, um caluniador, um fofoqueiro ou alguém que semeia a discórdia. Se você tem um problema com alguém, fale com a pessoa face a face, e não pelas costas dela. Talvez você não concorde com tudo, talvez haja coisas ao seu redor que você não entende, mas não seja um fofoqueiro.

Palavras Negativas Podem Voltar como um Bumerangue

Mateus 7:1 nos diz para não implicarmos com as pessoas, não criticarmos as falhas delas, não atacarmos os erros delas, a não ser, é claro, que queiramos receber o mesmo tratamento. O espírito de crítica tem uma característica própria: ele costuma voltar para nós como um bumerangue.

A irmã de Moisés, Miriã, criticou-o porque ela não gostava da mulher com quem ele se casou (ver Números 12). A noiva não era da mesma nacionalidade que eles, então Miriã criticou e alimentou problemas e fofocas. Enquanto isso, Moisés estava extremamente feliz, tão feliz que essa crítica não o incomodava. Ele estava acima disso. Mas sua irmã, a crítica, caiu de cama com lepra. Sua pele ficou totalmente coberta com a doença.

Não sei quanto a você, mas eu não vou falar mal das pessoas. Posso não entender alguém. Posso não concordar. Posso escolher não me associar àquela pessoa, mas não vou falar mal de ninguém, tentar arruinar a reputação de ninguém ou fazer ninguém ficar mal aos olhos dos outros. Preciso da proteção de Deus. Quero ficar debaixo da cobertura dele.

Faça como eu e tome a decisão de que você não terá um espírito de crítica. Treine-se para ver o melhor. Se você procurar, encontrará algo de bom em todas as situações. Comece com os seus relacionamentos. Faça uma lista das qualidades que você gosta no seu cônjuge e nos seus filhos. Comece a focar no que é bom. Superestime o que é bom. Dê às pessoas o benefício da dúvida. Não seja alguém que procura defeitos nos outros. Ser crítico pode impedi-lo de cumprir o seu destino.

Creio que as suas janelas estão ficando mais limpas. Você está limpando o julgamento, não está mais criticando ou procurando defeitos. Hábitos como esses podem ter detido você por anos, mas hoje é um novo dia. Declaro que o filtro da crítica não vai mais nublar a sua visão.

Você está vendo o mundo com janelas limpas, acreditando no melhor, vendo o que é bom, cuidando da sua própria vida. Se fizer isso, Deus lutará as suas batalhas por você. Ele derrotará os seus inimigos, consertará o que está errado, e você viverá a vida de vitória que Ele tem reservada para você.

Capítulo 19

Vendo Através dos Olhos do Amor

Muitas vezes julgamos as pessoas sem conhecer a história delas. Nós não passamos pelo que elas passaram. Não sabemos que lutas elas atravessaram. Não sabemos como elas foram criadas. Não conhecemos os desafios que enfrentam. Tudo que sabemos é: "Ele, sem dúvida, é antipático." Ou "Ela usa roupas estranhas". Ou "Ele tem alguns problemas emocionais".

A verdade é que as pessoas são como são por uma razão. Se dedicássemos tempo para conhecer a história delas, seríamos muito mais perdoadores. Se entendêssemos as batalhas que lutaram, a dor que suportaram, as pessoas que lhes fizeram mal, nós seríamos muito mais misericordiosos com elas.

Não deveríamos ser críticos porque elas passaram por um divórcio, têm algum tipo de vício, foram antipáticas ou não falaram conosco. Você e eu não sabemos o que está se passando por trás dos bastidores. Não conhecemos o estresse ao qual uma pessoa está sendo submetida.

Por muito tempo, vimos as pessoas através dos olhos do julgamento. O meu desafio é começar a ver as pessoas através dos olhos do amor. Em vez de ser crítico e de rejeitar as pessoas, dedique tempo para conhecê-las. Descubra quem elas são.

> *Em vez de ser crítico e de rejeitar as pessoas, dedique tempo para conhecê-las.*

Lembro-me de que quando estava no colegial, um jovem se mudou para a nossa cidade e entrou para o time de basquete. Ele era um ótimo atleta, mas era extremamente quieto. Ele tinha uma personalidade diferente, e todos nós o achávamos esquisito. Ele nunca ria conosco, só ficava em um canto e fazia o que tinha de fazer, sem nunca se enturmar de verdade.

Um dia, estávamos apenas nós dois no vestiário. Eu nunca havia realmente falado com ele, então, apenas para ser amigável, eu disse: "Ei! De onde você veio? Onde você nasceu?"

Nunca esquecerei o quanto ele foi sincero. Ele se abriu e me contou como havia saído de um lar disfuncional. Ele havia passado de uma família para outra, e por seis orfanatos diferentes em três anos. Ele tinha toda aquela mágoa, dor e insegurança dentro dele. Quando entendi de onde ele estava vindo, vi-o sob uma luz completamente nova. Depois disso, meus amigos e eu fazíamos questão de incluí-lo nas atividades. Caminhamos "a segunda milha" para fazer com que ele se sentisse amado, aceito, bem-vindo, e parte do nosso time. Ao longo dos anos, vi-o sair da sua concha, se tornar mais confiante e mais seguro. Quando nos formamos, ele era exatamente como o restante de nós, tão feliz e amável quanto possível.

Quando você entende a história das pessoas, é muito fácil entender o comportamento externo delas. Quando descobri por que meu novo companheiro de time era como era, isso mudou a minha perspectiva. Entendi como para mim era fácil ser seguro e feliz. Eu fui criado em um bom ambiente. Ser confiante e esperar coisas boas era fácil para mim. Eu havia sido cercado de pessoas amorosas toda a minha vida. Mas se eu não tivesse tido aquela família amorosa, não sei como teria reagido.

Muitas vezes, julgamos as pessoas com base em nosso próprio histórico e nas experiências que tivemos. Se somos fortes em uma área em que alguém é fraco, é fácil pensar: *Eu jamais faria isso. Nunca seria tão antipático quanto aquele jovem. Nunca me divorciaria. Eu nunca teria me casado com aquela pessoa, para início de conversa.*

Você não sabe o que teria feito na situação delas. Você não esteve no lugar delas. Você não foi criado no ambiente delas. Você não passou pelas experiências que elas passaram.

Creia no Melhor

Todos nós temos pontos fortes, e todos nós temos pontos fracos. Somos fortes em certas áreas não porque somos pessoas maravilhosas e simplesmente decidimos ser fortes, mas por causa da graça de Deus em nossas vidas. Sou seguro e confiante porque Deus me abençoou com pais maravilhosos. Não posso julgar os atos de alguém que não foi abençoado da mesma maneira. Se a minha situação e a situação do meu novo colega de time tivessem sido o contrário uma da outra, não sei se eu poderia ter lidado com a situação tão bem quanto ele.

Em vez de nos sentirmos mais santos do que os outros e julgar as pessoas, as nossas atitudes deveriam ser: *Se não fosse pela graça de Deus, aquele poderia ser eu.* Se não fosse pela bondade de Deus, eu poderia estar lutando contra um vício. Eu poderia ser inseguro, irritável e estar lidando com todo tipo de problemas. Não vou julgar. Vou demonstrar misericórdia. Não vou ser crítico. Serei compreensivo. Afinal, não sabemos o que as pessoas estão passando. Devemos dar uma oportunidade a elas.

Um bom amigo meu me disse que o seu chefe saltou na sua garganta sem motivo algum. Ele disse que não havia feito nada de errado e que seu chefe simplesmente deu uma bronca nele na frente de toda a equipe de vendas, constrangendo-o. Ele, de forma compreensível, ficou aborrecido com isso.

Eu disse a ele o que estou dizendo a você: Simplesmente dê ao seu chefe o benefício da dúvida. Algo mais está acontecendo. Ele descobriu duas semanas depois que seu chefe estava passando por um divórcio. Isso deu a ele uma perspectiva completamente nova. Agora ele entende por que ele estava tão irritado, por que ele estava no limite. Em vez de levar a crítica do seu chefe para o lado pessoal, ele está sendo condescendente. Ele está sendo misericordioso com ele. Ele está fazendo o que pode para ajudar a aliviar o peso.

Dê o Benefício da Dúvida

Na maior parte do tempo, se alguém não é bom o bastante, existe uma boa razão para isso. Não sabemos o que acontece atrás de portas fechadas. Não conhecemos o sofrimento ou a dor que a pessoa pode estar escondendo. Talvez ela esteja fazendo o melhor que pode apenas para manter o equilíbrio mental. A última coisa que ela precisa é que alguém despeje outro fardo sobre ela. Deus coloca pessoa como essas em nossas vidas não para serem julgadas, condenadas ou criticadas. Deus as coloca ali para que possamos ajudá-las, amá-las e trazê-las de volta à integridade.

Onde estão aqueles que curam? Onde estão as pessoas sensíveis que reconhecem quando alguém está sofrendo? Onde estão aqueles que se levantarão e dirão: "Posso ver que você está estressado. Posso ver que você não está se sentindo bem. Existe alguma coisa que eu possa fazer para ajudar? Posso orar por você? Posso lhe pagar o jantar? Posso ir até aí para encorajá-lo?"

Vamos parar de julgar as pessoas e começar a curá-las.

Eu estava em uma longa fila no mercado, com cerca de nove pessoas, e a jovem na caixa registradora parecia estressada. Ela era muito rude com as pessoas e algumas delas também eram rudes com ela em troca. Ele deixava bem claro que não queria estar ali trabalhando.

O ambiente estava tenso e só piorou quando ela teve um problema com o caixa. Ela teve de chamar o gerente, causando ainda mais atrasos. Em seguida, ela precisou checar o preço das compras de uma pessoa. Estava demorando tanto que as minhas bananas verdes já estavam maduras! Os clientes na fila estavam resmungando por causa da atitude negativa dela, o que parecia torná-la ainda mais rude com os clientes, mas seus atos eram tão inadequados que eu notei que algo mais a estava incomodando.

Quando finalmente chegou a minha vez de pagar, sorri e encorajei-a.

— Ei, posso ver que você está estressada com alguma coisa e as pessoas estão lhe irritando, mas estou aqui para lhe dizer que, seja qual for o problema, ele vai se resolver. Tudo vai ficar bem. Deus tem você na palma da mão dele. Ele sabe o que você está passando. Ele tem a solução.

Grandes lágrimas começaram a descer pelo rosto dela. A princípio, ela se esforçou para não dizer nada, mordendo os lábios, mas então as palavras saíram.

— Meu bebê está internado no hospital St. Joseph, estou muito preocupada — disse ela. — E ontem meu marido ficou desempregado. Não sei como vamos resolver isso.

Sou conhecido por me oferecer para orar em todo tipo de situação, mas esta foi a minha primeira vez na fila do caixa de um mercado.

— Deixe-me orar por você — eu disse a ela.

Bem ali, na fila rápida de número 2, nós oramos. Quando terminamos, a mulher na fila atrás de mim deu a volta e deu um grande abraço na moça do caixa.

Um homem lá atrás na fila disse:

— Uma grande amiga minha é enfermeira naquele hospital. Vou ligar para ela e pedir que ela veja como está o seu bebê.

Toda a atmosfera mudou porque, quando ouvimos a história dela, nós entendemos. Em vez de olhar para ela com um olhar crítico, olhamos para ela com os olhos do amor. Em vez de reagir à grosseria dela, respondemos à sua tristeza e preocupação. Entendemos e nos sensibilizamos depois de perceber por que ela estava tão tensa.

Antes que eu partisse, ela disse:

— Você nunca saberá o que isso significou para mim.

Algumas Palavras Gentis Fazem Maravilhas

Provérbios 15:4 diz que a língua amável traz cura. É impressionante o que algumas palavras gentis podem fazer. É impressionante o impacto que você pode exercer quando diz a alguém: "Ei, tudo vai ficar bem. Você tem dias bons à frente."

> *É impressionante o que algumas palavras gentis podem fazer.*

Essas palavras têm poder de cura. Mas quando alguém é rude com você, é fácil reagir da mesma maneira. Em vez de julgar essa pessoa, se você primeiro se colocar no lugar dela, isso lhe ajudará a colocar as lentes certas: lentes de amor e não de julgamento.

Isso não significa que você está desculpando o comportamento da pessoa. O que ela está fazendo pode estar errado. Pode ser culpa dela. Ela pode ter trazido o problema para si mesma. Mas aprendi que não sou o juiz. Deus é o Juiz. Não estou aqui para endireitar todo mundo, estou aqui para ajudar a trazer cura.

A nossa função é derramar o óleo de cura nas feridas, é levantar os caídos, ser amigo dos solitários, encorajar os desanimados. Quando você adota essa abordagem de misericórdia em vez de dar a eles o que merecem, você dá início ao processo de cura. Você diz: "Eu entendo. Ele não está tendo um bom dia. Entendo que ele está sob muito estresse. Entendo que a vida não o está tratando de forma justa."

Um velho fazendeiro tinha filhotes de cachorro para vender, então ele colocou um cartaz em sua cerca. Um menino de oito anos apareceu do outro lado da estrada e disse que queria comprar um filhote. Ele esvaziou um bolso cheio de moedas e disse:

— Tenho trinta e nove centavos, isso basta?

O fazendeiro riu.

— Não sei — disse ele — deixe-me contar.

Ele contou moeda por moeda.

— Este é exatamente o valor correto — ele disse ao menino.

Ele chamou seu ajudante e disse-lhe para soltar os filhotes. As quatro bolinhas de pelo mais lindas que você poderia imaginar vieram correndo em direção ao menino. Ele se abaixou e brincou com eles, tentando decidir qual ele queria comprar.

Então ele olhou para cima e viu que um filhote menor estava descendo a rampa que saía da gaiola de filhotes no celeiro. Havia algo errado com as patas traseiras daquele filhote. Ele tentou correr, mas o melhor que ele conseguia fazer era mancar.

O garotinho se sentiu imediatamente atraído por ele. Sem hesitar, ele disse ao fazendeiro:

— Aquele é o filhote que quero.

O fazendeiro ficou desconcertado e disse:

— Não, filho. Você não quer aquele filhote. Ele nunca poderá correr e brincar como o restante da ninhada. Há algo errado com as patas traseiras dele.

O garotinho se abaixou e enrolou para cima as pernas de sua calça jeans para mostrar os aparelhos de metal em suas pernas. Pela primeira vez, o fazendeiro percebeu que ele usava sapatos feitos sob medida.

Ele disse ao fazendeiro:

— Veja, eu também não corro muito bem. Este filhote precisa de alguém que o entenda.

Encontre Tempo para Conhecer a História Deles

Este mundo está cheio de pessoas que precisam ser compreendidas. Não sabemos o que os outros estão passando. Não sabemos a mágoa ou a dor que eles suportaram. Eles podem ser diferentes, ter problemas emocionais e fazer coisas que nós não faríamos, mas tudo bem. Dê-lhes uma oportunidade.

Se encontrasse tempo para conhecer a história deles, você não os criticaria. Se você primeiro tentasse se colocar no lugar deles, você descobriria por que eles são como são.

A história do filhote me faz recordar o dançarino que frequentava a igreja de meu pai quando eu era pequeno. Esse membro da nossa congregação estava na casa dos trinta anos, e sempre dançava durante o culto. Assim que a música começava, ele se levantava, colocava as mãos para cima e dançava sem inibição.

Eu tinha mais ou menos dez anos nessa época, e me sentava com meus amigos para ridicularizar o homem que dançava. Nós simplesmente o achávamos muito estranho. Chegávamos a procurá-lo antes do culto para ter certeza de que teríamos um bom ângulo para poder vê-lo dançar. Então nós narrávamos o acontecimento lance por lance quando a música começava. "Lá vão as mãos dele! Lá vão as pernas dele!"

Simplesmente não conseguíamos entender por que ele ficava tão entusiasmado a ponto de ficar ali dançando. Meu pai, sendo o homem que era, chamou o homem que dançava para ir até o púlpito em um domingo e pediu que ele contasse a sua história.

Você pode ter certeza de que os nossos jovens ouvidos ficaram atentos. Finalmente, descobrimos o que o tornava tão estranho, e por que ele dançava o tempo todo na igreja. Nossas atitudes e a nossa perspectiva mudaram enquanto ele falava.

Ele explicou que nunca havia conhecido seu pai e que sua mãe havia cometido suicídio quando ele era pequeno. Ele havia crescido como uma pessoa irada e amargurada, sem direção e sem propósito.

Ele sempre havia se sentido perdido e sozinho, até que encontrou a Igreja Lakewood, disse ele. Em nossa igreja, ele havia tido uma sensação de pertencer a algum lugar pela primeira vez. Ele se sentia amado e apoiado. Aquele encorajamento lhe ajudou a transformar a sua vida. Ele encontrou um bom emprego e casou-se com uma mulher que o amava. A igreja de meu pai deu-lhe o fundamento que faltava em sua vida, algo sobre o qual ele pôde construir e de onde pôde tirar forças.

"Quando penso em tudo o que Deus fez por mim, eu simplesmente não consigo ficar parado. Meus braços se erguem no ar", disse ele. "Quando a música começa, minhas pernas simplesmente começam a dançar. Sou tão feliz que simplesmente tenho de dar louvor a Deus."

Quando meus amigos e eu ouvimos a história daquele homem, nós nos sentimos muito constrangidos. Nós nunca mais o ridicularizamos. Aprendemos que quando você imagina estar no lugar de alguém, quando ouve toda a história dessa pessoa, você adquire uma perspectiva nova e mais profunda.

Ajude os que Sofrem

Será possível que a pessoa que você tem julgado tenha um bom motivo para ser como é? Talvez ela tenha um vício. Você é tentado a rejeitá-la e a criticá-la, mas já imaginou estar no lugar dela? Você sabe como ela foi criada? Sabe que batalhas ela lutou?

Na maior parte do tempo não conhecemos todos os fatos sobre as pessoas que julgamos e criticamos. Mesmo que elas estejam erradas, Deus não nos colocou aqui para condená-las. Elas precisam da nossa misericórdia, do nosso perdão e da nossa compreensão para voltarem ao caminho certo. Ser duro e crítico não traz cura. Assim, não estamos erguendo as pessoas, apenas as empurramos mais para baixo.

Ao lidar com milhares de pessoas ao longo dos anos, uma coisa que posso lhe dizer é que 99.9% delas não são pessoas más. Elas podem fazer escolhas erradas, mas lá no fundo têm um bom coração. A maioria quer fazer o que é certo. Se você simplesmente olhar para elas com os olhos do amor, poderá ser um daqueles que as ajudará a subir mais e a cumprir o destino que Deus tem para elas.

Quanto mais eu vivo, menos julgador me torno. Um homem me disse depois do culto há algum tempo: "Joel, hoje você pregou um sermão dos infernos!"

Acredita que aquilo não me ofendeu? Eu também achei o sermão bom! A escolha de palavras dele simplesmente me fez entender que ele não foi criado como eu. Da maneira que fui educado, se você dissesse "inferno", isso queria dizer que você ia para lá. Mas eu descobri que os pais dele eram proprietários de bares. Então, enquanto cresci como um garotinho que andava pela igreja, ele estava andando pelos bares.

Eu não sou mais santo do que você. Sei que, se não fosse pela graça de Deus, eu não estaria onde estou hoje.

Dê Espaço às Pessoas para Crescerem

Se uma garota com uma má reputação entra na minha igreja, o meu sentimento é o de que eu prefiro que ela venha à Lakewood a estar na rua ou em um clube qualquer. Jesus disse: "Não são os que têm saúde que precisam de médico, mas sim os doentes" (Lucas 5:31). Nossas igrejas não deveriam ser museus para exibir pessoas perfeitas. Elas deveriam ser hospitais para ajudar os que sofrem e os que estão sozinhos.

Antes de julgar aquela jovem ou outra pessoa, deixe-me perguntar-lhe: Você já se colocou no lugar dela? Conhece a história dela? Ela teve bons pais que lhe deram sabedoria e direção? Eles a fizeram sentir-se valiosa e amada, ou tiraram vantagem dela? Você tentou ver a vida da perspectiva dela?"

> *Nossas igrejas não deveriam ser museus para exibir pessoas perfeitas. Elas deveriam ser hospitais para ajudar os que sofrem e os que estão sozinhos.*

Dê um pouco de espaço às pessoas enquanto elas estão no processo de mudança. Talvez a garota que entrou na minha igreja esteja tentando transformar a sua vida. Talvez Deus tenha colocado aquele colega de trabalho ao seu lado não para que você o julgue, mas para que possa amá-lo e ajudá-lo a voltar à sua integridade.

Sua atitude deveria ser: *Deus, como posso ajudar esta pessoa a subir mais? O que posso fazer para inspirá-la a se tornar melhor? Como posso fazê-la se sentir mais amada, mais aceita, mais valiosa, mais segura?*

A atitude mais próxima ao coração de Deus é ajudar as pessoas que sofrem. A quantidade de amor, misericórdia, compreensão e compaixão que você dá aos outros lhe será restituída por Deus.

Romanos 15:1 diz: "Nós, que somos fortes, devemos suportar as fraquezas dos fracos." Você terá de tolerar falhas e ignorar erros. Terá de fazer concessões às fraquezas dos outros. Mas o ponto principal é este: seja generoso com a sua misericórdia. Demonstre aceitação a todos, não apenas àqueles que são como você.

Bill era um aluno de faculdade conhecido por seu cabelo desgrenhado e sua maneira desleixada de se vestir. Todos os dias ele usava a mesma camiseta com buracos, calça jeans e sandálias. Ele não se importava em se vestir bem, mas era um jovem muito inteligente, um aluno com excelentes notas. Ele apenas era um pouco diferente.

Um dia, ele foi a um evento de evangelismo no *campus*. Seu coração foi tocado, e Bill entregou a vida a Cristo. O evento no *campus* encorajou-o a entrar para uma boa igreja. Havia uma do outro lado da rua em frente à universidade. Era uma igreja pequena e muito formal, muito conservadora, e os membros da congregação se arrumavam muito para os cultos.

Você pode imaginar o que eles pensaram quando Bill entrou atrasado para um culto pela primeira vez. A pequena igreja estava lotada e ele não conseguiu encontrar um lugar. Ele desceu o corredor central até o altar. Ele estava usando a sua camiseta esfarrapada de sempre, jeans e sandálias. Ele percorreu fileira por fileira e não conseguiu encontrar um lugar.

Finalmente, ele chegou à primeira fila, e descobriu que ali também não tinha lugar para se sentar, então ele se abaixou bem no chão, perto da área do altar. Ele não estava tentando ser desrespeitoso, simplesmente não sabia o que fazer. Ele estava agindo como se a igreja fosse uma sala de aula de faculdade sem lugares vagos.

Mais ou menos naquele instante, o líder dos diáconos saiu do fundo da igreja e andou na direção de Bill. Aquele diácono tinha oitenta anos, era um cavalheiro muito distinto, com cabelos prateados, óculos e um terno muito caro. Ele caminhou lentamente pelo corredor com sua bengala. Houve um burburinho tão grande que o pastor teve de interromper o sermão e esperar que o diácono chegasse até a frente.

Todos estavam pensando que ele pretendia pedir ao estranho jovem para encontrar outro lugar para se sentar ou sair da igreja. A expectativa era de que o homem disciplinado de oitenta anos tivesse pouca compreensão com relação ao jeito de ser de um jovem universitário indisciplinado.

Imagine a surpresa deles quando o diácono parou perto de Bill, colocou sua bengala ao lado dele, e com grande dificuldade se abaixou até o chão e se sentou ao lado dele, para ele não ter de ficar sentado ali sozinho.

Diante da visão dos dois homens sentados lado a lado no altar, toda a igreja irrompeu em aplausos. O pastor disse: "Talvez vocês se lembrem do sermão que vão me ouvir pregar hoje por uma ou duas semanas, mas o sermão que acabaram de ver será lembrado pelo restante de suas vidas!"

Quando vê as pessoas com os olhos do amor, com os olhos da compaixão e da compreensão, você não é nem de longe tão crítico. Em vez de se apressar para julgar, você é rápido em dar às pessoas o benefício da dúvida. Aquele diácono entendeu: *Billy não foi criado como eu. Ele não vem do mesmo ambiente que eu. Ele não veio do mesmo sistema de valores que eu.* Quando se imaginou no lugar de Bill, ele entendeu de onde ele estava vindo.

Seja Aquele que Alivia o Fardo

Teddy era um aluno da quinta série que tinha dificuldades na escola. Ele não queria participar. Era mal-humorado e difícil de conviver. Sua professora, a Srta. Thompson, sempre dizia que amava todos os seus alunos, mais tarde, porém, ela admitiu que a princípio não se importava com Teddy. Ela não conseguia entender por que ele era tão desmotivado e não estava disposto a aprender.

No Natal, os alunos compraram presentes para a Srta. Thompson que ela abriria diante da turma. A maioria deles estava embrulhada em papel com motivos natalinos e com laços brilhantes, mas o presente de Teddy estava embrulhado com papel pardo de um saco de armazém. Quando ela o abriu, caiu de dentro dele uma pulseira muito simples, faltando a metade das pedras, além de um vidro de perfume barato, cheio apenas até a metade.

Alguns alunos riram do presente de Teddy, mas a Srta. Thompson os fez se calarem e agiu como se estivesse satisfeita, passando um pouco do perfume e colocando a pulseira em seu pulso. Em seguida, ela levantou o braço e disse: "Ah, é tão bonita!"

Depois da aula, Teddy foi até a professora e disse bem baixinho: "Srta. Thompson, aquela pulseira fica tão bonita na senhorita quanto ficava em minha mãe. E com esse perfume, a senhorita fica cheirando igualzinho a ela."

Depois que Teddy saiu, a Srta. Thompson correu até os arquivos para descobrir mais sobre a família dele. Ela encontrou a papelada. Dizia assim: "1º ano: Teddy é promissor, mas tem uma situação doméstica muito difícil. 2º. ano: Teddy poderia melhorar, mas sua mãe está gravemente doente. 3º ano: Teddy é um bom garoto, mas é distraído. Sua mãe morreu este ano. 4º. ano: Teddy aprende devagar. Seu pai não mostra sinais de interesse por ele."

Depois de ler os relatórios, a Srta. Thompson enxugou as lágrimas e disse: "Deus, por favor, perdoe-me."

Na manhã seguinte, quando os alunos foram para a sala, eles tinham uma nova professora. A Srta. Thompson havia se tornado uma nova pessoa. Ela trocou os seus olhos de crítica pelos olhos do amor. Ela agora entendia por que Teddy era tão distraído e desmotivado.

Então, ela fez do menino o seu projeto pessoal, demonstrando-lhe amor e encorajamento, agindo como sua tutora e mentora. A empatia e a aceitação da Srta. Thompson mudaram o rumo da vida de Teddy. Anos após ele ter entrado no ensino secundário, a professora recebeu uma carta de seu ex-aluno Teddy.

"Senhorita Thompson, obrigado por tudo que a senhorita fez por mim na escola. Estou prestes a me formar no ensino secundário como o segundo melhor aluno da minha turma."

Quatro anos depois, outra carta: "Senhorita Thompson, obrigado novamente por todo o seu encorajamento de anos atrás. Estou prestes a me formar na faculdade como o primeiro da turma."

Então, chegou uma última carta: "Senhorita Thompson, obrigado. Agora sou o Dr. Teddy. Acabo de me formar na Escola de Medicina. Também estou prestes a me casar e queria saber se a senhorita poderia vir ao casamento. Gostaria que a senhorita se sentasse no lugar em que minha mãe estaria se ainda estivesse viva."

Que diferença faz para a sua felicidade e a alegria dos outros quando você dedica tempo para ouvir a história das pessoas. É fácil criticar. É fácil rejeitar as pessoas. Mas estou convencido, assim como a Srta. Thompson, de que se você fizer um esforço para descobrir o que acontece com elas, será muito mais fácil demonstrar misericórdia.

Certifique-se de ver as pessoas com os olhos do amor, e não com olhos de julgamento.

Certifique-se de ver as pessoas com os olhos do amor, e não com olhos de julgamento. Não critique, e não rejeite as pessoas. Dê-lhes o benefício da dúvida. Caminhe a segunda milha. Considere o fato de que elas podem estar passando por dificuldades incríveis e que estão fazendo o melhor que podem. Seja aquela pessoa que ajuda a aliviar o fardo.

Tudo que é preciso para alguns de nós é simplesmente uma pessoa disposta a se levantar ou nos dar a mão. Você pode ser a Srta. Thompson na vida de alguém. Você pode ser aquele que vai fazer a diferença. Interesse-se pelo colega de trabalho que está tão desanimado. Descubra o que está acontecendo com aquele parente que perdeu a paixão pela vida.

Você pode ser o catalisador de uma mudança. Se olhar para as pessoas através dos olhos do amor e não julgá-las, você viverá como alguém que cura, levantando os caídos e restaurando os quebrantados. Deixe-me garantir-lhe que, quando você ajudar outros a subirem mais, Deus garantirá que você suba também. Ele derramará as Suas bênçãos e o Seu favor sobre a sua vida.

PARTE V

Ria Com Frequência

Capítulo 20

O Poder Curador do Riso

Quando meu pai tinha setenta e cinco anos, ele ainda ria e brincava exatamente como fazia quando tinha vinte anos. Ele era um homem responsável e sério, mas sabia se divertir. Certa vez, estávamos no México, andando pela rua principal de uma pequena cidade, quando um casal de norte-americanos (nossos compatriotas) se aproximou do meu pai.

Eles lhe perguntaram:

— O senhor sabe onde fica a agência do correio?

Meu pai olhou para eles de uma maneira muito estranha e disse:

— No compreende. No compreende, español, amigo.

Eles pensaram: *Oh, não. Ele também só fala espanhol.*

Então, eles disseram de uma maneira realmente dramática:

— Correios.

Papai sacudiu a cabeça:

— No compreende.

Frustrado, o turista disse ainda mais dramaticamente:

— Correios. Mandar uma carta.

Papai se iluminou e disse:

— Correeeio?

Eles ficaram muito empolgados.

— Sim! Sim! Coreeio!

Então papai disse, em inglês:

— Se vocês estão procurando a agência dos correios, fica bem ali na esquina.

O homem disse:

— Cara, eu deveria gritar com você.

Todos nós rimos muito disso.

Meu pai acreditava que o mundo seria um lugar mais saudável se nos estressássemos menos e ríssemos mais. Ele nunca perdeu esse espírito jovem.

Ele sabia que quando as pessoas estão aborrecidas e no limite, dores de cabeça, problemas digestivos e falta de energia são alguns dos resultados. Elas não dormem bem. Grande parte desses sintomas desapareceria se elas simplesmente aprendessem a lidar com o estresse da maneira adequada.

Um dos maiores meios de aliviar o estresse que Deus nos deu foi o riso. É como um remédio. Rir faz com que nos sintamos melhor e libera cura no nosso organismo. Quando rimos, as pressões da vida se desvanecem e nos sentimos restaurados e rejuvenescidos.

Quando foi a última vez que você deu uma boa risada, de verdade? Se já faz algum tempo, talvez o seu riso esteja enferrujado e precisa ser consertado! Você não imagina o quanto se sentiria melhor e a energia que lhe daria se simplesmente relaxasse e aprendesse a rir com mais frequência — não uma vez por mês, não uma vez por semana, mas todos os dias.

Muitas pessoas estão estressadas demais para se divertirem, mas elas precisam recuperar o equilíbrio. Só trabalho e nenhuma diversão não é saudável. Desenvolver um senso de humor e procurar oportunidades para rir pode fazer uma grande diferença na sua qualidade de vida. Talvez você não seja uma pessoa jovial por natureza, pois Deus criou a todos de uma forma única. Mas recomendo que você se treine para rir com tanta frequência quanto possível.

Humor no Hospital Não É Piada

A ciência médica está compreendendo os benefícios do riso como terapia para os pacientes e para melhorar o relacionamento entre os pacientes e aqueles que cuidam deles. Existe até um "movimento pelo humor nos hospitais" que inclui o uso de "unidades de tratamento com palhaços" para entreter os pacientes e melhorar o seu humor. Alguns hospitais agora possuem "carrinhos de humor" que são levados para os quartos dos pacientes com filmes de comédia, jogos e acessórios engraçados para oferecer um alívio cômico para o estresse e a dor.

O Centro Médico St. Joseph, da cidade de Houston, onde moro, teve uma das primeiras "salas do humor" do país. São salas especiais separadas nas quais os pacientes e suas famílias podem rir e se divertir sem perturbar os outros internados. A equipe do St. Joseph descobriu que as visitas à sala do humor levaram muitos pacientes a deixar o hospital mais cedo por terem ajudado a aliviar a dor e outros sintomas.

Outro hospital colocou em prática um programa de humor em sua ala pediátrica. Quando houve falta de leitos, um homem deprimido, de setenta anos, com câncer, foi colocado na ala pediátrica temporariamente. Ele se sentiu tão melhor depois de ficar ali que pediu para ficar com as crianças na próxima vez que fosse internado.

Ouvi falar de outro hospital que leva alguns de seus pacientes internados há muito tempo para um parque por várias horas por semana, a fim de que eles possam observar as crianças brincando. O propósito original era tirá-los do hospital e colocá-los em um ambiente mais relaxante. Mas os médicos descobriram que ver as crianças brincando e ouvi-las rir estimulava o processo natural de cura do corpo.

Apenas observar e ouvir crianças brincando ajudou a mudar o panorama dos pacientes e eles se recuperaram mais depressa. Se apenas observar crianças rindo e brincando ajuda a trazer cura e alegria e a ter uma atitude melhor, imagine se você mesmo rir e brincar, o que isso pode fazer por você!

Ria Como uma Criança

Li que as crianças costumam rir em média mais de duzentas vezes por dia, mas um adulto ri quatorze a dezessete vezes por dia. As pressões da vida e o estresse, somados às responsabilidades, roubam a nossa alegria pouco a pouco à medida que envelhecemos. Só porque não somos mais crianças, porém, não significa que devemos ser sérios e nunca nos divertirmos. A maioria dos adultos está no limite da irritação na maior parte do tempo. Na verdade, todo adulto saudável deveria se agarrar à criança dentro dele. Saiba como trabalhar, mas saiba também como brincar.

Saiba como trabalhar, mas saiba também como brincar.

Um estudo mostrou que uma das características das pessoas que vivem até os noventa anos é que elas se alegram com a vida diária. O riso é o melhor remédio para elas. Um amigo meu tinha uma avó bem-humorada que viveu até os 103 anos de idade. Quando ela foi para o hospital, aos 100 anos, meu amigo telefonou e perguntou à avó o que havia de errado.

"Bem, até agora eles só descartaram a hipótese de gravidez", disse ela.

Conheci alguém exatamente como essa senhora na fila de visitantes da nossa igreja, há alguns anos. Era uma senhora saudável e ágil, de 96 anos de idade. Sua pele era linda. Seus olhos eram brilhantes. Mas o que mais me impressionou foi o quanto ela era feliz.

Parecia que ela nunca havia conhecido um estranho. Todos que a cercavam eram seus melhores amigos. Ela estava abraçando todas as pessoas da fila. Ela usava um vestido claro e colorido, e era um sopro de ar fresco. Depois de conversarmos, abracei-a. Quando estava saindo, disse ao passar por ela: "Quando eu tiver 96 anos de idade, espero ser assim como você."

Ela se inclinou e sussurrou no meu ouvido: "Apenas não use o vestido."

Pensei: *Não é de admirar que ela seja tão saudável. Ela ainda tem senso de humor. Ela ainda sabe sorrir.*

O bom humor daquela senhora era como uma luz de cura que fluía pelo seu corpo. Quero seguir o exemplo dela à medida que envelhecer. Decidi que nunca serei um velho resmungão. Não vou me permitir ficar cada vez mais amargo à medida que envelheço, ao contrário, ficarei cheio de alegria. Quando chegar a minha hora de partir, irei com um sorriso no rosto, uma risada no coração e uma piada no bolso.

O Riso Conserva a Juventude

Toda vez que você ri, reduz o hormônio do estresse e aumenta em 87% a produção do hormônio do crescimento humano, também conhecido como "hormônio da juventude", de acordo com algumas fontes. Esse é o hormônio que desacelera o processo de envelhecimento e o mantém com uma aparência mais jovem e mais fresca. Costumo rir o tempo todo, e não pareço ter setenta e sete anos, não é?

Ouvi uma história sobre Joey Grimaldi, um comediante de princípios dos anos 1800, que fez as pessoas rirem constantemente durante seus quarenta anos de carreira. Joey era conhecido por transformar multidões zangadas em plateias que aplaudiam, mas ele não era um homem tão feliz. Ele era viciado em trabalho e se sentia pressionado a ser sempre cada vez mais engraçado. Ele era um perfeccionista, por isso nunca estava satisfeito com as suas atividades ou com o seu sucesso.

Mais tarde em sua vida ele ficou doente, mas continuou atuando. Ele foi a um médico que nunca havia visto. Joey envelhecera por causa do excesso de trabalho e do estresse que impôs a si mesmo. Aquele médico não o reconheceu como o famoso comediante. Depois de examiná-lo, o médico disse ao seu novo paciente que não havia razão clínica para a sua doença, a não ser o estresse por excesso de trabalho e uma possível depressão.

— Não sei o que o senhor faz para ganhar a vida, mas sugiro que tire um tempo de folga do trabalho e relaxe. Vá assistir àquele grande comediante, Joey Grimaldi, que está na cidade esta semana. Ouvi dizer que seu show é hilariante, e rir lhe fará muito bem.

Joey olhou para o médico e respondeu tristemente:

— Mas doutor, *eu* sou Joey Grimaldi.

Algumas semanas depois, em março de 1823, Joey teve um colapso e morreu de esgotamento. Ele podia fazer os outros rirem, mas infelizmente nunca separou tempo para rir. Não deixe que isso aconteça com você.

Estou certo de que você conheceu pessoas tão estressadas quanto Joey Grimaldi, que pareceu envelhecer rapidamente por causa dos seus desafios. Quando estamos estressados, circunspectos e irritados, as substâncias químicas que Deus projetou para nos manter jovens, para aliviar o estresse, reduzir a pressão sanguínea e tornar o nosso sistema imunológico mais forte, ficam sem utilização. Deus nos deu tudo o que precisamos para vivermos de modo saudável e íntegro, mas cabe a nós extrair essas substâncias por meio do riso e de enxergarmos o humor na vida.

Brincar É Tão Bom Quanto Dormir

O psiquiatra Dr. Stuart Brown é o fundador do National Institute of Play (Instituto Nacional da Brincadeira). Ele passou a se interessar pelos efeitos do riso e da brincadeira em nossas vidas quando o governador do Texas pediu-lhe que investigasse os tiroteios no *campus* da Universidade do Texas, ocorridos em 1966. Enquanto ele estudava a vida do jovem perturbado que havia matado dezesseis pessoas e ferido outras trinta e duas, uma coisa ficou evidente: aquele jovem nunca havia brincado normalmente quando criança.

Ele cresceu em uma família tão disfuncional e altamente estressada que a sua "vida de brincadeira" foi muito limitada quando criança. Isso interessou tanto ao Dr. Brown que ele decidiu entrevistar outros presos que estavam no corredor da morte. Ele descobriu que uma grande porcentagem deles também não havia brincado normalmente ou livremente quando eram crianças. O Dr. Brown conclui hoje que o oposto da brincadeira não é trabalho. É a depressão. Ele acredita que precisamos brincar tanto quanto precisamos dormir se quisermos ser pessoas física e emocionalmente saudáveis.

Provérbios 17:22 apoia essa ideia quando diz: "O coração alegre serve de bom remédio; mas o espírito abatido seca os ossos" (AA). Quando você está de bom humor e cheio de alegria, dedicando tempo para rir e brincar, é como tomar vitaminas ou um bom remédio. Na verdade, a ciência médica nos diz que rir ativa o nosso sistema imunológico. O riso reduz a pressão sanguínea. As pessoas que riem regularmente têm 40% menos probabilidade de ter um ataque cardíaco do que aquelas que não riem, dizem algumas pesquisas.

Não Tome uma Pílula, Tome uma Piada

O riso também aciona o lado direito do cérebro, responsável pela criatividade e pelo processo de tomada de decisões. Quando você dá uma boa risada, ativa os tranquilizantes naturais do corpo que lhe acalmam e lhe ajudam a dormir melhor. Muitas pessoas hoje sofrem de insônia, e rir mais talvez lhes ajudasse a relaxar e descansar.

Uma sofrida mulher chamada Virginia estava sempre tomando tranquilizantes porque não conseguia dormir bem havia muito tempo. Mas ela tomava os tranquilizantes com tanta frequência que eles quase não adiantavam. Virginia tentou diversas dietas, médicos e ervas também, mas parecia que nada funcionava.

> *Quando você dá uma boa risada, ativa os tranquilizantes naturais do corpo que lhe acalmam e lhe ajudam a dormir melhor.*

Até que, um dia, um médico lhe deu uma receita inusitada. Ele disse: "Toda noite, antes de ir dormir, assista a algo engraçado — um filme engraçado, um vídeo engraçado, um programa engraçado — algo que a faça rir."

Virginia seguiu o conselho do médico durante noites seguidas. Ela passou a dormir cada vez melhor. Ao longo do tempo, ela abandonou totalmente seus remédios e passou a dormir todas as noites como um bebê.

O que aconteceu? Virginia precisava de tranquilizantes feitos pelo homem, porque ela não estava liberando os tranquilizantes naturais de Deus. Talvez você também se sentiria melhor se relaxasse e risse com mais frequência. Talvez as suas dores de cabeça, as suas dores nas costas, as suas enxaquecas, a sua dor crônica, ou a sua fadiga melhorassem se você brincasse, risse e aproveitasse mais a vida.

Quando minha mãe foi diagnosticada com câncer terminal, em 1981, ela se certificou de continuar tomando doses saudáveis de riso. Ela estava com dores e preocupada, mas em vez de ficar na cama sentindo pena de si mesma, ela assistia a desenhos animados na tevê. Ela se sentava e ria sem parar.

Minha sábia mãe estava liberando a cura que Deus colocou dentro dela. Se não conseguisse encontrar algo engraçado para assistir, ela ia procurar meu irmão Paul. Isso sempre a fazia rir.

Caso você não tenha entendido, minha mãe ainda está rindo hoje. Os médicos haviam lhe dado apenas alguns meses de vida, contudo, mais de trinta anos depois, ela está livre do câncer. Esse é o milagre da fé com uma dose saudável de riso.

Curador por Natureza

Nosso sistema imunológico é constituído de milhões de células. O único propósito de algumas dessas células é atacar e matar qualquer coisa estranha ao corpo. Elas são chamadas células NK ou "natural killers" (matadoras naturais). Elas são responsáveis por encontrar certas bactérias e vírus danosos e destruí-los. Uma de suas principais funções é atacar as células que geralmente causam o câncer. Os pesquisadores descobriram que toda pessoa desenvolve essas células cancerígenas anormais regularmente. As nossas células NK costumam trabalhar e garantir que elas sejam destruídas, mas as emoções negativas como o estresse, a preocupação, o medo, a ansiedade e a depressão enfraquecem as células NK.

Estudos demonstraram que aqueles que são felizes e riem regularmente não apenas desenvolvem mais dessas células NK que a média, como a atividade dessas células é aumentada. Assim, quando você tem um bom temperamento, enxerga o humor na vida e não é estressado, essas células benéficas funcionam no seu mais alto nível.

Com tantas doenças e tristeza no mundo hoje, não sei por que as pessoas não recorrem mais ao poder curador do riso. É uma cura gratuita sem nenhum efeito colateral. Você pode tomar tanto quanto quiser. Não sou médico, mas vou lhe dar uma receita hoje.

Aqui está: pelo menos três vezes ao dia, todos os dias, tome uma boa dose de humor. Encontre algo engraçado que faça você rir bem alto. Nada de prender o riso. Nada de rir por dentro. Libere essa alegria na atmosfera para que todos possam ouvi-la. Ative essas endorfinas, os seus tranquilizantes naturais.

Um médico amigo meu me contou sobre uma mulher que tinha um caso grave de fibromialgia. Esse distúrbio de origem desconhecida causa dor crônica generalizada por todo o corpo. Aquela mulher passava horas na cama sofrendo. Ela também tinha fadiga crônica e estava muito deprimida.

Seu médico tratou a dor com medicamentos, mas ele sentiu que as pílulas estavam tratando apenas os sintomas, e não a causa. Conversando com ela, o médico percebeu o quanto ela estava deprimida. Então, ele lhe fez uma pergunta interessante:

— Quanto tempo faz que você não dá uma boa risada, daquelas com vontade?

A mulher teve de pensar por um instante.

— Doutor — disse ela — não rio assim há mais de trinta anos, desde que eu era criança.

— Bem, eis a sua receita — disse ele. — Vá assistir a um filme engraçado. Procure ler todos os livros humorísticos que puder, e ria tanto quanto possível.

Ela seguiu a orientação dele e, pouco a pouco, sua alegria retornou. A dor cedeu. Sua energia foi restaurada. Três meses depois, ela voltou ao médico para fazer um *check-up*. No instante em que ela entrou, ele pôde ver a diferença. Havia um brilho em seus olhos, uma mola em seus passos, um sorriso em seu rosto.

— Doutor — ela disse — nunca me senti tão bem em toda a minha vida.

Nos meses que se seguiram, ela continuou a rir cada vez mais. Seu riso purificou o seu corpo de tudo que estava lhe causando dor.

Deixe-me perguntar-lhe o mesmo que o médico perguntou a ela: quanto tempo faz que você não dá uma boa risada, daquelas com vontade? Um dia? Uma semana? Um mês? Um ano? Dez anos? Não deixe de tomar o seu remédio.

Reconheço facilmente quando tenho um dia difícil e cheio de pressão: sinto uma dor forte nas costas, no centro da coluna. Sei que é resultado de tensão. Para aliviar essa dor, faço exatamente o que estou lhe dizendo para fazer. Vou brincar com meus filhos. Eles sempre me fazem rir. Ou assisto a algo engraçado na tevê.

Invariavelmente, depois de alguns minutos de riso, essa dor desaparece completamente. É como se eu recebesse uma boa massagem, só que mais barata. O remédio do riso economizará o seu dinheiro. Chega de comprar pílulas para dormir, tranquilizantes e antidepressivos!

Deus Já Decidiu a Luta pela Sua Saúde

O Salmo 2:4 diz que Deus se assenta nos céus e ri. Você pode imaginar isso? Agora mesmo Deus está no trono. Ele não está zangado. Ele não está preocupado com a economia. Não está irritado com você e comigo. Deus está no trono, cheio de alegria.

O Salmo 37:13 explica por que Ele está rindo: "O Senhor, porém, ri dos ímpios, pois sabe que o dia deles está chegando." Em outras palavras, o motivo pelo qual Deus ri é porque Ele conhece o fim da história. Ele conhece o resultado final. A boa notícia é que você e eu venceremos. Deus sempre nos faz triunfar!

É como se estivéssemos em uma luta decidida. O resultado é predeterminado por Deus. Imagine que você soubesse quem vai ganhar a Copa do Mundo antes do pontapé inicial. Não importa o quanto o vencedor ficasse para trás, por pior que as coisas parecessem para ele, você não se preocuparia. Você tinha uma informação interna. Você sabia o resultado final.

É isto que Deus está dizendo: quando as coisas ficarem difíceis e parecer que não estão dando certo, você pode rir pela fé, sabendo que Deus já escreveu o capítulo final. Ele já registrou a vitória a seu favor.

Ele está dizendo: Na fome, quando as coisas ficarem difíceis, olhe o problema no rosto e diga: "Ha, ha, ha! Sei qual será o resultado, Deus me destinou para vencer. Ele já colocou o meu nome no troféu. Ele já me viu em pé no pódio como vencedor."

> *Quando as coisas ficarem difíceis e parecer que não estão dando certo, você pode rir pela fé, sabendo que Deus já escreveu o capítulo final.*

Deus concedeu a Abraão uma promessa de que ele seria pai de um filho. De acordo com a perspectiva natural, isso era impossível. Ele era velho demais. Mas a primeira coisa que Abraão fez quando ouviu a promessa de Deus foi rir (ver Gênesis 17:17). O riso dele foi um riso de fé. Ele disse, na verdade: "Ha, ha! Deus, eu sei que Tu podes fazer isso acontecer. Sei que Tu és um Deus sobrenatural."

E muitas vezes, quando Deus coloca uma promessa em nosso coração, ela parece impossível. Talvez você esteja doente e Deus tenha lhe garantido que você ficará saudável de novo. Ou talvez você esteja com dificuldades financeiras, mas Deus está dizendo que você vai ter abundancia. Ele irá prosperá-lo. Talvez a sua família tenha sido destroçada, mas Deus promete restaurar os vínculos.

A sua mente pode ter dúvidas, mas lembre-se de rir com fé como Abraão, porque é apenas uma questão de tempo até que essas promessas se cumpram. Você está em uma luta já decidida.

Estou lhe pedindo hoje para criar o hábito de tomar o seu remédio regularmente. Todos os dias, encontre algum motivo para rir. Procure oportunidades. Se você acha que não tem um motivo, então saiba que você pode rir pela fé. Mantenha o coração feliz e a mente alegre, e você desfrutará mais a vida; melhor ainda, você sentirá os tranquilizantes naturais de Deus fluindo através de você.

Capítulo 21

Sorria, e o Mundo Sorrirá com Você

Eu soube que uma cobrança alta estava a caminho quando me dirigi ao balcão da companhia aérea para trocar as datas das nossas quatro passagens de ida e volta. Depois que entreguei os bilhetes à funcionária, ela confirmou o meu temor.

— Serão cinquenta dólares a mais no preço de cada bilhete — ela disse.

Eu ri e sorri.

— Sim, eu imaginei que haveria uma cobrança — respondi.

Minha reação pareceu surpreender a agente de viagens.

— Por que o senhor está rindo? — ela disse. — A maioria das pessoas ficaria chateada.

— Não sei — redargui. — Acho que simplesmente sou uma pessoa feliz.

Ela balançou a cabeça e foi trabalhar no seu computador. Alguns segundos depois, ela me entregou os meus novos bilhetes e disse:

— Não vou lhe cobrar nada a mais. Precisamos de mais pessoas felizes por aqui.

Durante o restante daquele dia, andei por ali sorrindo e rindo para todos os que cruzavam o meu caminho! Eu sempre havia ouvido falar que ser feliz trazia recompensas, mas aquela era a primeira vez que eu realmente colocava algum dinheiro no bolso.

Meu palpite é que a agente de viagens já havia lidado com todo tipo de pessoas estressadas e irritadas antes que eu fosse ao balcão dela. Eu não estava feliz com a ideia de pagar a mais para trocar as minhas passagens, mas eu havia decidido que não era a agente de viagens quem fazia as regras, então por que ela teria de suportar a minha infelicidade? Em vez disso, tomei a decisão de tratá-la com bom humor.

Um velho ditado diz que você atrai mais moscas com mel do que com vinagre. Eu nunca conheci ninguém que quisesse atrair moscas, mas entendi o ponto: sendo gentil, você recebe mais do que sendo mal-humorado.

Haverá sempre uma recompensa para quem andar com um sorriso em lugar de uma testa franzida? Acredito que sim. Como mencionei, você terá uma saúde melhor se tiver uma abordagem positiva com relação à vida, e também atrairá mais amigos, apoiadores, encorajadores e pessoas que lhe desejam o bem.

Quando nos deparamos com situações desagradáveis e tempos desafiadores, precisamos uns dos outros mais do que nunca. No entanto, muitas vezes as pessoas estressadas se colocam na defensiva e se isolam. Elas ficam irritadas e mal-humoradas, afastando os outros, embora elas precisem mais de apoio do que nunca naquele momento. Quanto mais pressão você sente e quanto mais isolado fica, mais você deve procurar oportunidades para sorrir e rir, e assim atrair as pessoas a você.

Deixe Sua Alegria Brilhar nas Trevas

Atualmente, ouvimos notícias pessimistas constantemente. Mais problemas na economia. Impostos mais altos. Aumento do déficit. Embargos de imóveis. Um mercado de trabalho difícil.

Se você não tomar cuidado, poderá cair na armadilha de pensar: *Este não é o momento para desfrutar a vida. Com certeza, este não é o momento para rir, não é o momento para ter senso de humor.*

Mas nos tempos difíceis, mais do que nunca, ative a sua alegria. Na verdade, Jó 5:22 diz: "Você rirá da destruição e da fome." A princípio, isso pode parecer não fazer sentido. Devemos rir da fome? Devemos rir da destruição?

Bem, é exatamente isso, porque nos tempos difíceis você corre um risco maior de perder a sua alegria, portanto, mantenha conscientemente o seu bom humor e o seu otimismo nos piores momentos. Quando fica deprimido, o seu cérebro se fecha, você perde a sua criatividade e se isola dos amigos e da família. Os dias mais escuros, porém, são quando você precisa de todas essas coisas ainda mais.

Ser alegre rindo e desfrutando até as pequenas coisas reduz os efeitos do estresse, aumenta a atividade cerebral e eleva a criatividade, e todas essas coisas podem ajudá-lo a superar os seus desafios nos tempos difíceis. Usamos o lado esquerdo do cérebro na maioria das situações, mas quando rimos, iluminamos o lado direito. As pesquisas mostram que as pessoas que têm lutado com um problema, e se sentem paralisadas, tendem a se sair muito melhor se fizerem um intervalo e derem uma boa risada. Os especialistas dizem que, sem o riso, nosso processo de pensamento pode ficar emperrado, o nosso foco fica estreito, e a nossa capacidade de resolver problemas se torna limitada.

O ponto principal é este: se você tiver senso de humor e rir regularmente, sua mente se ilumina. Você terá novas ideias e tomará decisões melhores. O resultado é que as suas capacidades para solucionar problemas serão ampliadas.

Às vezes, principalmente como líderes e pais, pensamos que ser sérios e compenetrados evidencia a nossa maturidade. Queremos dar um bom exemplo em casa e no escritório. Queremos ser modelos responsáveis, mas ser sério o tempo todo não é bom para nós ou para aqueles que nos admiram. Com certeza, há momentos que exigem que sejamos sérios e focados, mas também há momentos em que precisamos relaxar, com o objetivo de demonstrar que podemos lidar com a pressão e continuar de bom humor para que as soluções criativas possam ser encontradas.

> *Ser sério o tempo todo não é bom para nós ou para aqueles que nos admiram.*

O riso e o bom humor oferecem um denominador comum e uma linguagem compartilhada por todos. Eles criam vínculos que mantêm as redes sociais unidas. Um sorriso amigável atrai as pessoas a você. O calor pessoal derrete as barreiras sociais e ameniza a nossa desconfiança natural. Quantas vezes você compartilhou um riso com alguém completamente estranho? Quantas vezes esse riso iniciou uma conversa ou levou a uma amizade? A um romance? A um relacionamento de trabalho?

O Riso Cria Vínculos

Um sorriso derruba muralhas. O humor atrai as pessoas e as conecta umas às outras. Esse é o motivo pelo qual começo todos os sermões com uma brincadeira; fazer isso torna as pessoas mais receptivas.

Quando eu era criança, a igreja de meu pai fazia um banquete anual no Natal, no salão de festas de um hotel em Houston, o Galleria Mall. Mil pessoas frequentavam esses banquetes.

Todos os anos, o ponto alto do nosso banquete de Natal era um vídeo de quinze minutos de coisas engraçadas que haviam acontecido na igreja. Mostrávamos imagens de pessoas dormindo e bocejando durante os sermões de meu pai. Às vezes, tínhamos outros vídeos de crianças se comportando mal que mostrávamos em câmara lenta. Depois editávamos tudo juntando vários vídeos de sermões do meu pai, mas fazíamos com que ele dissesse coisas engraçadas, ou acelerávamos a fita e fazíamos com que ele repetisse a mesma frase várias vezes para parecer um cantor de rap.

A plateia ria durante quinze minutos sem parar. Eles ainda estavam rindo quando a apresentação terminava e as luzes se acendiam. Nunca me esquecerei como o pessoal da equipe de funcionários do hotel saía para assistir esse vídeo. Os garçons, os cozinheiros e os atendentes se enfileiravam junto às paredes ao redor do salão de festas para rir conosco.

Como o hotel ficava em um shopping, os fregueses também ouviam as risadas. Dentro de alguns minutos, havia umas duzentas pessoas aglomeradas junto às portas, olhando para dentro e apreciando a diversão.

De vez em quanto, eu ouvia falar sobre um novo membro da congregação que foi fazer compras no shopping e encontrou um lugar para adorar conosco, graças à nossa capacidade de rir e nos divertirmos enquanto ao mesmo tempo somos fortes em nossa fé. Imagino que não seja surpresa que os programas e especiais que mostram os erros de gravação engraçados sejam tão populares na televisão. Um ano após outro, enquanto os programas mais educados e mais sofisticados desaparecem, as pessoas ainda assistem aos erros de gravação por serem tão engraçados.

De acordo com o Salmo 126:2: "Então a nossa boca encheu-se de riso, e a nossa língua de cantos de alegria. Até nas outras nações se dizia: 'O Senhor fez coisas grandiosas por este povo'." Quando você está cheio de riso, os outros percebem. Você honra a Deus quando vive uma vida cheia de alegria, felicidade e de fé.

Há tristeza demais em nosso mundo. Muitas pessoas perderam a alegria de viver. Elas estão sobrecarregadas pelos problemas, sofrimentos e decepções. Encarregue-se de levar a alegria por onde você for.

Em todo lugar, vemos pessoas amargas demais. Você e o seu sorriso devem se sobressair na multidão. Um dos melhores exemplos que você pode dar é sorrir tão largo e rir tão calorosamente que os outros simplesmente desejem compartilhar a sua alegria. Eles vão querer deixar o cativeiro escuro da tristeza, da depressão e da falta de esperança para ficar sob a luz do seu otimismo e da sua atitude positiva.

Deus Favorece as Pessoas de Bom Humor

Também descobri que quando você é positivo e amigável, atrai mais do favor de Deus. Quando você é uma bênção para os outros, Deus coloca bênçãos em seu caminho. Ele recompensa aqueles que refletem a Sua bondade e tornam o mundo um lugar mais acolhedor.

Recentemente conheci um homem mais velho que parecia estar na casa dos setenta anos de idade. Fiquei surpreso quando ele me disse que tinha 106 anos de idade. Não foi apenas o seu rosto sem rugas ou a sua aparência saudável que me surpreenderam. Ele simplesmente era muito feliz, tão mentalmente ágil e envolvido com todos os que o cercavam! Ele ficou na fila por cerca de quarenta minutos esperando para falar comigo. Disse-lhe que podíamos ter colocado uma cadeira para ele, para que ele não tivesse de ficar em pé.

— Não preciso me sentar — ele disse. — Quando ficar velho, eu me sentarei.

Ele era belo um afro-americano que tinha um bom temperamento.

— Não acredito que o senhor tem 106 anos. O senhor não tem nenhuma ruga no rosto — eu disse.

— Joel — ele respondeu — os negros não racham.

Então, ele disse mais duas ou três brincadeiras. Rimos sem parar. Em geral, não gosto quando alguém na minha igreja tem piadas melhores do que as minhas, mas eu o perdoei.

Quando ele se foi, virou-se e disse a todos:

— Eu os verei no próximo ano.

Eu não tinha dúvidas de que Deus o recompensaria com mais um ano de vida, porque ele estava espalhando muita alegria por todo lugar aonde ia. Pensei comigo mesmo que não era de admirar que ele parecesse tão saudável; ele estava cheio de alegria. Ele tinha um excelente senso de humor. Ele amava rir. Pense em toda a cura natural de Deus que havia sido liberada e que fluía nele durante todos aqueles anos.

Às vezes, pensamos que quanto mais velhos somos, mais sombrios devemos ser e menos diversão devemos ter. Mas não acredito que esse seja o plano de Deus. A Bíblia diz: "Se tão somente eu puder completar a minha carreira com alegria..." (Atos 20:24, AMP). Se você não tem alegria, não ri regularmente e não separa tempo para brincar, você não terminará a vida como Deus quer que você a termine.

Ria de Si Mesmo

Uma das coisas acerca do homem de 106 anos que me impressionaram foi que ele gostava de rir de si mesmo e da sua idade avançada. Ele via humor em envelhecer, e ria das mesmas coisas que poderiam frustrar outras pessoas nos seus anos mais avançados. Estar disposto a rir de si mesmo e dos altos e baixos da vida pode ser um dos maiores dons que você pode ter.

Todos nós conhecemos pessoas que se irritam quando cometem erros. Algumas ficam agressivas. Outras agridem com suas bengalas. Outras dão socos. Qual é a graça em se estar perto delas? Mas a pessoa que ri dos próprios erros, gafes e trapalhadas é alguém com quem as pessoas querem passar tempo.

Quando nos mudamos para o antigo estádio Compaq Center, o pessoal da segurança me entregou uma chave da área dos fundos onde estacionamos os carros. Era uma chave muito estranha. Ela era pequena e retangular, meio gorda, e era feita de plástico. Eu nunca havia visto nada igual. Fui experimentá-la no portão, mas não consegui entender onde deveria inseri-la. Não havia uma abertura para encaixá-la. Tentei encaixá-la na abertura da maçaneta da porta, pensando que talvez ela pudesse se abrir mais e encaixar. Sem sucesso.

> *Estar disposto a rir de si mesmo e dos altos e baixos da vida pode ser um dos maiores dons que você pode ter.*

Depois de dez minutos tentando, desisti e fui procurar o setor de segurança e disse ao guarda que não conseguia entender como abrir a porta.

Ele se ofereceu para ir até a área de estacionamento para me mostrar. Então, dei a chave a ele e voltamos ao local. Quando chegamos junto à porta, ele estendeu a mão até a lateral da porta e tocou um painel eletrônico. Eu nem mesmo sabia que ele estava ali!

Quando ele apenas tocou o painel, a porta se abriu automaticamente porque a "chave" que ele havia me dado enviou um sinal eletrônico para ele, como um controle remoto de porta de garagem ou de carro.

Quando eu disse ao guarda como eu havia tentado usar a chave na maçaneta da porta, ele riu sem parar.

Pensei: *É bom você achar engraçado, porque vamos sentir falta de você!*

Certamente você já ouviu o ditado: "Se você não pode vencê-los, junte-se a eles." Aquilo foi realmente uma coisa bastante idiota, então, ri com ele.

No dia seguinte, tomei café da manhã sozinho em um quarto de hotel. Quando terminei, levei o carrinho do café para o corredor para que eles pudessem apanhá-lo. Até o último instante, esqueci-me que estava apenas de shorts. Não shorts de ginástica, mas cuecas.

Eu já havia aberto a porta e o carrinho estava na metade do caminho quando me dei conta disso. Estiquei o pescoço para o corredor e ninguém estava lá fora, então empurrei o carrinho para fora, mas as rodas traseiras ficaram presas no solado da porta.

Eu tive de levantar a traseira do carrinho, erguê-la e tirá-lo do quarto, entrar no corredor e empurrá-lo contra a parede.

Quando fiz isso, ouvi um *clique*.

Era o som da porta do meu quarto se fechando e travando, enquanto eu ficava de cuecas no corredor.

Você já ouviu a frase "Todo arrumado e sem ter para onde ir"?

Bem, eu *não* estava vestido, e não tinha para onde ir!

Meu coração parou.

Vi um carrinho de arrumadeira cerca de cinco portas à frente. Corri para ele o mais depressa que pude, peguei uma toalha e enrolei-a na cintura. A arrumadeira saiu, e perguntei-lhe se ela podia me deixar entrar no meu quarto.

— Preciso da sua carteira de identidade para isso — ela disse.

— Ela está na carteira, dentro nas calças que eu não estou usando — respondi.

Continuei sorrindo, me lembrando de como isso havia ajudado com a balconista da companhia aérea. A arrumadeira também foi tentar resolver o assunto. Depois de alguns minutos, ela abriu a porta, olhou para mim de um jeito estranho, e disse:

— Sabe, o senhor parece diferente na tevê.

— Sim, geralmente uso roupas nos meus programas.

Para dizer a verdade, ela riu um pouco disso, mas eu ri mais alto que ela. É preciso ser uma pessoa segura para rir de si mesmo, principalmente quando se está sem calças em público.

O Riso e o Amor

As pessoas que me cercam tendem a rir muito. Uma vez que o sorriso atrai as pessoas, elas provavelmente fazem muitos amigos por minha conta, mas tudo bem. Passei mais de vinte e quatro anos mantendo Victoria saudável e cercada de amigos por causa da minha capacidade de fazê-la rir — mesmo quando não estou tentando fazer isso.

Isso é bom, porque as pesquisas também demonstraram que os casais e famílias que riem juntos permanecem juntos. Eles têm relacionamentos mais fortes e vínculos mais estreitos. Como você pode imaginar, somos uma família muito próxima.

Há alguns anos, minutos antes de eu subir à plataforma para ministrar, Victoria me disse que meu cabelo estava levantado atrás.

— Coloque um pouco de spray para cabelos ali — disse minha esposa.

Eu não sabia onde estava o spray para cabelos.

— Está no banheiro, na prateleira, em uma lata vermelha.

Eu estava com muita pressa, então voltei correndo e peguei a lata vermelha na prateleira. Então borrifei aquele pequeno tufo de cabelo levantado, mas ele não queria abaixar. Borrifei mais algumas vezes e me dirigi para a porta.

Depois do culto naquele dia, Victoria disse:

— Por que você não colocou spray no cabelo? Ele ainda estava levantado.

— Victoria, eu coloquei. Mas aquele spray para cabelos que você me deu não funciona. Eu coloquei várias vezes.

Então ela se ofereceu gentilmente para me mostrar como usar o spray para cabelos. Eu trouxe a lata vermelha e entreguei-a a ela.

Ela analisou-a por um instante e depois começou a rir.

— Joel, isto não é spray para cabelos. Isto é desodorizador de ambientes.

Eu simplesmente sorri e disse:

— Sabe de uma coisa? Mesmo que eles estejam levantados, tenho os cabelos mais perfumados das redondezas.

A Casa do Humor

O riso é uma grande vantagem para qualquer lar. O inimigo não pode suportar o som de uma risada. Ele não pode suportar o som de maridos e esposas e membros da família se divertindo juntos. Ele quer que haja muita contenda, tensão e pressão, que nunca tenhamos alegria alguma em nossa casa.

Não caia nessa armadilha. Isso é algo que valorizo em Victoria. Ela adora rir. Ela mantém uma atmosfera de alegria em nossa casa. Quando Victoria ri, ela não ri para si mesma. Ela não ri para dentro. Quando ela ri, enche a casa inteira de alegria.

O riso dela é tão contagioso que posso estar sentado do outro lado da casa, cuidando dos meus assuntos, vendo televisão, mas quando ouço o seu riso, sinto vontade de rir também. Não demora muito e me vejo rindo só porque ela está rindo.

Geralmente, só preciso ir descobrir o que lhe está fazendo rir tanto. Isso aconteceu recentemente e encontrei-a segurando uma fotografia de nosso filho, Jonathan, quando ele era apenas um bebê, talvez com seis ou sete meses de idade.

Nós não víamos aquela foto havia muito tempo. Esqueci-me totalmente dela. A foto registrava o dia em que colocamos uma peruca e óculos escuros nele, e nosso filho ficou parecendo um pequeno bebê Elvis. Rimos muito disso, principalmente porque Jonathan hoje é um ótimo guitarrista!

Se você tem filhos pequenos, não há motivos para não rir todos os dias, não apenas deles e das suas gracinhas, mas com eles também. Não fique tão envolvido em todas as pressões da criação de filhos, a ponto de não ter tempo para desfrutar os seus filhos e ver o humor no que eles fazem.

Quando Jonathan tinha dois anos de idade, ouvi um grito saindo do quarto dele. Eu sabia que ele estava tendo um pesadelo. Corri para cima o mais depressa que pude, abri a porta, e Jonathan estava sentado em sua cama, com os olhos arregalados como dois pratos.

Não fique tão envolvido em todas as pressões da criação de filhos, a ponto de não ter tempo para desfrutar os seus filhos e ver o humor no que eles fazem.

— Jonathan, o que houve?

— Papai — ele disse — o Espírito Santo está debaixo da minha cama.

Eu garanti ao meu filho que ele não tinha nada a temer por parte do Espírito Santo.

Nossa filha, Alexandra, é igualmente divertida. Quando ela estava mais ou menos com a mesma idade de Jonathan, eu trabalhava nas minhas mensagens para o fim de semana na igreja em um escritório que ficava ao lado do nosso quarto.

Um dia, Alexandra entrou e disse:

— Papai, podemos brincar?

— Não, Alexandra, agora não. Vou demorar mais ou menos uma hora para terminar isto.

A cada cinco minutos, ela voltava.

— Papai, já está na hora?

Ela voltou várias vezes e me fazia a mesma pergunta.

Fiquei um pouco frustrado com ela e, finalmente, quando ela apareceu novamente na porta do escritório, eu disse:

— Alexandra, ouça, estou tentando me *concentrar*. Por favor, não entre de novo. Quando eu puder ir brincar eu vou buscar você.

Cinco minutos depois, a porta se abre e a voz doce daquela garotinha diz:

— Papai, você ainda está tentando se *constipar*?

— Não, querida — eu disse — na verdade meus intestinos funcionam muito bem!

Terapia de Casais

Os amigos costumam perguntar a mim e a Victoria sobre o segredo de um casamento saudável. Sempre dizemos duas coisas a eles: Número 1, respeito. Sejam sempre respeitosos, mesmo quando discordarem. E número 2, riso. Nunca parem de rir juntos. Garantam que a sua casa seja cheia de alegria e felicidade. Não temos de nos esforçar para isso; é algo que simplesmente parece acontecer naturalmente.

Certo dia entrei no nosso quarto e Victoria estava no canto, lendo alguma coisa com as costas voltadas para mim. Eu havia chegado em casa muito mais cedo do que pretendia. Percebi que ela não havia me ouvido entrar. Eu ponderava se devia dizer alguma coisa, mas em vez disso, decidi esperar silenciosamente que ela percebesse a minha presença. Achei que seria melhor que assustá-la.

Pensei errado. Quando ela se virou e me viu ali, ela deve ter saltado um metro acima do chão. Sei que dizem que os brancos não sabem saltar, mas Victoria subiu bem alto.

Ela estava com um olhar chocado no rosto, e eu não pude evitar, tive de rir muito.

Mas havia um problema.

Victoria não estava rindo também. Na verdade, ela parecia zangada.

Tentei parar de rir. Realmente, eu tentei parar, mas quanto mais eu tentava, mais engraçado tudo me parecia, e eu ria ainda mais alto.

Depois de mais ou menos um minuto me vendo rir, Victoria finalmente cedeu e começou a rir também.

Mas a esta altura, eu havia parado.

Eu havia parado, mas ela não conseguia parar de rir. Então, comecei a rir por mais alguns minutos apenas para fazer companhia a ela.

Se o seu relacionamento não é o que você gostaria que ele fosse, recomendo uma boa dose de humor, riso e alegria. Sei que as pressões da vida podem sobrecarregar o melhor dos casamentos e testar o amor até dos mais dedicados, mas uma coisa que poderia ajudá-los é se lembrarem do motivo pelo qual se apaixonaram no início.

Vocês se lembram das coisas que apreciavam fazer juntos, da diversão e do riso que faziam com que vocês quisessem estar sempre juntos? Esqueçam o que os está afastando. Voltem ao riso que fez com que vocês quisessem deixar de ser solteiros para passarem a ser um casal.

Se vocês trouxerem essa alegria de volta para casa, verão um frescor, uma nova vida no seu relacionamento. Foi isso que alguns amigos meus fizeram. Eles eram boas pessoas que estavam tendo problemas no casamento. Eles se amavam, mas estavam sob muita pressão, e isso os estava afastando. Elas precisavam de uma trégua dos seus problemas, então decidiram que uma vez por semana eles deixariam todos os problemas de lado e assistiriam a um filme engraçado juntos.

Na primeira noite, eles ficaram sentados e riram sem parar. Era a primeira vez que os dois derramavam lágrimas de alegria em vez de tristeza, em muito tempo.

Na semana seguinte, aconteceu a mesma coisa. Depois de um mês mais ou menos fazendo isso, eles perceberam que os seus problemas não pareciam tão pesados. Eles descobriram que o foco deles havia mudado dos problemas para as soluções.

Quando os vi depois disso, eles estavam maravilhados por ver como uma coisa tão simples como uma "Noite de Cinema e Diversão" podia ter um impacto tão importante no seu relacionamento e em suas vidas.

O riso deles mudou a atmosfera da casa. As lágrimas de alegria lavaram o relacionamento deles, limpando toda mácula. Eles já não estavam mais com dificuldades. Eles estavam se abraçando.

O Riso que Flui Livremente

O riso também irá ajudar os seus relacionamentos. Receba-o com prazer em sua casa. Abra espaço para ele. Se for preciso, esvazie aquele quarto a mais em sua casa. Abra as portas e janelas e deixe o riso encher a casa.

No Antigo Testamento, os inimigos tomavam as cidades rivais entulhando os poços que forneciam água aos moradores. Eles enchiam os poços com pedras, o que obrigava o povo nas cidades a deixar a proteção dos muros internos em busca de água. O inimigo então o atacava.

Você e eu temos poços de alegria dentro de nós. Quando éramos crianças, esses poços fluíam livremente. Nós brincávamos, ríamos e desfrutávamos cada momento. Mas muitas vezes os nossos poços ficam entulhados à medida que envelhecemos. Pedras de decepção, mágoa, falta de perdão, estresse e dúvida se amontoam e bloqueiam o fluxo.

Gênesis 26:18 diz: "Isaque reabriu os poços... os quais os filisteus fecharam." Essa passagem é interessante, em parte, porque o nome Isaque significa "riso". Creio que é significativo que Isaque tenha cavado novos poços. Deus está dizendo para você desentulhar os seus poços com riso para que a bondade dele possa viver novamente dentro deles.

> *Receba a alegria em sua casa como uma moradora permanente.*

Quando uma das pias entope em nossa casa, compro soda cáustica, despejo no ralo e espero quinze minutos. Quando volto, a pia está desentupida. O riso atua como a soda cáustica. Ele limpa tudo que possa estar entulhando nossas vidas. Quando você ri regularmente, é como se você estivesse limpando esses canos.

As instruções no pote de soda cáustica dizem para usá-lo regularmente para manter os canos desobstruídos e limpos. O mesmo acontece com o nosso riso. Despeje-o dentro de você, sempre que puder. Encontre o humor nos momentos diários. Faça do riso uma escolha e um estilo de vida. Receba a alegria em sua casa como uma moradora permanente.

A Bíblia diz em Jó 8:21: "Ele encherá de riso a sua boca." O sonho de Deus é que você seja cheio de riso. Ele deu ao riso o poder para curar o seu corpo, tranquilizar o seu espírito, atrair admiradores e consertar os seus relacionamentos.

Não encare o humor de maneira superficial. Ouse rir abertamente, principalmente de si mesmo. Dê aos seus amados o presente do seu riso. Quando faz tudo isso, você honra a Deus e Ele o recompensará. Você completará a sua carreira com alegria!

PARTE VI

Seja um Liberador de Sonhos

Capítulo 22

Ajude Outros a Vencer

Ouvi dizer: "Você sempre terá o que deseja se ajudar os outros a terem o que eles querem." Se quer ser feliz e alegre, use a sua influência para ajudar os outros a terem êxito. Dedique tempo para dar bons conselhos. Apresente os outros às pessoas que você conhece que possam lhes ser úteis. Faça um telefonema e dê uma boa palavra toda vez que for possível.

Quando ajuda outros a vencer, você está plantando uma semente para você mesmo subir mais e alcançar novos níveis. Cheryl, que trabalha em uma grande empresa, me contou que sua supervisora recusou-se a treiná-la em um novo programa de informática. A empresa havia enviado essa supervisora para um curso, a fim de que ela pudesse aprender a trabalhar com o programa, mas quando voltou, ela não quis compartilhar as informações. Ela temia que, se ajudasse a outros, eles pudessem ser promovidos em seu lugar. Então, ela manteve o conhecimento e o treinamento para si.

Mas a verdade é que, quando você impede os outros de avançarem, na verdade está impedindo a si mesmo de avançar. Se viver sem egoísmo e ajudar os outros a atingirem o seu nível, Deus garantirá que alguém esteja ali para erguer você mais alto também. Alec, um alpinista profissional, estava a caminho do topo de um pico quando uma tempestade de neve o atingiu. Estava muito frio e difícil de respirar. Até alguns dos alpinistas mais experientes não conseguiram subir.

Um pouco mais acima na montanha, a tempestade se transformou em uma nevasca. Eles ainda estavam a seis horas do topo. Subir estava extremamente difícil e cada passo era uma luta. Então Alec viu outro alpinista deitado na trilha, enroscado, dormindo ou desmaiado. Ele estava correndo o risco de congelar até a morte. Ele estava com os batimentos cardíacos fracos e mal tinha forças suficientes para respirar.

Vários outros alpinistas haviam passado por ele. A equipe de Alec disse-lhe para seguir em frente.

"Se você parar e tentar ajudá-lo, pode perder a própria vida", disseram.

Mas Alec não podia deixá-lo ali para morrer. Ele disse à equipe para seguir em frente. Alec ajoelhou-se ao lado do alpinista caído. Ele massageou as pernas, os braços e o rosto do homem para fazer o sangue fluir e para mantê-lo acordado. Seus esforços reanimaram o homem abatido o suficiente para que Alec pudesse colocá-lo em pé e andasse com ele montanha abaixo, salvando sua vida.

O médico que examinou os dois disse a Alec que ele havia feito mais do que salvar uma vida. Ele provavelmente havia salvado duas.

"Os seus braços e pernas mostram os primeiros sinais de ulcerações causadas pelo frio", disse o médico. "Você não teria conseguido subir muito mais antes de ter problemas sérios. Os seus esforços para salvar o alpinista caído provavelmente o beneficiaram tanto quanto a ele, porque eles aumentaram a sua circulação e o obrigaram a descer a montanha."

É fácil ficar tão envolvido na sua ascensão até o topo a ponto de você não querer parar para ajudar alguém. Mas quando dedica tempo para ajudar os outros nas suas dificuldades, você se predispõe a vitórias ainda maiores.

Compartilhe Sua Influência

O apóstolo Paulo jamais teria se tornado uma figura de fé tão importante sem o apoio de outro discípulo, Barnabé. Como você deve saber, Paulo nem sempre foi um cristão. Na verdade, ele um dia foi conhecido como Saulo, um perseguidor dos cristãos.

A atitude de Saulo mudou drasticamente no caminho para Damasco, quando Deus tocou sua vida e o transformou no apóstolo Paulo que todos nós conhecemos e amamos.

Mas levou algum tempo para que o apóstolo Paulo convencesse os outros seguidores de Jesus de que ele não era o mesmo Saulo. Em Atos 9:26, a Bíblia relata esses sentimentos de medo e suspeita para com o novo apóstolo.

O versículo seguinte diz que Barnabé tomou o partido de Paulo. Barnabé falou bem dele. Ele disse, em outras palavras: "Ei, posso votar a favor de Paulo. Sei quem ele é. Ele é o cara."

Se não fosse por Barnabé usar a sua influência, Paulo provavelmente não estaria na posição de escrever mais da metade do Novo Testamento. Não ouvimos muito sobre Barnabé. Paulo o ofuscou grandemente. Mas se você fosse falar com Paulo, ele diria: "Tive êxito porque Barnabé ousou correr o risco e abriu a porta que eu não podia abrir sozinho. Barnabé acreditou em mim quando ninguém mais acreditava."

Ainda mais poderoso é o fato de que cada vida que Paulo tocou depois significaria uma recompensa para Barnabé também. Não há legado maior do que ajudar alguém a vencer.

Deus me abençoou grandemente. E estou constantemente procurando maneiras de usar a minha influência para ajudar outros a subirem mais em suas vidas. Recentemente recebi um telefonema de um pastor de outra cidade. Ele explicou que sua igreja estava tentando comprar um prédio na cidade dele. Por acaso eu conhecia uma pessoa que podia ajudar, então falei com ela. Ela não é alguém que você encontra na lista telefônica nem tem o seu próprio negócio. Mas eu pude chegar até ela, e fiquei feliz em poder ajudar alguém a ter vitória. Aprendi que quando você faz pelos outros o que eles não podem fazer por si mesmos, nunca lhe faltará o favor de Deus. Nunca lhe faltará a bênção de Deus.

> *Não há legado maior do que ajudar alguém a vencer.*

Depois que Subir, Estenda a Mão para Baixo

Michael é um músico talentoso que toca guitarra nos cultos da Igreja Lakewood. Ele tocou com grandes músicos de todo o mundo, e está no topo da sua arte, mas é generoso com o seu tempo e compartilha os seus talentos com os outros. Sei disso muito bem, porque Michael colocou o nosso filho Jonathan debaixo das suas asas há vários anos, quando Jonathan expressou interesse em tocar guitarra.

Nunca pedimos a Michael para ensinar Jonathan a tocar, e ele nunca pediu um pagamento por isso, embora eles estejam trabalhando juntos há mais de oito anos. É óbvio que Michael é um grande professor, porque ele ajudou Jonathan a se tornar um ótimo guitarrista.

Porém, há algo mais a saber sobre Michael e sua disposição de ajudar os outros. Antes de vir para Lakewood, ele levava um estilo de vida diferente do que tem hoje. Ele usava drogas e participava de farras. Esse estilo de vida acabou criando algumas dificuldades para ele, mas Michael não usa mais drogas. Ele não participa mais de farras às sextas-feiras à noite. Agora ele dirige o período de louvor nas nossas aulas de *Celebrando a Recuperação*. Michael venceu, e ele agora está ajudando outras pessoas a se libertarem dos vícios.

Nosso filho, Jonathan, sempre lembrará que Michael ajudou-o a desenvolver os seus dons como um grande guitarrista. Daqui a setenta anos, ele ainda se lembrará: *Tenho êxito em parte por causa de Michael. Ele me ajudou a vencer. Ele extraiu o melhor de mim*. Quando você ajuda alguém a vencer, vocês se tornam amigos para toda a vida. Você sempre terá um lugar especial no coração dessa pessoa.

Uma carta chegou até mim nos meus primeiros dias como pastor da nossa igreja. Eu havia subido ao púlpito, mas ainda não me sentia à vontade ali. Ficava muito inseguro nos domingos de manhã. Encontrei o envelope na minha escrivaninha durante aquele período de insegurança, e quando vi o nome no verso, reconheci-o imediatamente.

A carta era de John Maxwell, um antigo e conhecido pastor e autor de *best-sellers*.

Eu nunca o tinha encontrado. Só havia admirado seus livros e ensinamentos. Abri aquela carta tão depressa quanto pude, e então fui tocado pelo que ele havia escrito.

"Assisti-o na tevê no domingo e você foi notável", ele escreveu. "Preciso lhe dizer que você tem o que é preciso." Então ele continuou, enumerando diversas coisas de que havia gostado. "Você tem um estilo simples. Você tem uma boa personalidade." Ele também deu várias sugestões: "Eis um conselho. Você pode fazer isso para se sentir menos nervoso. Eis o que faço quando estou me preparando."

John Maxwell, o pastor e autor de *best-sellers*, estava compartilhando os seus segredos comigo e dando-me o seu incentivo. Ele tinha quarenta anos de experiência, e estava voluntariamente derramando-a sobre um jovem que nunca havia visto. Ele não precisava fazer isso. Ele já havia vencido. Mas John entendia este princípio: o verdadeiro sucesso é quando você estende a mão para trás e traz alguém para junto de você.

Marquei para me encontrar com John algumas semanas depois de receber sua carta, a qual ainda tenho guardada. Por causa do que ele fez por mim, John será um amigo meu para toda a vida. Ele me encorajou em um momento muito crítico da minha jornada.

Olhe em volta esta semana. Quem Deus colocou em sua vida? Eles não estão ali por acaso. Deus coloca as pessoas em nosso caminho de propósito. Cada um de nós deveria viver com esta consciência: *Estou aqui para acrescentar valor às pessoas. Estou aqui para ajudar outros a terem êxito.*

Não ande por aí pensando: *Gostaria de saber o que eles podem fazer por mim. Gostaria de saber o que eles têm a oferecer.* A sua atitude deve ser pensar qual ajuda você pode dar a outros, o que você pode ensinar a eles, e que contatos você pode compartilhar. Assim como John Maxwell, procure oportunidades de regar as sementes de grandeza que Deus plantou em cada um de nós.

Seja um Liberador de Sonhos

Enquanto você trabalha para realizar os seus objetivos e construir a sua própria vida feliz, certifique-se de usar o seu talento, a sua influência e a sua experiência para ajudar aqueles que o cercam e que precisam de uma carona. Não há nada mais recompensador que terminar o dia com a certeza de que você ajudou alguém a se aproximar mais de um sonho. Você pode ter realizado os próprios objetivos para aquele dia, mas o que é ainda melhor, você também dedicou tempo para investir em outra pessoa. Pode ter sido apenas um telefonema de dois minutos para encorajar um amigo ou uma pessoa mais jovem, ou cinco minutos depois do trabalho para ajudar um colega, ou dando uma força para ajudar uma criança com um projeto da escola.

Quando olho para trás em minha vida, além dos membros da minha família, posso pensar em quatro ou cinco liberadores de sonhos; pessoas que se interessaram por mim de uma maneira especial. Um treinador na faculdade injetou fé em mim. Eu era o menor do time, mas de algum modo ele me convenceu de que eu era o maior, o melhor, o jogador mais durão depois de Michael Jordan.

Outro liberador de sonhos foi Larry, meu professor da escola dominical que investiu em mim. Larry, que ainda frequenta a Igreja de Lakewood, ensinava a mim e aos outros garotos como se estivéssemos prestando atenção! Ele tornava a coisa divertida. Ele não passava a lição apenas. Ele sempre *caminhava a segunda milha*. Posso dizer agora: "Parte do meu sucesso se deve a Larry; ele me ajudou a vencer."

Talvez você não veja meu treinador, ou Larry ou os meus outros liberadores de sonhos no púlpito comigo, mas deixe-me dizer-lhe: eles *estão* aqui comigo. John Maxwell está aqui comigo também. Sou feliz e bem-sucedido porque tantas pessoas estenderam a mão para mim. Elas sabiam o valor de ajudar outra pessoa a ter êxito e alegria.

Ter êxito necessariamente não o torna alguém grande. A verdadeira grandeza está em estender a mão e ajudar alguém a se tornar grande. Grandeza é dizer: "Deus me abençoou não apenas para eu me sentar no meu trono e deixar todos verem as minhas realizações. Na verdade, sei que Deus me abençoou para que eu me torne uma bênção. Deus me ajudou a vencer para que eu possa ajudar outros a vencerem também."

A grandeza chega para aqueles que dizem: "Deus me ajudou a superar este vício, agora vou encontrar alguém que é viciado e ajudá-lo a superar também." "Deus me abençoou com uma família feliz e saudável. Vou encontrar uma família que esteja com dificuldades e ajudá-la a voltar aos trilhos." Ou "Deus me ajudou a passar nessa matéria no colégio. Agora vou ajudar meu amigo a estudar para que ele também possa passar".

A verdadeira grandeza está em estender a mão e ajudar alguém a se tornar grande.

Estenda a Mão para Trás e Também Para o Lado

Ainda melhor do que estender a mão para trás é estender a mão para aqueles que estão lado a lado com você, e dar a eles a mão para subirem. Em 1936, os Jogos Olímpicos foram em Berlim, na Alemanha. Hitler estava no controle, e ele não queria que nenhum negro competisse, muito menos que vencesse. Um líder nazista chamou os negros de "não humanos". Havia um jovem atleta negro norte-americano chamado Jesse Owens na competição. Apesar dos desejos de Hitler, Jesse já havia conquistado três medalhas de ouro, e estava prestes a competir pela quarta.

A competição do dia era o salto em distância, que agora é conhecido como salto em corrida longa. Jesse sentiu a hostilidade das pessoas cheias de ódio na multidão, e começou a perder o foco. Na sua primeira tentativa, ele falhou. Os juízes afirmaram que ele cruzou a linha antes de saltar. Ele falhou de novo na segunda tentativa.

Mais um erro e ele seria desqualificado. Isso estava muito fora do normal para Jesse, mas ele havia permitido que as vaias e os xingamentos da multidão o afetassem. Eles ainda estavam zombando dele e gritando contra ele, por isso ele estava muito nervoso.

O principal adversário de Jesse era um atleta alemão alto chamado Luz Long. Eles não se conheciam. Jesse deve ter suposto que Luz Long, que era um herói do esporte em seu país, também fosse seu inimigo.

Mas diante de dezenas de milhares de pessoas, Luz Long fez o que parecia impensável naquele cenário. Ele andou, colocou o braço ao redor de Jesse Owens, e deu-lhe um conselho.

Ele disse: "Jesse, a distância para se qualificar é de apenas sete metros. Você saltou sete metros muitas vezes antes. Simplesmente mova a sua marca de saída sete centímetros para trás, e isso lhe dará a garantia de saltar antes da linha para que eles não possam desqualificá-lo."

Jesse aceitou o conselho, e no salto seguinte ele se qualificou. O negro norte-americano seguiu em frente e quebrou o recorde mundial, ganhando a sua quarta medalha de ouro. Ele superou Luz Long no seu salto final, mas Long foi o primeiro e felicitá-lo.

Jesse Owens disse mais tarde sobre o liberador de sonhos alemão: "Foi preciso muita coragem para ele me ajudar na frente de Hitler. Você pode derreter todas as medalhas e taças que tenho, e elas não passariam de um banho de ouro comparadas à amizade de 24 quilates que senti por Luz Long naquele momento."

Certa vez ouvi o ditado: "Ninguém sobe mais alto na escalada para o sucesso do que quando se abaixa para ajudar alguém." Se você viver sem egoísmo e estiver disposto a dar conselhos como Luz Long fez, sempre terá as bênçãos de Deus. Quando você for um liberador de sonhos, Deus garantirá que os seus sonhos se realizem.

Descobri que o maior legado não é o que deixamos *para* as pessoas, mas o que deixamos *nas* pessoas. Luz Long, que morreu durante a Segunda Guerra Mundial, deixou Jesse Owens com uma lembrança de coragem e amizade que ele nunca esqueceu — nem o restante do mundo.

Invista no Sucesso de Outros

Eis um segredo: aprenda a acreditar nas pessoas antes que elas tenham êxito. Qualquer pessoa pode ser amiga de alguém que já alcançou o sucesso, depois que esse alguém já venceu, já foi promovido ou já abandonou o vício. Mas é *antes* de terem êxito que as pessoas mais precisam de nós.

Muitas pessoas só precisam de uma pequena ajuda, um pequeno conselho, uma palavra de encorajamento. Faça por elas o que você gostaria que alguém fizesse por você. Você pode ter experiências que poderiam poupar a outras pessoas muito sofrimento e dor. Não guarde o seu conhecimento para si mesmo. Pegue o telefone. Ligue para elas. Ajude alguém a se tornar grande.

Se você quer a bênção contínua de Deus em sua vida, não pode ser egoísta. Você precisa sair do seu caminho para ajudar outros. Precisa fazer alguns sacrifícios para ensinar, para treinar e compartilhar o que você sabe para ajudar outros a encontrarem a felicidade e a alegria também.

Tenho um amigo que é negro e cresceu na pobreza em um conjunto habitacional. Sua mãe criou-o sozinha. Seu futuro parecia obscuro, embora ele fosse muito brilhante. Mas ele trabalhou duro, e com o favor de Deus ganhou uma bolsa de estudos para uma das melhores faculdades do país.

A maioria dos seus colegas vinha de famílias brancas e bem-sucedidas. Seu colega de quarto era um jovem branco inteligente de uma família de alta renda que havia viajado pelo mundo. Meu amigo raramente saía do seu bairro. A vida deles era muito diferente, mas eles se tornaram melhores amigos. Ele disse a seu colega de quarto que o seu sonho era se tornar um jornalista de noticiário de tevê. Ele sonhava com esse emprego desde a infância.

Seu colega de quarto o apoiava, mas disse: "Você nunca se tornará um jornalista com o vocabulário que tem. Ele é limitado demais. Temos de fazer alguma coisa a respeito disso." O colega de quarto viu o potencial dele e investiu nele. Eles trabalharam no vocabulário dele juntos, estudando o dicionário e praticando pronúncia.

Esse treinamento continuou dia após dia, semana após semana. Durante quatro anos o colega de quarto ensinou ao meu amigo uma palavra nova todos os dias. O colega de quarto era um liberador de sonhos. Ele havia sido abençoado cm uma boa criação e muito mais recursos. Agora ele passava as bênçãos adiante, investindo no sucesso de outra pessoa que tinha um histórico muito menos privilegiado.

Hoje aquele jovem do conjunto habitacional, Byron Pitts, é um jornalista ganhador de prêmios, visto por milhões de pessoas todas as semanas no *60 Minutes*, o principal programa de notícias dos Estados Unidos. Ele me disse: "Eu nunca estaria onde estou se não fosse pelo meu colega de quarto. Jamais teria conseguido chegar tão longe se ele não tivesse dedicado tempo para investir em mim."

Dê um Sonho de Presente

O verdadeiro sucesso vem quando você traz alguém para cima com você sem egoísmo, assim como Luz Long e o colega de quarto de meu amigo fizeram.

Shay estava com dez anos de idade e tinha dificuldades físicas e mentais, mas amava o beisebol. Um dia, ele e seu pai passaram por um campo de beisebol no qual uma turma de meninos da idade de Shay estava jogando.

— Você acha que eles me deixariam jogar em um dos times? — Shay perguntou a seu pai.

O pai de Shay sabia que ele não podia jogar no mesmo nível dos outros meninos, mas não queria decepcionar o filho. O pai perguntou a um dos meninos que estavam no banco se Shay podia jogar. O garotinho olhou em volta para seus amigos, tentando ter a opinião deles. Finalmente ele disse:

— Bem, senhor, só faltam dois tempos e estamos perdendo por três pontos. É claro que ele pode vir jogar. Vamos colocá-lo no campo extremo.

Shay ficou muito empolgado. Ele foi até o campo com alegria, irradiando felicidade. No último tempo, o time deles estava perdendo por um ponto. Houve duas bolas fora, com um jogador na terceira, e era a vez de Shay rebater.

Seus colegas de time consideraram a hipótese de usar um rebatedor substituto na esperança de vencer o jogo, mas eles decidiram que não seria certo tirar Shay. Eles o mandaram para a base com pouca esperança de que ele atingiria a bola. Eles pensaram que já haviam perdido o jogo. O outro time tinha um rebatedor muito bom.

O rebatedor "estrela" se preparou e fez o primeiro arremesso tão depressa que Shay não viu a bola chegar. Ele demorou a se mover e a perdeu por um metro e meio. Àquela altura, o rebatedor percebeu que Shay tinha algumas deficiências físicas. Ele fez o próximo arremesso em cerca da metade da velocidade do primeiro. Mas novamente, Shay se moveu e errou.

Desta vez o rebatedor saiu do monte de areia elevado de onde o jogador arremessa a bola e se aproximou mais da base. Ele arremessou a bola tão suavemente quanto pôde, e acredite se quiser, Shay a rebateu. A bola girou por cerca de um metro e meio e parou na frente do monte do rebatedor. O rebatedor correu e apanhou-a.

Apenas por instinto ele estava prestes a lançá-la para a primeira base e ganhar o jogo, mas com o canto do olho ele viu Shay se esforçando para correr o melhor que podia. O coração do rebatedor assumiu o comando dos seus instintos. Ele arremessou a bola sobre a cabeça do primeiro jogador de base para o campo externo.

O pai de Shay gritou:

— Corra, Shay, corra!

O corredor na terceira marcou enquanto Shay contornava a primeira e se dirigia para a segunda. A esta altura, todos os outros garotos sabiam o que estava acontecendo. O jogador no campo externo arremessou a bola acima da cabeça do freador. O jogador que dava suporte ao freador deixou-a passar por suas pernas.

Shay contornou a terceira base e toda a multidão estava gritando o seu nome. Ele marcou o ponto da vitória enquanto seu pai assistia em lágrimas. Shay estava quase explodindo de alegria quando cruzou a base e foi abraçado pelos seus colegas de time.

O time de Shay ganhou o jogo, mas todos aqueles garotos ganharam o favor de Deus naquele dia. Às vezes, você precisa desistir de ganhar uma coisa para ganhar outra ainda maior. Nesse caso, aqueles meninos do time oposto ganharam um amigo para toda a vida. Eles deram algo a Shay que ele jamais esquecerá.

Às vezes, você precisa colocar os seus próprios sonhos em compasso de espera temporariamente, para poder ajudar a liberar o sonho de outra pessoa.

Às vezes, você precisa fazer sacrifícios para deixar outra pessoa passar adiante. Às vezes, precisa colocar seus próprios sonhos em compasso de espera temporariamente, para poder ajudar a liberar o sonho de outra pessoa.

O que você faz acontecer para os outros, Deus fará acontecer para você. Quando vive sem egoísmo e ajuda outra pessoa a passar adiante, Deus garantirá que alguém esteja lá para ajudá-lo a passar à frente também.

Meu desafio para você hoje é que faça de cada dia um "dia de Shay". Encontre alguém em quem investir, uma pessoa que você possa ajudar a subir mais e alcançar novas alturas. Não vá se deitar sem saber que você fez alguma coisa por alguém para ajudá-lo a vencer. Estou pedindo que todos nós nos tornemos liberadores de sonhos. Acredite nas pessoas antes que elas tenham êxito. Regue as sementes de grandeza que há dentro delas.

Quando fizer pelos outros o que eles não podem fazer por si mesmos, você sempre terá o favor de Deus. Você realizará os seus sonhos, e então Deus o levará cada vez mais alto.

CAPÍTULO 23

Seja um Edificador de Pessoas

Helen, uma professora de matemática do ensino médio em Minnesota, passou a maior parte da semana escolar ensinando uma "nova" lição de matemática. Perto do fim da semana, ela notou que seus alunos estavam frustrados e inquietos. Eles estavam ficando agitados, então ela lhes disse para colocarem os livros de lado. Ela instruiu os alunos para que pegassem folhas de papel em branco. Ela deu a cada um deles uma tarefa: anotar o nome de cada um dos seus colegas de turma à esquerda, e depois, ao lado do nome, colocar uma coisa que eles gostavam naquele aluno.

O ambiente tenso e barulhento cedeu e a sala se aquietou quando todos começaram a trabalhar. O humor deles se elevou enquanto eles se aplicavam àquela tarefa. Frequentemente ouviam-se risos e gargalhadas. Eles olhavam em volta ao redor da sala, compartilhando comentários irônicos uns sobre os outros. A turma de Helen era um grupo muito mais feliz quando a campainha tocou indicando o fim do dia escolar.

Ela levou as listas deles para casa no fim de semana e passou os dois dias registrando o que havia sido dito sobre cada aluno em folhas de papel separadas para poder transmitir todas as coisas boas ditas sobre cada pessoa, mas sem entregar quem disse o que.

Na segunda-feira seguinte, ela entregou as listas que havia feito para cada aluno. A sala ferveu em meio à empolgação e aos risos.

"Uau! Obrigado! Muito legal!"

"Eu nunca pensei que alguém me notasse!"

"Alguém me acha linda!"

Helen havia inventado aquele exercício apenas para acalmar a turma, mas ele acabou servindo como um grande estímulo para eles. Eles se aproximaram mais como colegas de turma e se tornaram mais confiantes individualmente. Ela viu que todos eles pareciam mais relaxados e alegres.

Cerca de dez anos depois, Helen soube que um de seus alunos favoritos daquela turma, um menino encantador chamado Mark, havia sido morto enquanto servia no Vietnã. Ela recebeu dos pais de Mark um convite para o enterro, que incluía um bilhete dizendo que eles queriam ter certeza de que ela iria à casa de fazenda deles depois do culto, para conversar com eles.

Helen chegou e os pais chorosos a chamaram de lado. O pai mostroulhe a carteira de Mark e então tirou de dentro dela dois pedaços gastos de papel pautado colado com adesivo, dobrado e redobrado muitas vezes ao longo dos anos. Helen reconheceu sua letra no papel e lágrimas vieram aos seus olhos.

Os pais de Mark disseram que ele sempre levava aquela lista de coisas boas escritas pelos seus colegas de turma. "Muito obrigada por fazer isto", disse a mãe. "Ele valorizava muito essa lista, como você pode ver."

Ainda com os olhos marejados, Helen entrou na cozinha, na qual muitos dos antigos colegas de turma de colégio de Mark estavam reunidos. Eles viram que os pais de Mark estavam com a lista dele escrita pela turma. Um por um, eles tiravam as suas próprias cópias das carteiras ou bolsas, ou confessavam ter guardado as suas em um álbum, em uma gaveta ou em um arquivo em casa.

Helen, a professora, era uma "edificadora de pessoas". Ela instintivamente encontrou uma maneira de edificar seus alunos. Ser um edificador de pessoas significa que você encontra consistentemente formas de investir nas pessoas e extrair o melhor delas. Você dá sem pedir nada em troca. Você aconselha, injeta fé neles, edifica a confiança deles e os desafia a subir mais alto.

Descobri que tudo o que a maioria das pessoas necessita é de um impulso. Tudo que elas precisam é de um pequeno empurrão, um pouco de encorajamento para se tornarem o que Deus as criou para ser. O fato é que nenhum de nós atingirá o nosso potencial máximo sozinho. Precisamos uns dos outros. Você pode ser aquele que vai fazer a diferença na vida de alguém. Você pode ser aquele que vai regar as sementes de grandeza na vida deles.

Extraia o Melhor dos Outros

Reggie Jackson, o jogador de beisebol do Hall da Fama, disse: "Um grande administrador tem a capacidade de fazer um jogador pensar que ele é melhor do que é realmente. Ele o convence a ter confiança em si mesmo. Ele diz que acredita em você, e não demora muito e você descobre um talento que nunca soube que tinha."

Tudo que a maioria das pessoas precisa é de um impulso.

É isso que acontece quando acreditamos no melhor de alguém. Extraímos o melhor. A Bíblia diz em 1 Tessalonicenses 5:11: "Por isso, encorajem e edifiquem-se uns aos outros, como de fato vocês estão fazendo." A palavra *encorajar* significa simplesmente "impulsionar para a frente". Cada um de nós deve ter alguém em quem acredita, alguém que estamos impulsionando para a frente, alguém a quem estamos ajudando a atingir objetivos e sonhos.

Como você pode encorajar alguém? Você estuda essa pessoa e identifica o que ela faz bem. O que a motiva? Quais são os pontos fortes dela? Um encorajador vê coisas nos outros que muitas vezes não pode ver em si mesmo. Um simples elogio, uma única palavra de encorajamento pode proporcionar a uma pessoa a confiança que ela precisa para dar aquele passo de fé.

Um jovem que estava lutando para encontrar direção na vida havia voltado para casa em um dia de visita da faculdade no ano de 1975. Ele visitou o salão de beleza de sua mãe e encontrou uma cliente frequente, Ruth Green, que estava cortando o cabelo. Ele a cumprimentou e sentou-se, mas começou a ficar nervoso ao ver que ela estava olhando para ele atentamente.

Finalmente, a Sra. Green tirou o secador de sua cabeça e disse: "Alguém me empreste uma caneta e um pedaço de papel."

Ela escreveu uma visão que havia tido com o jovem quando ele entrou na loja de sua mãe. Ela entregou o papel a ele e disse: "Denzel, você vai falar para milhões de pessoas. Você vai viajar pelo mundo inteiro e fará uma diferença positiva na vida das pessoas."

O jovem Denzel Washington colocou aquela profecia na carteira e no coração. Nos anos que se seguiram, toda vez que ficava desanimado com a sua carreira de ator, ele tirava da carteira a profecia da Sra. Green e a lia. Ela era uma lembrança de que alguém acreditava nele.

Até hoje, o ator ganhador de vários Oscars carrega aquela profecia aonde vai. Quem sabe onde ele estaria se a Sra. Green não tivesse dedicado tempo para abençoar o seu futuro. Quem sabe se ele teria um sucesso tão grande se ela não tivesse plantado aquelas sementes de fé no seu coração. Você nunca sabe o impacto que um pequeno bilhete ou uma palavra amável de encorajamento podem exercer.

Podemos extrair o melhor das pessoas ou podemos extrair o pior delas. Li que 75% das pessoas nas prisões contaram que seus pais ou seus tutores haviam previsto na infância onde elas acabariam. As sementes erradas foram plantadas. As baixas expectativas foram definidas.

Quando uma criança ouve que deve esperar o pior, ela se torna o pior. Muitas vezes me pergunto o que teria acontecido se alguém tivesse dito àquelas pessoas nas prisões que elas um dia poderiam ser médicos, empresários ou grandes professores. Não há como dizer onde aqueles presidiários poderiam ter terminado se simplesmente houvesse pessoas que edificassem suas vidas.

Se alguém apenas tivesse acreditado neles e dedicado tempo para extrair os seus dons, para ouvir os seus sonhos, para ver em que eles eram bons e para encorajá-los a ser o melhor possível. Se tão somente alguém tivesse lhes dado permissão para vencer em vez de prever o fracasso deles.

Permissão para Vencer

Um amigo meu, Robert, tinha um tio que o colocou no caminho para o sucesso cedo na vida. Aquele tio esteve na China desde que nascera, mas quando voltou, eles se encontraram no portão da frente da fazenda em Iowa, onde Robert havia crescido.

Ele vira o carro do tio vindo em direção à casa da família naquela estrada empoeirada. Robert estava muito empolgado em finalmente conhecer seu tio. Quando ele parou no portão, o pequeno Robert correu para encontrá-lo. O tio saiu, deu-lhe um grande abraço, e o girou diversas vezes no ar.

— Você deve ser o Robert. Ouvi muito falar de você — disse o tio.

Então o tio recuou e olhou para ele. E, do nada, ele disse:

— Sabe de uma coisa, Robert? Acho que um dia você será um pastor. Na verdade, acho que um dia você será um grande ministro do Evangelho.

Por que o tio disse aquilo? Não havia pastores naquela família. Ele simplesmente sentiu algo dentro dele, e foi ousado o suficiente para dizer isso pela fé. Ele plantou uma semente no pequeno coração de Robert. Naquela noite, quando Robert deitou em sua cama, ele orou em segredo: "Deus, faça com que o que meu tipo disse seja verdade. Deixe-me ser um pastor um dia."

Como talvez você saiba, Robert Schuller, que cresceu em Alton, Iowa, tornou-se um dos grandes ministros do Evangelho do nosso tempo. Não é impressionante o que uma simples palavra de encorajamento pode fazer? Veja o que ela fez na vida dele.

Você tem a capacidade de ativar os sonhos de alguém lhe dando permissão para vencer. Você pode acender um fogo no interior dessa pessoa que brilhará alegremente por toda uma vida. Quando você dedica tempo a acreditar em alguém e injeta fé com palavras no coração de outra pessoa, as suas palavras podem se tornar a semente que Deus vai alimentar.

Estou lhe pedindo para conceder a outros a permissão para vencer. Seja um plantador de sementes. Seja um edificador de pessoas. Não fique tão focado nos seus próprios sonhos e objetivos que só você possa crescer. Esteja à procura daqueles que você pode estimular e fazer avançar. Aprenda a injetar fé neles. Dê-lhes uma visão maior. Declare bênçãos sobre a vida de outros.

Conheço um senhor que é ótimo nisso. Todas as vezes que ele vê uma criança, pede permissão aos pais para chamá-la e dizer: "Jovem, tenho um talento muito especial, algo que somente algumas pessoas podem fazer. Tenho a capacidade de identificar um vencedor."

Os olhos da criança geralmente se arregalam. Ele pergunta à criança se pode fazer uma avaliação dela. É claro que os pais também estão participando. Ele recua e olha para a criança, anda em volta muito devagar dizendo: "Hum-hum. Sim. Muito bem. Eu vejo..."

Quando termina a "avaliação", ele diz: "Tenho ótimas notícias. Eu nunca me enganei. Acerto sempre. Você, meu amigo, é realmente um vencedor!"

A criança se ilumina com um sorriso, corre de volta até os pais e diz: "Ei, mamãe, ei, papai, adivinhem só, eu sou um vencedor."

Meu amigo está edificando essas crianças, estimulando-as a avançarem, reforçando a confiança delas e desenvolvendo sua autoestima.

Essa é uma coisa muito simples de se fazer, no entanto, tantas pessoas se beneficiam com ela. Estou certo de que existem muitas pessoas em sua vida — pessoas com as quais você trabalha, pratica esportes e perto de quem você mora — que poderiam se beneficiar com uma palavra de encorajamento e aprovação. Alguém ao seu redor está ansiando pela sua bênção.

Você não pode imaginar o que isso significará para aqueles a quem estimular quando você lhes der a sua aprovação e lhes disser, em termos bem claros, que se orgulha deles e que acha que estão destinados a fazer grandes coisas. Todo mundo precisa ser valorizado. Todo mundo precisa ser apreciado. Toda pessoa precisa dessa bênção.

Todo mundo precisa ser valorizado. Todo mundo precisa ser apreciado.

Dê os Seus Votos de Confiança

Até Henry Ford se beneficiou com o encorajamento nos primeiros anos de sua vida, e um dos seus incentivadores foi ninguém mais do que Thomas Edison. O criador de automóveis pioneiro foi apresentado a Edison como "o homem que estava tentando fabricar um carro que funcionava movido a gasolina". Quando Edison ouviu isso, seu rosto se iluminou. Ele bateu com o punho na mesa e disse: "É isso! Um carro que tem a sua própria usina de energia; que ideia brilhante!"

Até aquele momento, Henry Ford havia lidado com muitos opositores e com muitas pessoas que o desencorajaram. Ele praticamente se convencera a desistir, mas Edison injetou fé nele. Aquele foi um momento de decisão na vida de Henry Ford.

"Eu achava que tinha uma ideia excelente, mas comecei a duvidar de mim mesmo", disse ele certa vez. "Então uma das mentes mais brilhantes que já existiram começou a me dar a sua aprovação total."

Um simples voto de confiança ajudou a lançar a indústria automotiva. Não percebemos o poder que temos. Nem sempre percebemos o que significa quando dizemos a alguém: "Acredito em você. Você tem o que é preciso. Eu o apoio 100%."

Dê o seu voto. Levante-se e ofereça-se para ser o fã número 1 de alguém. Encoraje-o. Levante-o quando ele estiver caído. Comemore quando ele tiver êxito. Ore quando ele estiver com problemas. Incentive-o a continuar avançando. É isso que significa ser um edificador de pessoas.

Todos nós precisamos de alguém que acredite em nós mais do que nós acreditamos em nós mesmos, que veja o nosso potencial, que olhe e veja além de onde estamos agora, e nos guie em direção ao que Deus tem preparado para nós.

Jesus não focava nas falhas das pessoas que o cercavam. Ele via o potencial delas. Um de seus discípulos em particular, Pedro, era áspero, temperamental e usava palavras de baixo calão. Jesus injetou fé em Pedro e ajudou-o a formar uma visão de si mesmo na qual Pedro subia mais alto e superava obstáculos. O encorajamento de Jesus ajudou Pedro a se tornar o que ele havia sido criado para ser.

Provérbios 12:25 diz que uma palavra de encorajamento faz maravilhas. Quando você ajuda as pessoas a expandirem o seu modo de pensar para criarem uma visão real de vitória para suas vidas, elas realizarão coisas que nunca poderiam ter feito. O sucesso delas virá, em parte, como resultado da sua fé, da sua confiança nelas e das sementes que você plantou para ajudá-las a crescer.

Alcançamos o Nível das Expectativas Sobre Nós

O diretor de uma escola secundária da Califórnia fez um experimento interessante. Ele disse a três professores que eles foram considerados os educadores mais brilhantes e eficazes daquela região escolar. Como resultado, eles haviam sido selecionados para um novo programa.

Foi dito a esses professores: "Estamos lhes dando os noventa melhores alunos, os alunos mais inteligentes e com QI mais alto, e vocês irão ensinar-lhes matérias avançadas."

Os alunos e os professores naturalmente ficaram entusiasmados e orgulhosos por terem sido selecionados como "a cereja do bolo". O desempenho deles melhorou drasticamente no novo programa. No fim daquele ano escolar, aquelas três turmas haviam aprendido 30% mais do que os outros alunos. Eles estavam 30% à frente em sua educação.

Imagine a surpresa que eles tiveram quando o diretor informou aos professores que tudo aquilo era apenas um experimento, e que na verdade os alunos deles foram selecionados aleatoriamente — não eram pessoas de alto desempenho. Ainda assim, os professores ficaram impressionados ao ver como os alunos tiveram um ótimo desempenho, e se parabenizaram por isso. Então, o diretor deu o restante da notícia.

Eles não eram os três melhores professores da região. Eles, também, haviam sido selecionados aleatoriamente. O experimento do diretor confirmou que nós alcançamos o nível das expectativas que são colocadas em nós. Quando você edifica os que o cercam, eles alcançam o nível das suas expectativas.

Talvez você não perceba isso, mas os meus livros são vendidos somente para os leitores mais inteligentes, mais brilhantes, mais criativos, mais talentosos, mais generosos e mais felizes do mundo! Você, também, é a cereja do bolo! Tenho uma confiança incrível em você. Sei que você fará grandes coisas. Você cumprirá o destino que Deus lhe deu.

Agora que eu já o edifiquei, passe isso adiante. Olhe em volta e veja quem Deus colocou em sua vida para inspirá-lo e motivá-lo. Até mesmo pequenos gestos como uma palavra amável, um bilhete de encorajamento ou o reconhecimento dos dons de alguém, podem fazer a diferença para alguém que precisa de um empurrão.

Palavras Amáveis Podem Transformar Vidas

Uma adolescente tinha problemas de anorexia. Ela media 1,85m de altura, mas pesava menos de quarenta e cinco quilos. Ela não queria comer mais do que 200 calorias por dia. Ela ficou deprimida e desiludida. Cortou os vínculos com os amigos e com a família. A desnutrição parecia uma opção razoável para ela porque ela achava que sua vida não tinha propósito.

Certo dia, uma amiga de longa data da escola telefonou e perguntou se ela queria ajudá-la com o dever de matemática. Ela implorou por ajuda, então a adolescente anoréxica concordou em ajudá-la. Elas trabalharam juntas nos problemas de matemática, e depois a amiga disse, de modo despretensioso: "Você é tão inteligente e tem uma maneira tão especial de explicar as coisas, que um dia poderá uma excelente professora de matemática."

Aquele simples comentário plantou uma semente dentro daquela adolescente problemática. As palavras de encorajamento lhe deram um senso de propósito. Ela percebeu que tinha talento, que tinha algo para dar aos outros. Sua perspectiva mudou, e também o rumo da sua vida. Vinte anos se passaram, ela é uma mãe saudável e feliz de três filhos e uma professora de matemática que já ganhou vários prêmios e trabalha com crianças com baixo rendimento. Ela credita a reviravolta em sua vida às palavras da garota a que ajudou com o dever de casa de matemática.

Uma simples afirmação, um comentário encorajador ou um pequeno elogio podem fazer uma enorme diferença. Quando abençoa as pessoas com suas palavras, você injeta fé nelas.

Quando eu era criança, tínhamos uma tradição que minha mãe começou em nossos aniversários. Antes que pudéssemos comer o bolo de aniversário, cada um de nós tinha de dizer alguma coisa gentil sobre o aniversariante. Quando eu era mais novo, detestava essa tradição. Primeiro, eu nunca conseguia pensar em nada de bom para dizer sobre meu irmão Paul. A única coisa que eu conseguia dizer era: "Você sem dúvida tem um irmão muito bonito!"

Quando fui ficando mais velho, porém, comecei a entender a importância e o valor de não apenas ouvir essas palavras, mas de dizê-las também. Afirmações simples podem fazer muito pela nossa confiança e autoestima. Até umas poucas palavras de elogio podem fazer alguém ganhar o dia ou plantar uma semente de esperança. "Seus desenhos são impressionantes." "Você tem muito jeito com as palavras." "A sua voz tem muita personalidade."

De uma coisa você pode estar certo, as pessoas nunca se cansam de ouvir elogios e encorajamento. Você pode falar sem cessar o quanto elas são maravilhosas e elas nunca ficarão entediadas! Isso prova simplesmente o quanto temos fome de elogios e de direcionamento em nossas vidas.

John Wooden, o falecido gênio do basquete, disse aos seus jogadores:

— Depois que vocês fizerem uma cesta, procurem sempre o jogador que lhes deu o passe e reconheçam a participação dele. Acenem com a cabeça, sorriam ou apontem o dedo para ele, mas façam algo para expressar reconhecimento.

> *A quem você pode dar o presente do encorajamento?*

Um dos jogadores disse:

— E se ele não estiver olhando?

Wooden respondeu:

— Não se preocupe. Ele estará olhando.

O ponto é este: todos nós gostamos de ser apreciados. Gostamos de ser valorizados e de nos sentirmos encorajados.

Mark Twain disse: "Posso viver um ano inteiro me sentindo encorajado por causa de um bom elogio." A quem você pode dar o presente do encorajamento? Não deixe de fora nem mesmo aqueles que parecem ter se sobressaído mais do que a maioria. Todos querem ser valorizados.

Abraham Lincoln estava carregando diversas coisas quando foi morto e que agora estão em exibição no Instituto Smithsoniano em Washington, D.C. Ele levava uma nota de cinco dólares e um artigo de jornal dobrado. O título do artigo de jornal dizia: "Abraham Lincoln — Um dos Maiores Estadistas que Já Viveu."

Por que ele levaria consigo um artigo de jornal como aquele? Lincoln serviu durante tempos difíceis na guerra civil e na revolta por causa da escravidão e de outros problemas importantes que perturbavam o seu jovem país, os Estados Unidos da América. Ele foi criticado, ridicularizado, e era constantemente humilhado. Então, até aquele grande homem precisava se lembrar de vez em quando que alguém o valorizava e acreditava nele.

Não sei quanto a você, mas eu quero ser alguém que libera sonhos e enche carteiras. Quero declarar muita visão, muita fé e muitas bênçãos para inspirar outros e encorajá-los. Você tem o poder de ajudar alguém a subir a um nível mais alto. As pessoas em sua vida não estão ali por acaso. Você está acreditando nelas? Você as está impulsionando a avançar? Você está declarando bênçãos sobre elas?

Tenho uma tarefa para você. Encontre pelo menos uma pessoa que você possa edificar. Podem ser quatro ou cinco pessoas diferentes. Escreva os nomes delas em uma folha de papel. Enumere o que você gosta nelas — seus pontos fortes. Ore sobre esses pontos. Peça a Deus para lhe mostrar uma maneira ou algumas maneiras de abençoá-las. Em seguida, declare o favor sobre suas vidas. Escreva bilhetes encorajadores para elas. Diga-lhes que você acredita nelas.

À medida que elas tiverem êxito, você também terá. O fato de extrair o melhor dos outros também trará para fora o melhor em você. Lembre-se de que uma palavra de encorajamento faz maravilhas. Adquira o hábito de edificar aqueles que o cercam. Quando você plantar essas sementes, Deus garantirá que você suba mais alto também.

Capítulo 24

Vivendo Como um Agente de Cura

Há pouco tempo, um homem bem vestido me parou em uma calçada movimentada. Considerando sua aparência, você diria que ele estava no topo do mundo, mas por trás daquela fachada ele estava sofrendo muito. Ele e sua esposa haviam se separado. Ele estava muito desanimado.

— Não tenho mais motivos para viver — ele me disse.

Ele soluçava sem parar. Meu casaco ficou molhado com suas lágrimas. Eu não tinha todas as respostas nem podia resolver todos os problemas dele, bem ali na calçada. Mas podia derramar um pouco de óleo de cura. Ofereci-lhe algumas palavras de encorajamento.

— Deus colocou você na palma da mão dele — eu disse. — O nosso encontro não foi por acaso. Esta é a maneira de Deus dizer: "Tudo vai ficar bem."

Isso é tudo que algumas pessoas precisam ouvir. Você não precisa pregar um sermão. Não precisa citar vinte e cinco versículos da Bíblia ou aconselhá-las por oito horas. Apenas algumas palavras amáveis podem dar início ao processo de cura.

Depois que orei com o homem na rua, ele percebeu o quanto o meu terno estava molhado com as suas lágrimas. Ele ficou constrangido:

— Oh, Joel, parece que estraguei o seu paletó.

Eu não disse isso a ele, mas usei aquelas lágrimas como medalhas no meu paletó. Você nunca é mais parecido com Deus do que quando está ajudando aqueles que estão sofrendo. Uma das nossas missões na vida é ajudar a enxugar as lágrimas de outros.

Em todos os lugares aonde vamos, há pessoas necessitadas. Pode haver sorrisos por fora, mas por dentro há dor. Muitas estão sofrendo em silêncio e precisam de cura. Todos nós temos um ministério. Talvez não seja no púlpito, mas Deus está contando com cada um de nós para estender a mão aos outros e levar cura por onde quer que andemos.

Você é sensível às necessidades daqueles que o cercam? Seus amigos? Seus vizinhos? Seus colegas de trabalho? Muitas vezes, assim como o homem que me parou na rua, alguém pode estar sofrendo, mas esconde isso por causa da vergonha ou do constrangimento. Muitas vezes, eles não sabem como buscar ajuda, portanto, esteja preparado para estender-lhes a mão. Seja alguém que ministra cura. Seja um restaurador. Dedique tempo para secar as lágrimas dos outros.

Sua função é não julgar. Deus quer que você levante os caídos, restaure os quebrantados e cure os que sofrem.

Muitas vezes, nós nos concentramos em nossos próprios objetivos e sonhos, esperando um milagre, mas aprendi que eu posso me tornar o milagre de alguém. Há cura em nossas mãos. Há cura em nossa voz. Somos receptáculos plenos do amor de Deus.

Você está cheio de encorajamento, misericórdia, restauração e cura. Em todo lugar aonde for, distribua a bondade de Deus. Você pode dizer às pessoas necessitadas:

- "Você cometeu erros, mas a misericórdia de Deus é maior que qualquer erro que você tenha cometido."
- "Você pode ter desperdiçado anos da sua vida fazendo escolhas erradas, mas Deus tem um caminho para levá-lo até o seu destino final."
- "Você pode ter sido escravo de um vício, mas o poder do Deus Altíssimo pode quebrar qualquer vício e libertar você."

É isto que significa distribuir o bem: Levantar os caídos. Encorajar os desanimados. Dedicar tempo para enxugar as lágrimas dos que choram.

Abra Mão do Seu Conforto para Confortar Outros

Jesus contou sobre o bom samaritano que estava andando em sua mula e viu um homem que havia sido espancado e deixado para morrer ao lado da estrada. Ele levantou o homem ferido e colocou-o sobre a sua mula, em seguida levou-o até um lugar onde ele poderia se recuperar. Amo o fato de que o bom samaritano deixou o homem ferido ir sobre a mula enquanto ele andava, porque, às vezes, para confortar outros, você pode ter de abrir mão do próprio conforto. Às vezes, você precisa trocar de lugar com aqueles que estão sofrendo.

Para ser alguém que transmite cura, você precisa passar por inconveniências. Talvez tenha de ficar sem jantar para secar uma lágrima. Talvez tenha de perder uma aula de ginástica para ajudar um casal a resolver os seus problemas. Talvez seja preciso até atravessar a cidade de carro e apanhar aquele colega de trabalho que está lutando contra um vício e trazê-lo até a igreja.

Uma pessoa que realmente transmite cura não se importa em sofrer inconveniências ou correr riscos enquanto estende a mão para ajudar aqueles que realmente precisam de ajuda para se levantar. Jim Bakker, o ministro caído e coapresentador do programa de televisão *The PTL Club,* foi preso por cinco anos devido a condenações por fraude. Quando ele estava prestes a ser solto, Franklin Graham, filho de Billy Graham, entrou em contato com ele e disse que sua família havia alugado uma casa para ele e lhe providenciado um carro.

— Franklin, você não pode fazer isso — Bakker lhe disse. — Tenho um histórico muito pesado. Você será criticado. O seu ministério não pode estar associado comigo.

Franklin disse:

— É claro que posso, Jim. Você era nosso amigo antes, e você será nosso amigo depois.

Uma pessoa que realmente transmite cura não se importa em sofrer inconveniências ou correr riscos enquanto estende a mão para ajudar aqueles que realmente precisam de ajuda para se levantar.

No primeiro domingo após a sua soltura, Jim Bakker estava morando temporariamente em uma casa de recuperação, como condição dada pelo tribunal. Ruth Graham, a mulher de Billy Graham, telefonou para o local e pediu ao homem que estava encarregado se Jim poderia ter permissão para sair e ir à igreja com os Grahams naquele domingo. O juiz concordou. Quando Jim entrou na igreja, eles o conduziram até a primeira fila e o sentaram ao lado de Franklin Graham.

Os Grahams tinham ali dez ou quinze membros da família. Havia dois lugares vagos perto de Jim Bakker antes do início do culto. Ele não sabia para que eram aqueles lugares. Mas quando a música começou, uma porta lateral se abriu e dela saíram Billy e Ruth Graham. Eles se sentaram bem ao lado de Jim Bakker. Ele saíra da prisão havia apenas quarenta e oito horas, mas o mundo inteiro foi avisado de que os Grahams ainda consideravam Jim Bakker um amigo.

O que os Grahams estavam fazendo, relacionando-se com um criminoso condenado? Eles estavam amando aquele homem para conduzi-lo de volta à integridade. Eles estavam agindo como agentes de cura.

Ouvi alguém dizer: "Um verdadeiro amigo entra quando todo mundo sai. Um verdadeiro amigo não joga sal na ferida quando você comete um erro. Ele ajuda a curá-la."

Esta é uma pergunta para fazer a si mesmo quando alguém que você conhece se desvia do caminho: você está esfregando o erro no rosto dele ou está ajudando a curá-lo? Você é um agente de cura e um restaurador, ou é crítico e julgador?

Curando os Filhos de Deus

A Bíblia diz que Jesus era amigo de pecadores (ver Lucas 7:34). Não sei quanto a você, mas estou determinado a viver como um agente de cura. Quando alguém cai e comete um erro, vou aparecer para ajudar a curar a ferida e não para colocar sal nela.

Isso não significa que você ignora os erros e age como se eles nunca tivessem acontecido. Mas você entende, que se não fosse pela graça de Deus, você, também, poderia estar precisando de cura. Quando você demonstra misericórdia para com os culpados, quando encoraja os desanimados, quando levanta as pessoas quando todos os outros as estão empurrando para baixo, seus atos tocam o coração de Deus de uma maneira muito especial.

Como pai, aprecio quando alguém me ajuda, mas se alguém ajuda um de meus filhos em um momento de necessidade, não há nada no mundo que eu não faria por essa pessoa. Com Deus é a mesma coisa. Quando você assumir a função de ajudar os filhos dele, enxugando as lágrimas deles ou erguendo-os quando eles estão caídos, prepare-se: você não conseguirá correr mais depressa do que a bondade de Deus.

A cantora Tammy Trent foi à Jamaica com seu marido, Trent Lenderink, pouco depois do décimo primeiro aniversário de casamento deles.

Eles fizeram escaladas e foram à praia por vários dias. Quando faltava pouco para eles voltarem, Trent decidiu visitar a lagoa azul, um local de mergulho favorito na ilha. Trent era um mergulhador entusiasmado, mas ele não estava com seu equipamento dessa vez. Em vez disso, ele mergulhou na lagoa apenas usando pés de pato e um snorkel, enquanto Tammy observava. Ela não se preocupou porque Trent costumava mergulhar assim. Ele podia ficar debaixo d'água por até dez minutos de mergulho livre.

Mais ou menos dez minutos se passaram e Tammy começou a procurar seu marido. Ele ainda não havia subido para tomar ar, e ela ficou preocupada. Quinze minutos se passaram, e ainda nada... Vinte minutos... e o pânico se instalou. Tammy ligou para as autoridades. Trent havia se afogado, tragicamente. Eles recuperaram seu corpo no dia seguinte.

Tammy, que convivia com Trent desde o colegial, entrou em estado de choque, totalmente arrasada, e ela estava sozinha naquele país estranho. Ela telefonou para seus pais e eles disseram que iriam imediatamente. O primeiro voo disponível era na manhã seguinte, que por acaso era o dia 11 de setembro de 2001, o dia em que os terroristas atacaram os Estados Unidos. Todos os voos foram impedidos de decolar. Os pais de Tammy não conseguiram ir até ela, e ela não podia sair da Jamaica.

Tammy estava muito perturbada. Ela orou: "Deus, se o Senhor está aí em cima em algum lugar, por favor, envie alguém para me ajudar, alguém que me faça saber que o Senhor se importa."

Um pouco mais tarde, houve uma batida na porta do quarto de seu hotel. Era a arrumadeira. Ela era uma mulher jamaicana, um pouco idosa. Ela disse: "Eu estava limpando o quarto ao lado. Não quero incomodá-la, mas não pude evitar ouvi-la chorar, e estava me perguntando se existe alguma coisa pela qual você gostaria que eu orasse."

Tammy disse a ela o que havia acontecido. Aquela idosa mulher jamaicana colocou seus braços amorosos ao redor de Tammy e abraçou-a como se ela fosse sua própria filha. Naquele instante, a milhares de quilômetros de casa, Tammy Trent soube que Deus ainda estava no controle.

A arrumadeira jamaicana estava vivendo como uma agente de cura. Ela era sensível às necessidades daqueles que a cercavam. Ela ouviu os gritos de ajuda vindo do outro quarto. Ela poderia ter pensado: *Ah, eu tenho muito trabalho a fazer. Estou ocupada. Tenho meus próprios problemas.* Em vez disso, ela deixou o que estava fazendo e abraçou uma das filhas de

Deus. Ela sabia que a sua missão na vida era ajudar a enxugar as lágrimas. Naquele instante, ela derramou o óleo de cura nas feridas de Tammy.

Ela simplesmente a fez saber que alguém se importava. Ela foi o primeiro passo para o longo período de cura de Tammy.

Siga o Fluxo da Compaixão

A Bíblia diz que um dia Deus enxugará todas as lágrimas (ver Apocalipse 21:4). Não haverá mais tragédias, doenças nem dor. Mas, enquanto isso, Deus está contando com você e comigo para enxugarmos as lágrimas dos homens. É ótimo ir à igreja e celebrar a bondade de Deus, mas o seu trabalho continua quando você pisa do lado de fora. Esteja sempre pronto a se levantar e oferecer cura.

É ótimo ir à igreja e celebrar a bondade de Deus. Mas o seu trabalho continua quando você pisa do lado de fora.

Você pode sentir quando alguém está sofrendo. De repente, você sente um fluxo de compaixão e pensa: *Preciso ir orar por ele. Preciso encorajá-lo.*

Não ignore esses instintos. Eles são Deus querendo que você leve cura. Há uma lágrima que precisa ser enxugada.

Victoria telefonou para uma amiga chamada Shannon há algum tempo. Uma jovem atendeu e parecia estar um tanto perturbada. Victoria disse:

— Shannon, é você?

A voz estava abafada e disse:

— Sim, sou eu e vou ficar bem.

Confusa, Victoria disse o nome inteiro de Shannon e perguntou novamente se havia ligado para o número certo. A jovem disse:

— Não, você deve ter discado o número errado. Eu sou outra Shannon.

Victoria estava prestes a desligar, mas sentiu um fluxo de compaixão para com a pessoa do outro lado da linha.

— Shannon, eu sei que pode parecer estranho, mas posso orar com você por alguma necessidade sua? — ela perguntou.

A mulher começou a chorar.

— Você poderia fazer isso? Meu pai acaba de morrer, e estou tão deprimida que não sei o que fazer.

Victoria orou e transmitiu fé a ela. Ela consolou-a o melhor que pôde, garantindo-lhe que Deus estava ao lado dela. Antes de desligar, a jovem disse:

— Você é o meu anjo. Agora sei que Deus ainda tem um plano para a minha vida.

Deus colocará pessoas em nosso caminho para podermos restaurá-las. Seja sensível e siga esse fluxo de compaixão.

Eu estava no hospital visitando um amigo quando uma mãe e sua filha me reconheceram no corredor. Elas perguntaram se eu poderia ir até o fim do corredor e orar pelo marido da mulher, o pai da jovem.

Concordei, e quando chegamos ao quarto dele, elas disseram que esperariam do lado de fora.

Achei aquilo um pouco estranho, mas entrei. O homem tinha cerca de sessenta anos. Eu não o conhecia, mas a visita durou dez ou quinze minutos. Então orei por ele. Dei-lhe um grande abraço.

Quando saí, a mãe e a filha estavam sorrindo de orelha a orelha.

— O que é tão engraçado? — perguntei a elas.

— Não conseguimos acreditar que ele deixou você orar por ele — disse a mãe. — Ele nem gosta de você.

Pensei: *Ah, muito obrigado. Foi por isso que entrei sozinho.*

— Quando nós o assistimos na tevê, ele sempre ridiculariza você e nos manda desligar o aparelho — ela acrescentou.

Pensei: *Se eu soubesse disso, talvez tivesse orado de uma maneira um pouco diferente.*

Mas quando você dedica tempo para se importar, nunca sabe o que Deus vai fazer. Isso foi há anos, e hoje aquele homem e sua família frequentam os cultos em Lakewood todas as semanas. Eles nunca perdem um único domingo!

Quando você vive como um agente de cura, você quebra as muralhas. Você amolece os corações duros. O amor nunca falha. Descobri que aquele homem havia sido diácono em outra igreja, mas fora maltratado e não frequentava outra igreja havia trinta anos!

A Fé que Cura

O livro de Tiago fala sobre como precisamos ir atrás dos filhos pródigos (ver Tiago 5:19-20). Precisamos ir atrás daqueles que caíram. Se você conhece pessoas que um dia foram fortes na fé, mas enfraqueceram, vá atrás delas. Escreva uma carta para elas. Siga o rastro delas. Telefone para elas. Passe na casa delas e diga: "Ei, por onde você tem andado? Sentimos sua falta. Precisamos de você. Por que você não volta para casa?"

Vá atrás dos pródigos. Eles precisam de cura também. Eles precisam ter a felicidade e a alegria restauradas. A sua atitude deveria ser: *Estou em uma missão de Deus. Se você cair, está em terreno perigoso, porque eu vou seguir o seu rastro. Eu vou ajudar a trazê-lo de volta ao aprisco.*

Anos atrás, meu pai foi a um culto do outro lado da cidade, na igreja de um amigo. Ele chegou tarde, então se sentou na fileira de trás. Depois de alguns minutos, entrou um jovem que parecia muito perturbado. Meu pai sentiu aquele fluxo de compaixão e escreveu um bilhete, dizendo-lhe para procurá-lo depois do culto.

Mas na metade do culto, o jovem saiu. Meu pai sentiu algo tão forte que foi atrás dele. Ele olhou no saguão e não conseguiu encontrá-lo. Papai saiu para o estacionamento, procurou e procurou. E nada. Ele voltou e procurou no banheiro, e com certeza, ali estava ele.

Meu pai olhou para o jovem nos olhos e disse:

— Não conheço você, mas quero lhe dizer que a mão de Deus está sobre a sua vida. Ele tem um destino para você cumprir. Não desista do seu futuro.

O jovem chorou.

— Minha vida está um caos — disse ele. — Sou viciado em muitas drogas. Decidi vir à igreja mais uma vez, e depois eu ia para casa para tomar todas as pílulas que conseguisse encontrar.

Mais tarde, aquele jovem relembrou que quando entrou na igreja, uma das primeiras coisas que ele percebeu foram os sapatos de meu pai. Então, quando ele saiu, ele havia visto meu pai seguindo-o, e "por toda parte aonde eu ia, eu via aqueles sapatos me seguindo".

Meu pai usava os sapatos de um agente de cura. Os sapatos de um restaurador. Os sapatos de um pastor rastreando filhos pródigos e curando corações.

Aquela noite foi um momento decisivo na vida daquele jovem. Hoje, mais de trinta anos depois, ele é o pastor de uma igreja muito bem-sucedida. Mas eu me pergunto onde ele estaria se meu pai não estivesse vivendo como um agente de cura?

Daqui a cem anos, se alguém se lembrar de mim, não gostaria que dissessem: "Ah, sim, Joel, era aquele cara que tinha aquela igreja enorme. Ele escreveu alguns bons livros. Ele era bastante popular."

Na verdade, eu gostaria que eles dissessem: "Aquele homem era um agente de cura. Ele era um restaurador. Levantava os caídos. Ele encorajava os desanimados. Ele estendia misericórdia aos culpados. Ele passou a vida enxugando lágrimas."

Recebi uma carta recentemente de uma mulher que disse que durante mais de quarenta anos ela havia se sentido surrada pela vida e abandonada por sua religião. Disseram a ela que Deus a amava somente quando ela cumpria todas as regras e seguia todas as leis feitas pelos homens.

"Eu sofri debaixo da religião", disse ela. "Nunca conseguia ser suficientemente boa."

Ela acabou abandonando a igreja deprimida e confusa. Doze anos depois, ela estava trocando de canal na tevê quando me ouviu falando sobre o amor incondicional de Deus e como Ele tem um grande plano para todos nós.

Pela primeira vez, ela disse ter sentido uma liberdade interior. Foi como se Deus tivesse soprado uma nova vida dentro do seu espírito.

"Joel, às vezes, porque você não condena as pessoas, os outros o criticam e dizem que você está apenas pregando um 'cristianismo leve'", disse ela. "Mas posso lhe dizer que eu vivi debaixo do 'cristianismo pesado' por vinte e dois anos. Eu estava quebrada. Eu estava derrotada e deprimida. Mas hoje estou saudável. Sou feliz. Estou curada. Estou ajudando outros."

> *Encorajo-o a ser um agente de cura e um restaurador de sonhos.*

"Eu prefiro o 'cristianismo leve' em vez do 'cristianismo pesado' em qualquer dia da semana", ela disse.

A religião gosta de bater nas pessoas. A religião o criticará por você não ser duro o bastante com as pessoas. Mas eu amo o que Jesus disse: "O meu jugo é suave e o meu fardo é leve" (Mateus 11:30).

Não vejo a necessidade de bater em ninguém. A vida faz isso o suficiente com as pessoas. Encorajo-o a ser um agente de cura e um restaurador de sonhos. Procure aqueles que você pode erguer. Ajude-os a reivindicar sua própria felicidade e alegria.

Você é um receptáculo cheio de Deus. Libere a cura dele por onde quer que você vá, e posso lhe garantir que a face de Deus sempre brilhará sobre você.

PARTE VII

Celebre Você

CAPÍTULO 25

Encoraje a Si Mesmo

Uma das batalhas que todos nós temos de lutar é a batalha contra o desânimo. Nossos sonhos nem sempre se realizam em nosso tempo. Passamos por decepções e adversidades, e é fácil perder o entusiasmo, a felicidade, a alegria e o zelo pela vida. Nesses momentos, é bom ter família e amigos que nos encorajam. É bom ter um treinador, um professor ou um pastor para nos animar.

Entretanto, uma coisa que aprendi é que as outras pessoas não podem nos manter encorajados. As outras pessoas não podem nos manter animados. Elas podem nos dar um impulso e até nos ajudar de tempos em tempos, mas se quisermos realmente viver em vitória, esse encorajamento tem de vir de dentro de nós. Precisamos aprender a encorajar a nós mesmos.

Isso é especialmente verdade quando os tempos ficam difíceis e as coisas não estão acontecendo do modo como imaginamos. Nesses momentos, você pode não sentir vontade de perseguir os seus sonhos. A sua mente pode estar lhe dizendo: *Não vale a pena. Isso nunca vai melhorar. É melhor você se contentar em ficar do jeito que está.* Bem no fundo do seu espírito, é preciso que haja uma decisão, uma força interior que diz: *Recuso-me a me contentar com as coisas do jeito que estão. Sei que Deus tem um grande plano para a minha vida, por isso vou avançar e me tornar tudo que o Ele me criou para ser.*

Foi isso que o rei Davi teve de fazer, de acordo com o relato bíblico. Ele havia acabado de sofrer uma adversidade significativa, que foi um os momentos mais difíceis da sua vida. Sua cidade fora destruída, e sua família estava em poder do inimigo. E agora, os seus próprios homens se voltavam contra ele. A situação parecia impossível de se resolver. Ele poderia facilmente ter desistido, simplesmente desaparecer ao pôr do sol, derrotado e deprimido. Mas a Palavra do Senhor diz: "Davi se animou no Senhor seu Deus" (1 Samuel 30:6).

Davi entendia esse princípio. Ele não estava dependendo da sua família, dos seus amigos ou de outras pessoas. Ele sabia como extrair força e encorajamento de dentro de si mesmo. Às vezes, quando você mais precisa de encorajamento, aqueles com quem você está contando para animá-lo infelizmente não estarão ali com você. O amigo que geralmente telefona pode estar fora da cidade. Seu cônjuge pode estar enfrentando um mês difícil. Seus colegas de trabalho e seus pais podem estar preocupados com os seus próprios problemas. Mas quando você aprende a cavar bem fundo e a encorajar a si mesmo, há verdadeira liberdade.

Esse foi um dos segredos do sucesso de Davi. Ele sabia como extrair encorajamento e força do seu interior. Como Davi fazia isso? Ele começava a relembrar as vitórias que Deus lhe dera no passado. Ele se lembrava de como Deus o escolhera entre os seus irmãos quando ele era um menino pastor. Ele se lembrava de como havia matado o leão e o urso com as próprias mãos. Ele se lembrava de como Deus o ajudara a derrotar Golias e como o protegera quando o rei Saul estava tentando matá-lo.

À medida que Davi revivia sem cessar em sua mente a bondade e a fidelidade de Deus, a força começava a encher o seu coração. Ele criava uma nova visão de vitória e agradecia a Deus pelo que Ele havia feito. Davi agradecia a Deus porque podia transformar a situação. Ele deixava a depressão e a derrota e se levantava com a mentalidade de um guerreiro.

Um Encorajador do Hall da Fama

Quando você olha para o quanto Emmitt Smith é bem-sucedido e celebrado hoje, pode ser tentado a pensar que ele nunca precisou incentivar a si mesmo. O ex-atacante do Dallas Cowboys detém o recorde do maior número de jardas corridas da história da Liga Nacional de Futebol dos Estados Unidos, a NFL. Ele ganhou três anéis de premiação do Super Bowl. Ele entrou para o Hall da Fama do Futebol Profissional em 2010. Alguns anos antes disso, ele venceu a competição *Dançando com as Estrelas*! E ele é casado com uma linda mulher, que já foi miss do Estado da Virgínia, nos Estados Unidos.

Antes de tudo isso, Emmitt cresceu em uma família de baixa renda e passou os seus primeiros anos vivendo em casas populares. Ele fez um nome para si como jogador de futebol no colégio e na faculdade. Mas havia muitos que achavam que ele nunca chegaria à NFL. Muitos treinadores e técnicos acreditavam que ele era baixo demais com seus 1,72 de altura. Outros diziam que ele não era rápido o bastante para jogar em um time profissional.

No dia da sua convocação para a NFL, Emmitt esperou com sua família e amigos que o seu nome fosse chamado. Mas depois que quinze outros nomes foram escolhidos na convocação, ele ainda não havia recebido um telefonema. Emmitt começou a duvidar de si mesmo. Ele questionou sua decisão de sair da Universidade da Flórida antes da formatura. Nervoso e desanimado, ele foi dar uma volta na praia do lado de fora do condomínio de um amigo na Flórida.

Enquanto Emmitt caminhava sozinho, ele não se permitiu pensar nos outros quinze jogadores que haviam sido chamados antes dele. Em vez disso, ele se animou pensando em tudo que realizara atê ali. No colégio, ele liderou o time de futebol a dois campeonatos estaduais e bateu o recorde estadual de jardas corridas. Em apenas três temporadas de futebol no colégio, ele havia batido cinquenta e oito recordes escolares e foi honrado como um dos melhores competidores.

Depois de elevar o próprio ânimo recordando suas vitórias, Emmitt orou: "Deus, está tudo em Tuas mãos." Então ele voltou para o condomínio onde todos estavam reunidos. Eles o informaram que até aquele momento seu nome não havia sido chamado.

Então o telefone tocou. Era Jimmy Johnson, o treinador dos Dallas Cowboys na ocasião, um dos times que disputavam a NFL.

— Emmitt, você gostaria de usar uma estrela em seu capacete? — disse o treinador Johnson.

— Sim, treinador, eu adoraria usar uma estrela dos Dallas Cowboys — disse Emmitt.

Talvez você esteja desanimado e duvidando de si mesmo neste instante. Talvez você tenha perdido a sua paixão e o seu entusiasmo por causa de uma decepção ou de uma dificuldade.

> *Continue focado nos pensamentos animadores — pensamentos de esperança e de fé.*

Anime-se como Emmitt fez. Anime-se como Davi fez. Olhe para trás, para as suas realizações e vitórias passadas e extraia inspiração delas. Continue focado nos pensamentos animadores — pensamentos de esperança e de fé.

Relembre as Vitórias

Quando você estiver vivendo tempos difíceis e for tentado a ficar abatido — seja um diagnóstico médico, um problema no relacionamento ou uma dificuldade financeira — não fique no negativo nem lembrando sem cessar todos os motivos pelos quais as coisas não funcionam e o quanto a sua situação aparentemente não tem solução. Em vez disso, troque o canal. Pegue o controle remoto. Esse não é o único canal. Comece a relembrar em sua mente, como Davi e Emmitt fizeram, todos os momentos em que Deus o ajudou, as vezes em que Deus o protegeu daqueles acidentes, e as vezes em que Deus agiu para que fosse você promovido, embora você não fosse o mais qualificado.

Você ficou decepcionado quando pareceu que portas estavam se fechando para você, mas olhando para trás agora, você sabe que as coisas cooperaram para melhor. E quanto ao tempo em que você perdeu um ente querido? Você pode ter se sentido derrotado. Não achava que iria sobreviver. Mas finalmente você sentiu uma paz e uma força que nunca havia sentido.

Cada um de nós viu a mão de Deus em operação em nossas vidas. Uma chave para animar a si mesmo é relembrar todas as suas provações e as vitórias que vieram após elas. À medida que você se lembrar de todas as grandes coisas que Deus fez, a fé encherá o seu coração. Força e coragem virão do seu interior. Não importa o que você esteja enfrentando, por mais difícil que pareça, você saberá bem no fundo do seu coração: *Deus não me trouxe até aqui para me deixar agora. Se Ele agiu em meu favor no passado, Ele fará o mesmo no futuro.*

Você pode ter a sua alegria de volta se simplesmente mudar de canal. Se você está recordando apenas o que é negativo, lembrando o que não deu certo e quem o feriu, e o quanto isso foi injusto, então não é de admirar que você esteja se sentindo abatido. Você está assistindo ao canal errado. Deus fez algo grande para cada um de nós. Talvez Deus tenha lhe dado um filho. No dia em que aquele bebezinho nasceu, você ficou muito entusiasmado. Por que não revive esse milagre em sua mente? Talvez Deus tenha lhe dado uma casa, uma promoção, ou talvez você tenha recebido um bom diagnóstico médico. Você ficou tão impactado e se sentiu como se estivesse nas nuvens. Aprenda a relembrar essas vitórias em sua mente.

Para se manter animado, certifique-se de assistir ao canal certo. Você não pode ficar abatido e derrotado enquanto estiver pensando na bondade de Deus. Tento fazer isso, na verdade, todas as vezes que passou pela Igreja de Lakewood de carro. Quer eu esteja passando pela estrada ou estacionando ali para um culto, digo sempre, sem exceção: "Obrigado, Senhor, pelo teu lindo prédio!"

Ainda fico impressionado com o que Deus fez. Toda vez que vejo a nossa igreja, nem preciso mais pensar, o meu agradecimento ao Senhor simplesmente flui de mim naturalmente. Acho que desenvolvi o hábito de fazer isso. É provável que eu tenha dito essa frase umas dez mil vezes. Todas as vezes que o faço, sabe o que está acontecendo? Estou animando a mim mesmo. A minha fé está aumentando. Posso sentir força no meu interior. Sei que se Deus nos deu esse prédio, Ele pode fazer qualquer coisa.

Nosso filho Jonathan estava em um carro dirigido por nosso amigo Johnny quando eles passaram pela Igreja de Lakewood a caminho de casa um dia. Enquanto eles estavam passando, Jonathan disse a Johnny: "Deixe-me dizer isto pelo meu pai: 'Obrigado, Senhor, pelo nosso lindo prédio'." Ele me ouviu dizer isso tantas vezes, que agora está dizendo também. A Bíblia diz que devemos contar aos nossos filhos e netos as grandes coisas que Deus fez!

Cada Obstáculo É uma Preparação Para Uma Recuperação

Vejo muitas pessoas hoje que simplesmente se contentaram em estar onde estão. Ceder ao espírito de desânimo rouba nossos sonhos. A atitude daqueles que se contentam com menos é: *Não vale a pena. Não vale a pena lutar pelo meu casamento. Ele nunca vai dar certo. Estou cansado de fazer o que é certo; nunca vou ter êxito.* Não, não acredite nestas mentiras; isso é o espírito de desânimo tentando roubar os seus sonhos e mantê-lo bem onde você está.

Deixe-me dizer-lhe uma coisa que você já sabe no fundo do seu espírito. Vale a pena lutar por toda promessa que Deus colocou em seu coração, para cada sonho que Ele plantou no seu interior. Vale a pena lutar pelo seu filho. Vale a pena lutar pelo seu casamento. Vale a pena lutar pela sua saúde. Vale a pena lutar pelos seus sonhos.

Não ouse se contentar em ficar onde está. Você pode ter sofrido uma adversidade. Como Davi na Bíblia, você passou por decepções. Talvez um relacionamento não tenha dado certo. Talvez você esteja enfrentando um problema grave de saúde agora mesmo. Lembre-se de que cada obstáculo é uma preparação para uma recuperação.

Você pode ter sido derrubado, mas você não foi vencido. Você precisa se levantar, e continuar firme. Deus tem você na palma da Sua mão. Ele disse que se você permanecer em fé, Ele não apenas o tiraria desta situação, como o tiraria dela melhor do que antes.

Foi isso que Davi teve de fazer. Ele estava abatido, mas não permaneceu abatido. Ele se lembrou mentalmente das suas vitórias. Ele agradeceu a Deus pelo que Ele havia feito. Quando ele trocou o canal e adotou uma atitude de fé e expectativa, Davi deixou de ser uma vítima para ser um vencedor. Ele disse aos seus homens: "Levantem-se, rapazes. Vamos atacar o inimigo."

A Bíblia diz que eles não apenas recuperaram tudo que fora roubado deles, como também saíram com mais do que tinham antes (ver 1 Samuel 30). É isso que Deus quer fazer com cada um de nós. Mas tudo começou quando Davi se animou. Ele reconheceu que a principal batalha não estava acontecendo do lado de fora, mas do lado de dentro.

Quando todas as probabilidades estavam contra ele — sua família não estava ali, seus amigos haviam lhe virado as costas, as notícias não eram boas, a economia estava em baixa, as más línguas estavam em alta — sua atitude foi: "Não estou preocupado com nada disso. Sei que o Deus a quem eu sirvo é totalmente capaz de me livrar."

Davi disse, com efeito: "Vi Deus me levantar do poço antes. Ele colocou os meus pés sobre uma rocha, colocou um novo cântico no meu coração. E se Ele fez isso por mim naquele tempo, sei que Ele faria isso por mim agora." Esse é o tipo de atitude que chama a atenção de Deus.

Sei que você pode olhar para trás, para a sua vida, e dizer com Davi: "Se não fosse pela bondade de Deus, onde eu estaria?" Em outras palavras:

- "Eu deveria ter tido um ataque de nervos quando passei por aquele divórcio, mas Deus me fortaleceu com a Sua força."
- "Eu deveria ter desistido e ficado deprimido quando meu ente querido morreu, mas Deus me deu um novo começo."

- "De acordo com o diagnóstico médico, eu não deveria estar aqui hoje, mas por causa da bondade de Deus, ainda estou vivo e bem."
- "O meu negócio deveria ter falido há muito tempo, mas por causa do favor de Deus, ele sofreu uma reviravolta."
- "Eu deveria estar com a mente perturbada por causa de todos os vícios que eu tinha. Mas por causa da misericórdia de Deus, as minhas cadeias foram quebradas e estou totalmente livre hoje."
- "Minha família deveria estar destruída, mas por causa da bondade de Deus, ainda estamos aqui juntos."

Você não pode continuar abatido e derrotado enquanto está meditando na bondade de Deus! Desligue o "Canal da Derrota". Mude do "Canal da Mágoa", do Canal "Eu Venho da Família Errada" e do Canal da "Melancolia e do Desespero".

Desligue esses canais e mude para o Canal da Vitória, para o Canal "Todas as Coisas São Possíveis", para o Canal "Deus É Totalmente Capaz", para o Canal "Meus Melhores Dias Estão por Vir". Lembre-se das coisas boas que Deus fez, e a fé encherá o seu coração.

Lembre-se das coisas boas que Deus fez, e a fé encherá o seu coração.

Crie um Arquivo de Encorajamento

Outra coisa que pode ajudá-lo a ficar animado é criar um "Arquivo de Encorajamento". Toda vez que alguém lhe mandar um bilhete amável ou um elogio, coloque-os em um arquivo em sua casa ou escritório. Depois, quando você for tentado a ficar abatido, pegue essas cartas e bilhetes e leia-os novamente. Deixe que essas palavras elevem o seu espírito. Muitas vezes, depois de apenas cinco minutos sendo lembrado de quantas pessoas o amam, recordando algumas das coisas boas que você fez, a sua atitude mudará completamente.

Comecei a fazer um Arquivo de Encorajamento quando iniciei no ministério. Toda vez que alguém me mandava um bilhete amável, uma carta gentil, ou mesmo quando alguém simplesmente me fazia um elogio, eu colocava isso em um arquivo. Naquele tempo, se alguém dissesse alguma coisa que fosse ao menos um pouquinho animadora, eu a colocava ali.

Lembro-me de um homem idoso que eu encontrava na academia de ginástica e que estava sempre brincando comigo sobre alguma coisa. Mas um dia ele me escreveu um bilhete que dizia: "Assisti ao seu sermão na televisão ontem. Tudo que posso dizer é: 'Desejo-lhe mais sorte da próxima vez'."

Fiquei tão feliz por ele ao menos ter assistido ao sermão que coloquei o bilhete dele no meu Arquivo de Encorajamento. Às vezes, você não pode ser exigente. Graças a Deus, hoje o bilhete dele está em outro arquivo. Não preciso mais dele.

Logo após me tornar um ministro, um garotinho de cinco anos de idade me procurou depois do meu sermão e disse: "Eu realmente adoro ouvir as suas histórias."

Senti-me muito bem.

Então ele disse: "Mas, se eu fosse você, deixaria de lado todas aquelas coisas monótonas."

Você também precisa de um Arquivo de Encorajamento. No meu arquivo, tenho cartas, elogios e cartões de aniversário. Não faz muito tempo, um dos meus professores da terceira série escreveu um bilhete para minha mãe dizendo como eu era um bom aluno, como eu era amigável e como eu sorria muito desde aquela época. Aquilo me encorajou. Coloquei o bilhete do meu professor no meu arquivo. E agora, pelo menos a cada dois meses, pego aquele arquivo e folheio algumas daquelas cartas.

O que eu estou fazendo? Estou me animando. É como estar em um bom programa de manutenção. Anime-se regularmente.

Encorajar a Si Mesmo Funciona

Se você está preocupado porque ninguém lhe envia bilhetes amáveis, nem lhe dá crédito ou lhe faz um elogio que você pode colocar em um Arquivo de Encorajamento, tenho uma solução. Escreva algumas cartas amáveis para você mesmo. Anote o que você gosta em você. Enumere os seus pontos fortes. Relacione as suas realizações. Liste algumas das coisas boas que você fez pelos outros.

Quando ninguém mais o celebrar, aprenda a celebrar a si mesmo. Quando ninguém mais o elogiar, elogie a si mesmo. Não cabe às outras pessoas mantê-lo animado. Cabe a você. Isso deve vir do seu interior.

Foi isso que Deus fez. Ele louvou a Si mesmo. No livro de Gênesis, nos é dito que Deus criou as águas e Ele disse: "Isto é bom." Ele criou o céu e disse: "Isto é bom." Ele criou os peixes e os animais, deu um passo atrás e disse: "Isto é bom." Ele criou você e eu e disse: "Isto é muito bom."

Amo o fato de que Deus louvou a Si mesmo. Na maior parte do tempo, somos tão críticos com relação a nós mesmos, e tão focados no que fizemos de errado, que nunca sequer pensamos em elogiar a nós mesmos. *Tenho estes defeitos horríveis. Estou lutando contra este vício.* Ou *Não sou nem de longe tão talentoso quanto os meus colegas de trabalho.*

Essa não é a maneira certa de pensar. Encontre algo que você esteja fazendo certo para poder dizer: "Sabe de uma coisa? Isto é bom."

Até mesmo ao sair da igreja, você pode dar um tapinha no seu ombro e dizer: "Fiz algo certo hoje. Dediquei tempo para honrar a Deus indo à igreja. Devo dizer que agi bem."

Quando deixo o púlpito na Igreja de Lakewood todas as semanas, olho para mim mesmo no espelho e digo: "Você se saiu bem hoje." Posso não ter me saído tão bem quanto outra pessoa, mas fiz o melhor que podia, e isso é tudo que realmente importa.

> *Tenho esses defeitos. Estou lutando contra este vício.* Ou *Não sou nem de longe tão talentoso quanto os meus colegas de trabalho.*

Eis o meu ponto de vista: se você não se elogiar, nunca se tornará tudo que Deus o criou para ser. Sinta-se bem com quem você é. Não estou falando em ser arrogante e andar por aí pensando que você é melhor que todo mundo. Estou falando em aprender a aceitar-se e a aprovar a si mesmo. A felicidade é uma proposta às avessas. Se você não está feliz consigo mesmo, nunca será capaz de encontrar alegria em cada dia.

Em vez de estar sempre se surpreendendo fazendo alguma coisa errada, quero que você adquira o hábito de se surpreender fazendo coisas certas. Ouço pessoas que estão sempre se condenando: "Lá vou eu de novo, gastei dinheiro demais outra vez." "Lá vou eu de novo. Comi algo que não devia novamente." "Lá vou eu de novo, perdi a calma mais uma vez."

Elas sempre veem o que está errado, nunca o que está certo.

"Estou chateado comigo mesmo porque não fiz ginástica nem uma vez a semana passada."

Talvez não, mas você subiu pela escada em vez de usar o elevador. Isso foi bom.

"Bem, eu não limpei a casa ontem como queria."

Talvez não, mas você foi assistir ao jogo do seu filho. Isso foi bom.

"Bem, eu não levei minha amiga para almoçar como prometi."

Não, mas você foi gentil com aquele segurança. Pare de se acusar de fazer algo errado e comece a se surpreender fazendo algo certo.

Mude o Canal

Alguns de vocês nunca disseram em voz alta para si mesmos: "Sou uma boa mãe." "Sou um bom pai." "Sou talentoso e criativo." "Sou gentil e cuidadoso."

Não digo isso de uma maneira arrogante, mas gosto de quem Deus me criou para ser. Amo elogiar outras pessoas, mas aprendi até a elogiar a mim mesmo. Gosto dos dons que Deus me deu. Gosto da minha personalidade. Gosto da minha altura. Gosto da minha idade. Gosto do que sou capaz de fazer.

Uma das gravações que tocam na minha mente o dia inteiro é esta: *Você é um bom pai. Você é um bom marido. Você é talentoso. Você é criativo. Você é amável. Você é alguém divertido de se conviver.*

É fácil permanecer animado quando você aprende a se elogiar. Às vezes, achamos que é sinal de humildade quando elogiamos alguém e nos rebaixamos.

"Cara, você é muito bom nisso. Eu jamais poderia fazer nada como você."

Não, na verdade você pode fazer exatamente o que Deus o criou para fazer.

As pessoas costumam me dizer: "Eu jamais poderia falar diante de grandes multidões como você."

Talvez não, mas eu jamais poderia pilotar um avião como você. Eu jamais poderia projetar casas como você. Jamais poderia ensinar crianças como você. O fato é: cada um de nós é bom em alguma coisa. Não devíamos olhar para outra pessoa e pensar: *Cara, ele é tão talentoso. Ele é tão criativo. Ele é tão disciplinado. Ele é tão bonito. Não sei o que aconteceu comigo.*

Comece a olhar no espelho e dizer: "Você é muito talentoso. Você é muito criativo. Você é muito disciplinado. Você é uma coisa linda."

Você precisa se elogiar. Experimente, pode dar certo. Não deu certo para o meu irmão Paul! Mas tente assim mesmo.

Uma jovem chamada Britanny se mudou para uma nova escola no período da sétima à nova série. Muitos dos alunos cresceram juntos e eram amigos por anos e anos. Ela estava tendo dificuldade para se entrosar e em realmente se relacionar com alguém.

A escola tinha uma tradição de realizar demonstrações de amizade durante a semana do Dia dos Namorados. Nos dias anteriores à data comemorativa, os alunos podiam comprar cravos por 25 centavos na escola e enviar uns para os outros. Os cravos eram entregues nas salas de aula, no Dia dos Namorados, diante de toda a turma. Por essa razão, era um grande evento e tinha um grande significado ver quantos cravos cada um recebia.

Bem, Britanny sabia que ela não receberia nenhum cravo. Ela era nova na escola e não tinha nenhum amigo. Ela estava detestando a ideia daquele dia chegar, pensando que seria deixada de fora e que ficaria constrangida.

Mas então Britanny teve uma grande ideia. Em vez de ficar sentada vendo todo mundo ganhar flores, ela decidiu enviar alguns cravos para si mesma. Ela levou cinco dólares até a secretaria da escola onde pediu vinte formulários para entrega de cravos. Então, ela os preencheu em particular, para que ninguém soubesse que ela os estava enviando para si mesma.

No Dia dos Namorados, a maioria das meninas recebeu três ou quatro cravos. As meninas realmente populares chegaram a receber cinco ou seis cravos. Mas na sala de Britanny, parecia que a cada dois cravos entregues, um era para ela. Suas colegas da turma olhavam para ela, pensando: *Quem é essa garota? Ela tem tantos amigos!*

Um cravo depois do outro era entregue a Britanny. Seus colegas de turma perguntavam: "De quem é este?" E Britanny olhava o bilhete e dizia: "Ah, eles são tão especiais. Eles gostam tanto de mim. Mal posso esperar para agradecer."

Eles não faziam ideia de que ela estava falando de si mesma. Se você estivesse na sala naquele dia, iria pensar que Britanny era a garota mais popular da escola. No fim do Dia dos Namorados, ela era invejada por toda a turma. Britanny tinha mais cravos que todo mundo.

Você precisa ter a atitude de Britanny: *Se ninguém mais está me celebrando neste instante, vou celebrar a mim mesma. Se ninguém está me convidando para jantar, vou me vestir e me levar para jantar. Se ninguém está me mandando um cartão de aniversário, vou comprar um presente para mim.*

Se você perdeu a sua felicidade, a sua alegria, a sua paixão e o seu entusiasmo, talvez seja porque ninguém está celebrando você, animando-o ou encorajando-o. Então, faça como Davi fez na Bíblia e anime-se. Desenhe aquela linha na areia e diga: "Chega. Este é um novo dia. Chega de viver negativamente, desanimado e sem entusiasmo. Sei que este é o dia que o Senhor fez. Escolho viver este dia com fé e com expectativa."

Você pode ter passado por um infortúnio, mas prepare-se para uma recuperação. Deus não lhe trouxe até aqui para deixá-lo onde você está. Ele tem você na palma da Sua mão. Ele tinha a solução antes mesmo que você tivesse o problema. Ele já tem uma saída. Deus conhece o fim desde o começo. Tudo que você está enfrentando agora está sujeito a mudanças. Isso significa que um toque do favor de Deus pode transformar qualquer situação. Você precisa ousar fazer como Davi. Livre-se desse espírito de desânimo e diga: "Posso ser derrubado, mas não vou ficar caído. Vou me levantar de novo e continuar."

> *Você pode ter passado por um infortúnio, mas prepare-se para uma recuperação.*

Anime-se para que você possa encontrar felicidade em todos os dias. Quando as vozes negativas começarem a dizer: "Bem, a economia está ruim. Você não tem medo?"

Diga: "Não, sei que Deus é o meu provedor. Ele supre todas as minhas necessidades."

"Bem, a gasolina está cara."

"Sim, mas Deus é totalmente capaz de cuidar de mim."

"O seu filho não está indo bem."

"É verdade, mas sei que ele pode mudar."

"Você foi demitido. Ouvi dizer que você perdeu o emprego. Você não está frustrado?"

"Nem um pouco. Sei que Deus está prestes a abrir outra porta. Sei que Ele tem algo melhor reservado para mim."

"Parece que você não está se sentindo bem. Alguém me disse que você recebeu um diagnóstico ruim do médico."

"Sim, recebi, mas sei que Deus está no total controle. Ele disse que nada me arrebataria da Sua mão. Então creio que viverei cada segundo que Ele planejou para mim."

É isso que significa encorajar a si mesmo. Levante-se todas as manhãs pensando na bondade de Deus. Relembre em sua mente as vitórias que Ele lhe deu. Não se lembre das coisas negativas. Mude o canal e recorde todas as vezes que Deus fez você atravessar para o outro lado.

Se você não tem um Arquivo de Encorajamento, comece a fazer um. Quando for tentado a ficar abatido, tire as cartas de lá. Deixe que elas elevem o seu espírito. E não espere que os outros o elogiem, elogie a si mesmo. Aprenda a celebrar quem Deus o criou para ser.

Cabe a você se manter animado. Não pressione seus amigos e sua família para encorajarem você o tempo todo. Você pode extrair força do seu interior. Quando aprender a encorajar a si mesmo, verá sua fé trabalhando. Encorajando a si mesmo, você apreciará mais a sua vida e vencerá todos os obstáculos; restaurará a sua felicidade e a sua alegria. Você ajudará cada desejo e cada promessa que foram colocados dentro de você a se realizarem.

Mesmo quando você for derrubado e sofrer um contratempo, assim como Deus fez por Davi, como vemos na Bíblia, Ele garantirá que você não apenas volte, mas que você volte melhor do que estava.

Capítulo 26

A Voz da Vitória

Há todo tipo de pensamentos e todo tipo de voz que podemos sintonizar, assim como em uma estação de rádio. Há centenas de frequências diferentes no ar neste instante ao seu redor. Se você tivesse um receptor, poderia sintonizar muitas estações diferentes. Do mesmo modo, você pode sair de uma estação. Você, muitas vezes, está no carro quando começa a tocar uma música ou um programa que você não gosta. Isso não é nada demais. Você não precisa se obrigar a ouvi-lo; não precisa ficar sentado tolerando aquilo. Você apenas aperta um botão e troca para uma estação diferente. O mesmo princípio se aplica ao seu pensamento.

Ao longo do dia, existem pensamentos que entram em sua mente. Muitos deles são pensamentos negativos e desanimadores, do tipo: *Você nunca vai ter saúde. Você nunca vai realizar os seus sonhos. Você nunca vai se casar. Você nunca vai superar os seus problemas.*

Muitas pessoas não estão cientes de que não precisam ficar ouvindo essa estação. Só porque um pensamento aparece isso não significa que você precisa ficar preso a ele. Se esse pensamento é negativo, desanimador ou depressivo, você precisa simplesmente sair daquela frequência e encontrar uma estação ou canal diferente.

Há um canal que recomendo, chamado "Voz da Vitória". Ele se origina na Palavra de Deus. Ele diz: "Você tem um futuro brilhante." Ele diz: "Você é abençoado. Você é saudável. Você é perdoado. Você tem favor. Você pode superar qualquer obstáculo. Você pode realizar os seus sonhos."

Se você quer viver em vitória, em felicidade e alegria, fique sintonizado com o canal certo. Você não pode andar por aí o dia inteiro pensando em coisas do tipo: *Não suporto meu emprego e estou tão assoberbado que nunca vou sair das dívidas.*

Ter esses pensamentos está sugando a sua energia, a sua alegria, a sua felicidade e o seu zelo. Você está perdendo todas as coisas boas que Deus colocou em você. Ficaria impressionado ao ver como se sentiria melhor se levantasse todos os dias e partisse para a ofensiva, em vez de ser passivo e abrigar cada pensamento negativo que vem à sua mente. Tenha pensamentos positivos deliberadamente. Levante-se de manhã e faça uma declaração de fé. Diga em voz alta para si mesmo: "Este será um grande dia. Deus está dirigindo os meus passos. O Seu favor está me cercando como um escudo. Estou muito entusiasmado com este dia."

Quando fizer isso, você ficará mais forte e mais feliz, e verá o favor de Deus agir em sua vida mais intensamente. Preste atenção ao que você está pensando. Algumas pessoas estão sintonizadas há tanto tempo no Canal da Preocupação que poderiam ser membros vitalícios dele. Elas poderiam possuir ações desse canal por estarem tão cheias de preocupações.

"Estou muito preocupado com o meu filho, preocupado com a minha saúde, preocupado com as minhas finanças."

Há uma maneira melhor de viver. Quando esses pensamentos negativos aparecerem, você precisa fazer uma escolha de não ficar preso a eles. Em vez disso, use a chegada desses pensamentos negativos como um lembrete para agradecer a Deus porque Ele está trabalhando. Simplesmente mude de canal e agradeça-lhe por mudar as coisas a seu favor.

Você Controla a Porta da Sua Mente

Quando alguém lhe faz mal, há uma voz em seu interior que diz: *Vingue-se. Guarde rancor. Nunca mais fale com ele.* Se você ficar preso a esses pensamentos, eles envenenarão a sua vida. Entretanto, existe outra frequência mental que você pode sintonizar. Ela diz: *Deus é o meu vingador. Ele endireitará o que está errado. O que foi planejado para o meu mal, Ele usará em meu favor.*

Essa é a Voz da Vitória. Quando você comete um erro, uma voz diz: *Você estragou tudo. Você nunca será abençoado. Não espere nada de bom.* Outra voz diz: *Sou perdoado. A misericórdia de Deus é maior que qualquer erro. Os meus melhores dias ainda estão por vir.* Tudo depende da voz que você escolhe sintonizar. Nossos pensamentos definem a direção das nossas vidas. Em que estação ou canal você está sintonizado?

Sou apenas uma pessoa comum. Sou apenas uma pessoa qualquer. Nunca farei nada grandioso.

Não, você está no canal errado. Se você mudar para a Voz da Vitória, você ouvirá:

Sou um em um milhão. Sou uma obra-prima. Tenho sementes de grandeza em mim. Deixarei a minha marca nesta geração.

Preste atenção aos seus pensamentos. Certifique-se de estar sintonizado no canal certo. Talvez você esteja passando por um bairro agradável e veja uma linda casa e um pensamento lhe diz: *Nunca vou ter uma casa linda como aquela. Nunca vou conseguir avançar. Estou tão endividado. Ninguém em minha família realmente é bem-sucedido.*

Mude de canal. Você precisa proteger a sua mente. Se você acreditar nessas mentiras por tempo suficiente, o seu próprio pensamento lhe impedirá de alcançar o melhor de Deus. Simplesmente mude para a Voz da Vitória nos seus pensamentos: *Deus, Tu disseste que se eu mantiver o Senhor em primeiro lugar, Tu me concederás os desejos do meu coração. Tu disseste que não reterá nenhum bem quando eu andar retamente. Tu disseste que na estação própria eu colheria se eu não desistisse, então quero Te agradecer porque a minha estação própria está a caminho. Sei que o meu tempo está chegando.*

Você precisa proteger a sua mente.

É isso que significa estar sintonizado na Voz da Vitória.

Algumas pessoas estão tão treinadas para esperar o negativo, que quando um pensamento começa a lhes dizer algo desanimador sobre si mesmas ou o seu futuro, elas simplesmente fazem como um peixe e engolem tudo: anzol, linha e chumbada. Isso as arrasta para baixo e elas andam por aí derrotadas.

Por outro lado, existem outras pessoas que se treinam para se agarrarem aos pensamentos positivos e esperançosos. Elas podem ter mil pensamentos negativos bombardeando suas mentes, mas então vem um pensamento positivo — uma pequena frase que diz: *Tudo vai ficar bem* — e elas o peneiram em meio a todos os outros pensamentos e escolhem agarrar-se ao único pensamento cheio de fé.

Treine Seus Ouvidos

Essa é a maneira de ser tão disciplinado nos seus pensamentos a ponto de você poder eliminar o desânimo e tomar posse do encorajamento. Você precisa treinar seus ouvidos para fazer isso.

Temos duas cadelas shih tzu, Daisy e Spirit, que são cães fantásticos. Spirit tem uma audição supersensível. Ela é tão sintonizada no que acontece ao seu redor, que pode ouvir as pessoas se aproximando da porta da frente muito antes de elas chegarem lá. Ela começa a latir dez ou quinze segundos antes que alguém toque a campainha. Ela se treinou para ouvir o que quer ouvir.

Spirit adora queijo, e ela pode ouvir quando estamos abrindo um pacote de queijo, mesmo se estiver no quintal. Spirit entra correndo imediatamente na cozinha, senta-se aos nossos pés e espera pelo seu pedaço de queijo.

Quando toda a família está na cozinha, há todo tipo de barulho, todo tipo de sons. Jonathan está despejando cereal na tigela. Alexandra está abrindo batatas chips. Eu estou usando o liquidificador. Victoria está embrulhando alimentos. Spirit se senta calma como nunca; ela nem se mexe. Mas no instante em que alguém toca no queijo, ela fica em alerta.

A atitude dela é: *Agora é a minha hora. Estou pronta para o meu aperitivo.*

Houve vezes em que tentei pegar um pedaço de queijo da geladeira sem que ela ouvisse. Eu disse aos meus filhos: "Vejam isto." Abro a geladeira. Nem sequer retiro o queijo. Deixo-o ali para não fazer nenhum barulho. Muito silenciosamente e delicadamente, abro o saco plástico de zíper. Spirit está em outro cômodo, a nove metros de distância, dormindo, mas você não pode enganar aquela cadela. Ou ela tem uma revelação sobrenatural ou ela tem uma superaudição canina.

É impossível mantê-la distante. Por que isso? Ela se treinou para ouvir o que é importante para ela. Ela não se importa se eu pegar o pão. Ela não se importa se eu abrir as batatas fritas ou tirar a alface da geladeira. Tudo isso entra por um ouvido e sai pelo outro. Tudo com o que ela se preocupa é com o queijo, e ela está plenamente ciente daquele som.

Audição Seletiva

Em que som você está sintonizado? Algumas pessoas têm o hábito de sintonizar no que é negativo. Elas são atraídas a isso, quase como se isso as alimentasse. Se um pensamento vem e diz: *Que dia terrível*, elas simplesmente mordem a isca: "Oh, sim, é um dia terrível".

Elas acordam e o pensamento vem: *Você está deprimido hoje.*

"Ah, sim, estou deprimido."

Não permita que isso aconteça com você, retreine os seus ouvidos. Você está ouvindo as coisas erradas. Desligue-se do que é negativo e comece a ouvir pensamentos cheios de fé. Quando você acordar depois de ignorar todos os pensamentos negativos, finalmente você ouvirá: "Este é o dia que o Senhor fez. Este será um grande dia."

Se você se treinou para ouvir o que é mau, pode se treinar para ouvir o que é bom. Na próxima vez que um pensamento negativo vier, diga simplesmente: "Não, obrigado, isto não é para mim."

Bem, as coisas não estão melhorando em nada. Você chegou ao seu limite.

"Não, obrigado. Não vou ficar pensando nisso."

Você cometeu erros demais.

"Não, obrigado. Estou ouvindo outro som. Ele diz que estou perdoado."

Você nunca vai melhorar. É o fim.

"Não, obrigado. Creio que estou ouvindo outra coisa. Ela diz que Deus está restituindo a minha saúde."

Você nunca vai conseguir quitar esta casa.

"Não, obrigado. Isto não é para mim. Vou emprestar e não pedir emprestado."

Talvez você precise arrancar as ervas daninhas de mil pensamentos negativos até que consiga ouvir um som positivo. O canal da Voz da Vitória está dizendo: "Você pode todas as coisas por intermédio de Cristo. Os seus melhores dias estão por vir. Esta situação está prestes a sofrer uma reviravolta."

Agarre-se ao que é bom. Quando você ouvir aqueles pensamentos cheios de fé, aja como Spirit, nossa cadela, e venha correndo. "Isto é para mim. Eu creio. Eu recebo. Sou capaz." Repita esses pensamentos sem cessar. A batalha está acontecendo na sua mente.

Deixe que os pensamentos negativos ricocheteiem em você como água nas costas de um pato, assim como Spirit fica sentada inabalável ao som das batatas chips, do cereal e do pão. Mande embora esses pensamentos que não são positivos e produtivos.

Quando agir assim, por fim você ouvirá o som certo. Algo abrirá pensamentos positivos como: *Sou talentoso*. Será exatamente como um alarme disparando no seu espírito. Levante-se e diga: "Sim, vou ficar com este. Sou talentoso."

O pensamento virá: *Sou abençoado*.

"Sim, este é para mim. Sou capaz. Sou mais que vencedor."

Ponha o Foco no que É Bom

Assisti a um documentário na televisão sobre um morcego da selva que come certos sapos pequenos, mas não *todos* os sapos pequenos. Alguns dos sapos selvagens são venenosos, mas eles procuram somente os sapos não venenosos. Esse morcego sabe a diferença entre uns e outros pelos sons feitos pelos sapos. Ele sintoniza apenas o som feito pelo sapo não tóxico.

À noite, os sapos fazem aquele som que é um gorjear agudo, mas os sapos venenosos gorjeiam com um som levemente mais agudo que os sapos não tóxicos. Esses morcegos têm a audição tão aguçada que simplesmente ouvem atentamente por cinco ou dez minutos, e então eles sintonizam o ouvido.

O documentário mostrou vinte sapos selvagens encurralados em uma pequena área. Então o morcego selvagem sintonizou o ouvido e desceu voando. Para o jantar, o morcego apanhou o único sapo não venenoso no meio de todos os seus primos venenosos. Como ele pôde fazer isso? Ele havia treinado seu ouvido para sintonizar a frequência do sapo certo.

É assim que devemos ser quando selecionamos em quais pensamentos devemos sintonizar. Fique tão treinado na sua vida mental a ponto de não morder a isca do inimigo. Você só sintonizará pensamentos esperançosos, positivos e cheios de fé.

Fique tão treinado na sua vida mental a ponto de não morder a isca do inimigo.

Quando um pensamento de inveja vier, dizendo: *Por que ele consegue tudo? Ele é tão esperto assim? Isto não é justo,* reconheça que esse pensamento está fazendo o som errado. Ele pode parecer bom, você pode ser tentado a se prender a ele, mas os seus instintos deveriam lhe dizer que se trata de um pensamento tóxico.

Se um pensamento vem e lhe diz: *Você é tão desleixado! Você é indisciplinado. Você não consegue fazer nada direito,* ele pode estar tentando para você se diminuir, mas não morda essa isca. Reconheça que eles são pensamentos venenosos. Eles o impedirão de cumprir o seu destino.

Estou lhe pedindo para estar extremamente ciente de onde você está fixando a sua mente. Que pensamentos você está permitindo que criem raízes? Venenosos ou não venenosos? Úteis ou prejudiciais? Você treinou o seu ouvido como a pequena Spirit, a cadelinha que tem audição seletiva? Você está sendo perceptivo como aqueles morcegos para deixar os pensamentos venenosos de fora?

Proteja a Sua Mente

Você controla o que pensa. A Bíblia nos diz em Filipenses: "Finalmente, irmãos, tudo o que for verdadeiro, tudo o que for nobre, tudo o que for correto, tudo o que for puro, tudo o que for amável, tudo o que for de boa fama, se houver algo de excelente ou digno de louvor, pensem nessas coisas" (4:8).

Você precisa programar a sua mente com o software adequado. Se mantiver a sua mente cheia com os pensamentos corretos, não haverá nenhum espaço para os errados. Pense deliberadamente em coisas boas sobre si mesmo e o seu futuro. Não basta simplesmente evitar os pensamentos negativos. Se você não encher a sua mente com esses pensamentos cheios de fé, os negativos tentarão assumir o controle. É muito melhor ficar na ofensiva.

A Bíblia diz: "Tu conservarás em paz aquele cuja mente está firme em ti" (Isaías 26:3). Medite ao longo do dia no que Deus diz a seu respeito: *Sou forte. Sou talentoso. Sou perdoado. Boas coisas estão reservadas para mim. Os meus melhores dias estão diante de mim.* Quando sua mente estiver cheia de pensamentos positivos, os pensamentos negativos encontrarão uma placa dizendo NÃO HÁ VAGAS quando tentarem entrar. Eles não serão capazes de entrar.

Essa é uma maneira poderosa de viver. Você decide a direção da sua vida. Você decide o seu humor. Você determina as suas atitudes.

Você talvez precise fazer uma faxina para livrar sua mente de todos os pensamentos negativos e condenatórios para ter espaço para os pensamentos *eu posso*, para os pensamentos *tudo é possível*, e para os pensamentos *sou totalmente capaz*. Não há espaço ao mesmo tempo para os pensamentos positivos e negativos.

Deuteronômio 39:19 diz para escolhermos a bênção ou a maldição. Quando mantém a sua mente cheia de pensamentos positivos, você escolhe a bênção; você está escolhendo viver com felicidade a cada dia. Você escolhe alegria e vitória. Mas quando você é passivo e aceita qualquer pensamento negativo que vem à sua mente, é aí que você perde o melhor de Deus.

Quero que você adquira o hábito de encher a sua mente de louvor e ações de graças. Quero que você saia de casa esperando coisas boas. Quando você passar por reveses e decepções, precisa estar especialmente alerta. Em vez de reclamar e ficar deprimido, diga simplesmente: "Sei que Deus está prestar a mudar esta situação. Talvez seja difícil, mas isto, também, passará. Isto é apenas temporário."

Mantenha aquela placa de NÃO HÁ VAGAS levantada para bloquear os pensamentos negativos. Os seus pensamentos controlam a sua vida. Você tranca a sua casa porque não quer que estranhos entrem, afinal é a sua casa, o lugar onde você mora. Tenha a mesma atitude com a sua mente. "Este é quem eu sou. Este é o meu futuro. Não vou deixa qualquer coisa entrar. Vou me certificar que meus pensamentos sejam positivos. Vou ficar sintonizado na Voz da Vitória."

Ouvi alguém expressar esse princípio do seguinte modo: se você possuísse um complexo de apartamentos e alugasse 80% dos apartamentos para traficantes, ladrões e trapaceiros, e depois alugasse os outros 20% para cidadãos de bem e cumpridores da lei, depois de alguns meses os traficantes e trapaceiros colocariam para fora todas as pessoas honestas. A mesma coisa acontece quando controlamos o que vive na nossa mente. Se você se ficar constantemente nos seus problemas e no que não tem e em como o futuro parece difícil, todos esses pensamentos negativos vão expulsar qualquer pensamento positivo.

Pare de alugar espaço na sua mente para os seus problemas. Não alugue esse espaço valioso para a autopiedade. Não o alugue para os pensamentos *não posso, não sou capaz* ou *nunca vai acontece*r. Você só tem um determinado espaço. Faça um inventário do que está ocupando a sua mente.

Dê um aviso de despejo aos pensamentos negativos: *Sinto muito, mas o seu tempo aqui acabou. A sua estadia terminou oficialmente. Aluguei minha mente para vocês por tempo demais, mas agora tenho um novo inquilino entrando. Ele se chama a Voz da Vitória, e precisa de todo o espaço disponível.*

Desintoxique a Sua Mente

Ouvimos muito sobre desintoxicar nosso corpo e sobre como existem elementos químicos nos alimentos que podem ser prejudiciais, certos hormônios e bactérias que podem se acumular, até pesticidas no ar. Muitas pessoas não percebem que seu corpo está cheio de toxinas prejudiciais e que é isso que está fazendo com que elas se sintam mal. A maioria dos especialistas recomenda que você passe por uma limpeza profunda por meio de um jejum e depois uma dieta específica, ficando longe de coisas prejudiciais ao seu organismo. Eles dizem que com o tempo você se livra dessas toxinas e começa a se sentir melhor.

Da mesma maneira, existe todo tipo de toxinas que podem se acumular na sua mente. Quando você se fixa no que não pode fazer e nas dores que sentiu e nos desafios que enfrenta, você está focando nos pensamentos tóxicos que podem causar tanto dano quanto as toxinas em seu corpo.

Os pensamentos tóxicos se acumulam e se tornam como lixo tóxico, que finalmente acabará por contaminar toda a sua vida. Eles afetam a sua atitude, a sua autoestima e a sua confiança. Eles se tornam parte de quem você é. É por isso que a Bíblia diz em Provérbios 4:23: "Acima de tudo, guarde o seu coração, pois dele depende toda a sua vida." Faça do ato de proteger a sua mente uma prioridade; coloque-os no topo da sua lista de afazeres. Se sua mente estiver poluída, toda a sua vida será prejudicada.

Você provavelmente conhece alguém que é amargo, sarcástico e tem uma atitude cheia de rancor. Pessoas assim esperam sempre o pior. Por quê? Elas permitiram que pensamentos tóxicos criassem raízes. Esses pensamentos negativos estão envenenando o futuro delas.

Qual é a solução? Elas precisam passar por uma desintoxicação — não uma limpeza física, mas uma limpeza mental. A única maneira de serem livres, a única maneira de voltarem a ser quem Deus as criou para ser é desintoxicando a mente.

Você talvez precise desintoxicar a amargura, a baixa autoestima, as palavras negativas proferidas sobre você, a condenação pelos erros passados, e o desânimo que está tentando se tornar parte de você.

Como você se desintoxica? Você toma a decisão de que não vai mais se concentrar nesses pensamentos. Você deixa essas toxinas morrerem de fome. Toda vez que se concentra naquele pensamento negativo, naquela condenação, naquela amargura, naquela baixa autoestima, você a está alimentando. Você está dando nova vida a ela, tornando-a mais forte.

Esses pensamentos vêm e dizem: *Você nunca vai melhorar. Você ouviu o que o médico disse. Você nunca será feliz. Você foi magoado tantas vezes. Você nunca realizará os seus sonhos*. Mas em vez de se fixar neles, diga simplesmente: "Não, eu não vou por este caminho. Não vou ficar pensando em minha mágoa, no que eu não tenho ou nos meus erros. Vou me concentrar no que Deus diz a meu respeito. Ele diz que eu sou totalmente capaz de cumprir o meu destino. Ele diz que os meus melhores dias ainda estão diante de mim."

Se você ignorar os pensamentos tóxicos e mantiver sua mente cheia de pensamentos de esperança e fé, então os pensamentos tóxicos enfraquecerão, e dentro de pouco tempo eles não terão qualquer efeito sobre você.

Limpe a Sua Mente

Conheço pessoas que jejuam para desintoxicar o organismo. Elas não comem por um período ou comem apenas certo tipo de alimento. Tenho um amigo que está tentando ficar mais saudável e ele não come nenhum tipo de carne. Ele não está bebendo nada a não ser água. Ele não come depois de certa hora da noite. Vi-o outro dia e ofereci-lhe um refrigerante, e ele foi taxativo: "Não, isso não faz parte do meu programa alimentar."

Ele estava em uma dieta rígida. É assim que devemos ser quando os pensamentos tóxicos vêm à nossa mente, aqueles pensamentos de preocupação e baixa autoestima, os pensamentos que dizem *não posso.* Quando eles surgirem, diga simplesmente: "Não, obrigado. Isso não faz parte do meu plano. Não me fixo em pensamentos de medo. Não me fixo em pensamentos de derrota. Não me fixo em pensamentos de inferioridade. Os pensamentos tóxicos não fazem parte do meu programa."

Se você não tem alegria, felicidade ou vitória, talvez seja por causa de uma dieta pouco saudável. Não física, mas mentalmente. Há muito lixo mental poluindo a sua mente.

Sou apenas uma pessoa regular. Cheguei ao meu limite. Perdi muitas oportunidades boas. Fui magoado demais para um dia ser feliz.

Limpe a sua mente e coloque-a em uma dieta mais saudável. Esses pensamentos tóxicos não fazem parte do seu programa. Estou pedindo para você fazer um jejum hoje. Não um jejum de alimentos (embora isso provavelmente não lhe faria mal), mas um jejum de pensamentos negativos, um jejum de condenação, um jejum de ressentimento, um jejum de pensamentos do tipo *não posso,* um jejum de sonhos subnutridos.

Limpe a sua mente e coloque-a em uma dieta mais saudável.

Deixe essas toxinas morrerem de fome. Não dê a elas nenhum poder sobre você. Todas as manhãs, quando acordar, faça uma faxina mental. Libere qualquer amargura, perdoe as pessoas que o magoaram, e livre-se de toda decepção. Comece o dia com fé. Comece o dia crendo. Não permita que essas toxinas se acumulem.

Quando você estiver deitado na cama de manhã antes de se levantar, simplesmente diga a si mesmo: "Este será um grande dia. Estou na expectativa do favor de Deus. Sei que sou totalmente capaz de cumprir o meu destino. Recebi poder para superar qualquer obstáculo. Tenho a força para ignorar qualquer ofensa. Tenho a graça para subir acima de toda decepção. Ainda que as coisas não corram do meu jeito hoje, sei que Deus está no controle, e decido-me agora a ser feliz e desfrutar este dia."

Você está limpando a sua mente. Você está expulsando todas as toxinas, toda a negatividade, e toda a condenação. Durante o dia, quando as oportunidades de se ofender, de ficar irritado, de ficar desanimado surgirem, não aceite esses pensamentos. Você deve bani-los da sua dieta mental diária.

Se alguém for rude com você ou ofendê-lo, e em seguida surgirem pensamentos negativos, em vez de se fixar neles, aprenda a dizer: "Não vou ficar angustiado. Sei que este dia é um presente de Deus, e vou tomar a decisão de ficar em paz."

Quando você faz isso, está permanecendo em uma dieta mental saudável. Esse pensamento tóxico não pode envenená-lo se você não se concentrar nele.

Livre-se das Palavras Negativas Que lhe Dizem

Não aceite as palavras ofensivas das pessoas sobre o que você não pode fazer e o que você não pode ser, quando dizem que você não é tão inteligente quanto outra pessoa. Não permita que essas mentiras criem raízes. Você não é o que as outras pessoas dizem que você é. Você é quem Deus diz que você é. E Ele diz: "Você é talentoso. Você é criativo. Você é ungido. Você é forte. Você é determinado. Você é confiante. Você é um vitorioso e não uma vítima."

Uma mulher me contou recentemente sobre o ambiente negativo no qual ela cresceu. As pessoas que a criaram estavam constantemente diminuindo-a, e ela não sentia que se igualava à sua irmã. Ela não conseguia realmente agarrar nenhuma boa oportunidade nem manter nenhuma boa amizade. Finalmente ela disse: "É como se aquelas pessoas tivessem amaldiçoado o meu futuro. Tem sido uma decepção atrás da outra."

Eu disse a ela o que estou dizendo a você: antes que qualquer pessoa possa lançar uma maldição sobre você, não importa como ela tente fazer você se sentir, a bênção sempre se sobrepõe à maldição.

Entre em concordância com Deus e comece a se livrar disso. Diga simplesmente: "Não, obrigado. Isto não está na minha dieta. Sei quem sou. Sou um filho do Deus Altíssimo. Sou abençoado e não posso ser amaldiçoado. Estou cercado pelo favor de Deus. Estou usando a minha coroa de honra. Estou equipado com tudo que preciso para vencer."

Se você andar por aí pensando e falando assim, aqueles pensamentos tóxicos não terão chance. Lembre-se sempre, você não é quem as pessoas dizem, você é quem Deus diz que você é. As pessoas podem dizer que você nunca terá êxito. Deus diz que tudo o que você tocar prosperará.

As pessoas podem dizer que você nunca ficará bom. Deus diz que com vida longa Ele o satisfará. As pessoas podem dizer que você nunca superará aquele desafio. Deus diz que Ele fará com que você triunfe. As pessoas podem dizer que a sua família nunca entrará nos trilhos. Deus diz que você e a sua casa servirão ao Senhor.

Creio que há uma limpeza ocorrendo enquanto você lê este livro. Posso ver através dos olhos da fé agora mesmo que os seus pensamentos tóxicos estão começando a se dissipar. Posso ver fortalezas que o detiveram por anos sendo destruídas. Posso ver você entrando em uma nova liberdade, subindo a um novo nível.

Vejo você se livrando na negatividade e entrando no nível da fé. Vejo você se libertando da condenação e entrando no nível da confiança. Vejo uma mentalidade de pobreza e derrota dando lugar a uma mentalidade de vida abundante. À medida que você se livra desses pensamentos tóxicos, Deus o levará a lugares com os quais você nunca sonhou.

Você é um Filho de Deus

Li sobre um garotinho criado por uma mãe solteira nas montanhas do Tennessee. Naquele tempo, principalmente naquela área, as crianças nascidas de mães solteiras estavam sujeitas a uma enorme discriminação. Na verdade, quando aquele menino tinha apenas três anos, os vizinhos não permitiam que ele brincasse com os filhos deles. Eles diziam coisas do tipo: "O que ele está fazendo na nossa cidade? E quem é o pai dele, afinal?"

Eles o tratavam como se ele tivesse algum tipo de peste. Aos sábados, ele ia com sua mãe à loja local e invariavelmente as pessoas faziam comentários depreciativos. Eles diziam coisas ofensivas em voz alta propositalmente para que eles pudessem ouvir: "Lá estão eles de novo. Você já descobriu quem é o pai dele?"

Aquele garotinho cresceu inseguro, ridicularizado, sempre sentindo que havia algo de errado com ele. Quando o menino fez doze anos, um novo pastor se mudou para a cidade. Ele era um homem jovem, muito talentoso e muito apaixonado. Ele criou uma grande agitação. As pessoas estavam entusiasmadas.

O menino nunca havia ido à igreja, mas em um domingo ele decidiu ouvir um sermão daquele novo pastor de quem todos estavam falando. Ele chegou tarde, se esgueirou para dentro e se sentou nos fundos para que ninguém o notasse. Enquanto o menino escutava naquele dia, ele sentiu um amor e uma aceitação que jamais havia sentido. Ele havia planejado sair cedo, mas estava tão absorto no que o pastor estava dizendo que o culto terminou antes que ele se desse conta.

O menino ficou preso na multidão. Enquanto o jovem ministro cumprimentava todos que estavam saindo, ele viu o menino. Ele nunca o havia visto, e não sabia nada sobre ele. Mas o ministro percebeu que o menino não estava com ninguém. Ele estava sozinho.

O pastor disse a ele em um tom muito amigável: "Jovem, você é filho de quem?"

O aposento ficou em silêncio total. O pastor havia feito a pergunta que todos queriam fazer. O menino não sabia o que dizer. Ele havia ouvido toda aquela conversa sobre ele ser rejeitado e um filho sem pai. Então ele simplesmente abaixou a cabeça.

O pastor percebeu que havia algo errado, algo sobre o qual ele obviamente não sabia nada. Mas Deus lhe deu sabedoria. Ele foi rápido. Ele olhou para o menino e disse: "Oh, eu sei quem é o seu Pai. Posso ver a semelhança muito grande entre vocês; você é um filho do Deus Todo-Poderoso."

Aquele dia foi um momento decisivo na vida do menino. Aqueles que haviam falado dele abaixaram a cabeça e saíram do local. A fortaleza da insegurança e da inferioridade estava quebrada. Ele começou a se ver não como a pessoa inferior e rejeitada que as pessoas diziam que ele era, mas como um filho do Deus Todo-Poderoso.

O menino seguiu em frente e se tornou uma pessoa muito bem-sucedida. Ele viveu uma vida feliz e abençoada. Muitas pessoas crescem sem pais. Eu gostaria que não fosse assim, mas se este é o seu caso, deixe-me dizer-lhe o que aquele jovem pastor disse ao garoto: o seu Pai é o Deus Todo-Poderoso. Você foi escolhido e separado antes da fundação do mundo. Você não chegou aqui por acaso. Ele colocou sementes de grandeza dentro de você. Você tem um destino a cumprir, uma missão, algo que ninguém mais pode realizar.

Não permita que o que as pessoas dizem a seu respeito ou o que elas não dizem a seu respeito faça com que você se sinta menos do que completo. O seu pai terreno pode não estar por perto tanto quanto deveria; talvez você nem o conheça. Mas o seu Pai celestial diz: "Estou orgulhoso de você. Você tem um futuro brilhante. Você fará grandes coisas."

> *Você foi escolhido e separado antes da fundação do mundo.*

Alimente Sua Mente Com os Pensamentos de Deus

Lembro-me que depois do culto há alguns anos uma jovem senhora me procurou com dois filhos pequenos, uma menina e um menino. Eles eram adoráveis. O garotinho se agarrou a mim e não queria me soltar. Ele tinha cinco anos de idade. Abracei-o de volta e conversamos um pouco, e finalmente nos despedimos e eles se foram.

Alguns minutos depois, o menino voltou e disse que queria dizer algo em meu ouvido. Inclinei-me, e nunca me esquecerei do que ele me disse.

"Eu gostaria que você fosse meu pai."

Aquilo quase me partiu o coração. Disse-lhe o que estou dizendo a você: "Todas as manhãs, olhe para cima e simplesmente imagine que o seu Pai celestial está sorrindo para você. Ele está dizendo: 'Você é a menina dos meus olhos, você é o meu bem mais precioso'."

A Bíblia diz que Deus é o "pai dos órfãos" (Salmos 68:5). Muitas pessoas não estão atingindo o seu pleno potencial por causa da falta de identidade. A mente delas está cheia de pensamentos que dizem: *Você não veio da família certa,* ou *Você nem sequer tem um pai. Não é de admirar que não consiga ter êxito.*

Não acredite nessas mentiras. Estes pensamentos não estão no seu programa. Prenda-se à sua dieta. Ela está bem aqui: "Eu sou quem Deus diz que eu sou. Talvez eu não tenha um pai na terra, mas tenho um Pai celestial. As pessoas podem ter dito coisas negativas sobre mim, mas sei que antes que qualquer um pudesse me amaldiçoar, Deus colocou uma bênção sobre mim. E é nela que eu vou me fixar."

Se disseram coisas negativas a seu respeito e elas estão envenenando o seu futuro, volte às raízes desses pensamentos. Quem disse que você não era inteligente o bastante para entrar para a faculdade? Quem disse que você nunca teria êxito? Quem disse que você não tem o que é preciso? Quem disse que você nunca se casaria? Quem disse que você nunca superaria este obstáculo? Quem disse que os seus melhores dias já passaram?

Posso prometer a você que não foi Deus quem colocou esses pensamentos em sua mente. Desintoxique-se desse lixo. Desintoxique-se do que o seu ex-marido disse a seu respeito. Desintoxique-se do que aquele professor disse que você não podia fazer. Desintoxique-se do que aquele gerente disse que você nunca se tornaria. Desintoxique-se do que aqueles críticos disseram sobre a sua capacidade.

Estou colocando você em uma nova dieta hoje. Esta dieta eliminará todas as toxinas. Ela irá livrá-lo de toda a negatividade, de todos os pensamentos que dizem *eu não posso*, de todos os pensamentos que dizem *eu não sou bom o bastante*. Este é o alimento da fé. Quando você comer esta comida, será como Popeye comendo espinafre. Será como Clark Kent entrando na cabina telefônica e saindo como o Super-Homem. Uma transformação ocorre quando você se livra dos pensamentos de condenação e alimenta a sua mente com o que Deus diz a seu respeito.

Trate da Raiz

Temos dois coelhos em casa, e há algum tempo percebemos que um deles parecia não estar se sentindo bem. Ele ficava esfregando o lado do focinho como se alguma coisa o estivesse incomodando. Verificamos e não vimos nada. Ele parecia bem. Alguns dias depois, aquela área havia inchado. Parecia que o focinho dele estava com uma grande protuberância.

Então levamos o coelho ao veterinário. Ele lhe deu alguns antibióticos e disse que ele iria melhorar. Experimentamos o remédio por uma semana, mas ele não melhorou. Na verdade, ele parecia realmente mal. Nós o levamos de volta e eles o examinaram novamente. Dessa vez, descobriram que o verdadeiro problema era que um ovo de mosca havia entrado de algum modo na passagem nasal do coelho. A larva de mosca estava crescendo a ponto de eclodir. Era por isso que o focinho do coelho estava tão infeccionado.

Por mais antibióticos que aquele veterinário desse ao coelho, eles não funcionavam. Eles tinham de chegar à raiz do problema. Quando eles descobriram a fonte da infecção e a retiraram, o coelho ficou bem.

É assim que o inimigo trabalha. Ele tenta plantar essas mentiras em sua mente para que elas infectam o seu pensamento. Muitas vezes, lidamos com o problema superficial e tentamos ter uma boa atitude e uma boa autoimagem, mas é uma luta constante, como se estivéssemos sempre subindo uma ladeira.

Será que você está agindo como o nosso veterinário, tratando dos sintomas, mas não tratando do verdadeiro problema? Você está tratando do exterior, mas deixando passar a causa, que é uma mentalidade negativa com relação a você mesmo? O seu pensamento em alguma área pode estar infectado.

Talvez você esteja tentando quebrar um vício, mas lá no fundo ainda ouve as palavras: *Você será um alcoólatra, assim como seu pai.* Talvez você esteja tentando fazer seu casamento dar certo, mas aquele pensamento continua dizendo: *Você vai se divorciar, assim como seus pais.*

Talvez você queira se levantar e começar um novo negócio, ou você queira aceitar uma promoção, mas algo dentro de você diz: *Você não tem o que é preciso. Você vai fracassar. Lembre-se do que o conselheiro escolar lhe disse. Lembre-se do que aquelas mulheres falaram a seu respeito.*

Essas coisas são mentira, e elas estão infectando o seu pensamento. A maneira de se livrar desses pensamentos é meditando no que Deus diz sobre você. A Bíblia diz "meditem na [Palavra de Deus] dia e noite" (Josué 1:8). Em outras palavras, tenham pensamentos positivos continuamente em sua mente: *Sou talentoso. Sou criativo. Sou ungido. Sou equipado. Recebi capacitação. Sou abençoado. Sou próspero. Sou disciplinado. Sou livre de todo vício. Ando em saúde divina. Tenho o favor de Deus.*

Quando você tem pensamentos como esses, as toxinas não podem ficar. A sua mente está sendo renovada. Imagine um copo de água turva com todo tipo de sujeira e partículas de areia dentro dele. Se eu derramar água limpa nele continuamente e continuar deixando que ele transborde sem cessar com esta nova água, finalmente toda a água suja sairá e a água ficará perfeitamente limpa.

Eu não tive de tentar me livrar da água suja. Simplesmente tive de continuar colocando a coisa certa dentro dele, e não demorou muito até que a coisa errada desaparecesse. A mesma coisa acontece com o nosso pensamento. Se você desenvolver o hábito de colocar os pensamentos certos em seu interior, os pensamentos de fé e esperança, pensamentos encorajadores, pensamentos que dizem *eu posso*, sua mente acabará será transformada. Você se verá sendo uma pessoa positiva, esperançosa, forte e corajosa.

Ponha o Foco no Seu Melhor

Há pouco li sobre uma criança cujos pais se mudaram da Alemanha para os Estados Unidos, alguns anos antes do seu nascimento. O pai era um homem de negócios internacional e muito bem-sucedido. Ele queria que o menino entrasse para o negócio dele um dia.

Mas o menino tinha dificuldades terríveis na escola. Ele se esforçava muito, mas tinha uma grande dificuldade em ler e escrever e em aritmética. Sua mãe e seu pai eram duros com ele. Na Alemanha, eles o chamavam de "dumn hund", que traduzido seria "cachorro burro".

O menino, cuja dislexia grave não foi diagnosticada até os trinta anos, ficou arrasado com as palavras duras deles. Ele cresceu inseguro, pensando que era estúpido. A única coisa que o salvou na escola foi o senso de humor. Ele era bom em fazer as outras crianças rirem.

Ele contava piadas sobre si mesmo. Ele se tornou popular com as outras crianças. Ele realmente brilhava nas aulas de oratória e teatro, então ele se dedicou a essas matérias, para horror de seus pais.

> *Se você desenvolver o hábito de colocar os pensamentos certos em seu interior, os pensamentos de fé e esperança, pensamentos encorajadores, pensamentos que dizem "eu posso", sua mente acabará será transformada.*

Eles pensavam que ele nunca venceria na vida. É claro que eles mudaram de ideia quando seu filho Henry se tornou um grande astro da televisão. Eles não conseguiam acreditar quando o menino inseguro, formado pela Escola de Artes de Yale, tornou-se o astro de um programa de televisão de sucesso, fazendo o papel de um garoto difícil que era expulso do colégio.

A ironia era que o nome do primeiro grande programa em que ele atuou era *Dias Felizes*, porque Henry Winkler, hoje um ator, escritor, diretor e produtor famoso, realmente, no seu primeiro programa de televisão de sucesso lembra-se daqueles dias como os dias mais felizes da sua vida.

Naqueles dias ele finalmente rejeitou os pensamentos tóxicos dos outros e se tornou o homem talentoso e criativo que seu Pai celestial pretendia que ele fosse. Ele focou no melhor de Deus dentro dele, e não no que os outros diziam a seu respeito.

Na Bíblia, Deus chamou Gideão de homem valente.

Gideão olhou em volta e disse: "Com quem Ele está falando? Este não sou eu." Deus tinha uma missão para Gideão, algo grande para ele realizar, mas Gideão não havia renovado a sua mente. Ele tinha aqueles pensamentos tóxicos. Deus o via forte, mas Gideão se via fraco, derrotado e incapaz.

Deus queria que ele liderasse o povo de Israel e derrotasse um exército inimigo, mas Gideão disse: "Deus, não posso fazer isso, Sou o menor na casa de meu pai. Venho da família mais pobre. Não tenho educação, habilidade nem coragem."

Observe como Gideão se via comparado com a maneira como Deus o via. Deus disse que ele era um homem valente. Se Deus fosse chamar o seu nome hoje, Ele não diria: Olá, verme fraco do pó. Olá, fracassado. Olá, velho pecador. Como vai o meu perdedor esta noite?"

Deus diria o mesmo tipo de coisa a você que Ele disse a Gideão. "Olá, Maria, mulher valente" Ou "Olá, João, homem valente".

Pergunto-me se você seria como Gideão e diria: "Deus, com quem o Senhor está falando? Não sabes de que família eu venho? O Senhor não viu os erros que eu cometi? Deixa-me lembrar-te alguns deles. Deus, Tu sabes que não tenho talento. Por que estás me chamando de homem valente?"

O problema é que você permitiu que esses pensamentos errados infectassem o seu modo de pensar. Porém, graças a Deus, este é um novo dia. Você está começando uma nova dieta, está começando um jejum cortando todo pensamento negativo e desanimador que diz *eu não posso.*

Quando esses pensamentos errados aparecerem, em vez de dizer como Gideão: "Não sou capaz. Quem sou eu?" Mude as coisas e diga: "Sei quem sou. Sou totalmente capaz. Estou pronto para a minha missão. Deus, eu sou quem Tu dizes que eu sou."

Creio que nos próximos dias Deus vai presentear você com novas oportunidades. Novas portas se abrirão. Novas pessoas atravessarão o seu caminho. Talvez haja até uma nova oportunidade na sua carreira. Se você quiser atingir um novo nível, você precisa ter uma nova maneira de pensar. Você precisa eliminar o velho para ter espaço para o novo. Estou lhe pedindo para desintoxicar todo o lixo que lhe diz o que você não é e o que você não pode fazer. Remova todas essas fortalezas. Desintoxique os pequenos sonhos. Desintoxique a baixa autoestima. Desintoxique as palavras negativas. Permaneça na sua dieta.

Todas as manhãs, faça uma boa faxina. Comece o dia com fé. Se proteger sua mente e, em vez de deixar que ela fique intoxicada, você a mantiver cheia de pensamentos de fé, Deus promete que você superará todos os obstáculos, derrotará todos os inimigos, e todos os sonhos e desejos que Deus colocou em seu coração se realizarão.

Capítulo 27

Use Bem as Suas Bênçãos

Há alguns anos, um conhecido repórter se referiu a mim como "o pastor sorriso". Aquela história pegou e se espalhou pelo mundo. Entretanto, algumas pessoas usam esse termo em um sentido depreciativo, por exemplo: "Por que ele sorri tanto? O que há de errado com ele? Ele não devia ser tão feliz."

Eu era jovem e novo no ministério, e a princípio pensei: *Bem, talvez eu não devesse sorrir tanto*. As pessoas estão me ridicularizando. Então percebi que não tenho de esconder as bênçãos de Deus. Não tenho de pedir desculpas porque sorrio o tempo todo. Estou usando bem as minhas bênçãos.

Quando você mantém Deus em primeiro lugar e faz o seu melhor para honrá-lo, a Bíblia diz: "Todas estas bênçãos virão sobre vocês e os acompanharão" (Deuteronômio 28:2). Significa que você terá felicidade, crescimento, progresso e boas oportunidades, até algumas que você não merecia necessariamente. Isso é Deus recompensando você por andar nos Seus caminhos.

Vemos este princípio no Antigo Testamento, na vida de Rute. Ela estava nos campos seguindo os trabalhadores e recolhendo as sobras de trigo que eles deixavam cair.

Um dia, o proprietário dos campos, Boaz, disse àqueles trabalhadores para deixarem punhados de trigo propositalmente para Rute. Agora Rute não tinha mais de se esforçar. Ela não tinha de trabalhar noite e dia. Rute entrou nas bênçãos que eram simplesmente derramadas aos seus pés.

Todos nós podemos olhar para trás e ver tempos em que Deus nos deixou punhados de bênçãos de propósito — algo que não merecíamos, pelo qual não tínhamos de lutar e que nem sequer havíamos pedido. Simplesmente tropeçamos nelas. Agora, eis o meu desafio a você: não peça desculpas pela bondade de Deus. Não subestime o que Deus fez em sua vida. Não dê desculpas por estar preocupada que um amigo possa ficar com inveja. Não tente esconder as bênçãos de Deus porque um colega de trabalho pode julgá-lo e achar que não é justo.

Uma chave para a felicidade é usar bem as suas bênçãos. Talvez você não ache que merecia uma bênção, mas o favor nem sempre é justo; ele é simplesmente a bondade de Deus. No instante em que você começar a pedir desculpas pelo que Deus fez e a subestimar a bondade dele, Deus encontrará outra pessoa para favorecer.

Não peça desculpas pela bondade de Deus.

Não estou dizendo que você deve se exibir e se gabar do que tem e do quanto você é maravilhoso. Mas você deve se gabar do quanto Deus é maravilhoso. Costumávamos cantar uma canção quando éramos crianças chamada "Veja o que Deus já Fez". Essa é uma canção que todos nós devemos cantar. Ao longo do dia, louve a bondade de Deus. Quando você está se gabando da bondade de Deus, quando você está dando a Ele todo o crédito, você está usando bem as suas bênçãos.

Davi disse no Salmo 118:23: "Isso vem do Senhor, e é algo maravilhoso para nós." Essa é uma ótima atitude. Dê a Deus o crédito para cada coisa boa que acontece: "Isso vem do Senhor."

"Você sabe o que é este belo prédio? É obra do Senhor."

"Minha mãe ainda está desfrutando a vida trinta anos depois de ser diagnosticada com câncer terminal. Sabe o que é isso? Isso vem do Senhor. É maravilhoso aos nossos olhos."

Se você sempre vir a promoção, as boas chances, a cura, o novo e as oportunidades que cruzam o seu caminho como obra do Senhor, não terá nenhum problema em usar bem as suas bênçãos.

Eu costumava me sentir um pouco culpado por Deus ter me dado uma vida tão maravilhosa. Eu sempre fui feliz e abençoado por ter ótimos pais e avós, uma linda esposa e filhos maravilhosos. Victoria e eu temos visto esses punhados de bênçãos propositais por vezes seguidas!

Simplesmente temos sido abençoados, e isso vem do Senhor. Mas quando eu costumava ver as pessoas passando por dificuldades e lutando para superá-las, eu tentava subestimar a maneira como Deus havia me abençoado para que elas não se sentissem mal. Mas aprendi que isso não traz qualquer honra a Deus. Deus quer que sejamos um exemplo da Sua bondade. Eu não tenho de pedir desculpas se receber um punhado de bênçãos propositais e alguém não as receber.

Não É Necessário Se Desculpar

Você não precisa esconder a sua felicidade, a sua paz, a sua vitória ou os seus bens. Você não precisa se vestir mal e parecer pobre, digno de pena e deprimido para mostrar às pessoas que você é humilde. Quando você usa bem as suas bênçãos, dando a Deus todo o crédito, falando sobre a bondade dele e agradecendo-lhe pelo que Ele fez, isso realmente dá honra ao nosso Deus.

Se Deus abençoou você com sucesso financeiro ou o ajudou em meio a um desafio em um relacionamento, um emprego, à sua saúde ou às suas finanças, use bem essa bênção. Diga a todos o que Deus fez por você. E se eles ridicularizarem você como me ridicularizam e perguntarem por que você é tão feliz, simplesmente diga a eles: "Estou usando bem a minha bênção. Deus tem sido tão bom para mim que não posso guardar isso para mim mesmo. Preciso dizer a alguém. Eu um dia estive perdido, mas agora fui achado. Eu devia estar morto, mas ainda estou vivo. Veja o que o Senhor fez."

Alguns críticos e incrédulos podem lhe dizer para se acalmar ou ficar frio com relação a essa coisa de felicidade. Deixe que isso entre por um ouvido e saia pelo outro. Continue usando bem as suas bênçãos, e com o tempo, em vez de afetarem você, você os afetará. Você os ajudará a subir mais.

Quando você se veste o melhor que pode, você está usando bem as suas bênçãos. Quando você se levanta e aceita aquela promoção, você está usando bem as suas bênçãos. Quando Deus abre a porta e você entra naquela casa nova na qual você estava crendo, os outros podem fazer críticas. Mas não permita que aqueles que são negativos, invejosos, julgadores, amargos e sérios o coloquem para baixo.

Se você quer agradar a Deus e viver feliz, não se arraste por aí quebrado, derrotado ou deprimido. Use bem as suas bênçãos. Suba a um novo nível. Desfrute o favor de Deus. Orgulhe-se de quem você é e do que Deus fez em sua vida.

Viva para o Deus Altíssimo

A Bíblia diz: "Seja engrandecido o Senhor, que se deleita na prosperidade do seu servo" (Salmos 35:27, AA).

Digo isso respeitosamente, mas precisamos combater o espírito religioso que diz que devemos ser pobres, quebrados e derrotados, a fim de provar a todos que realmente somos humildes. Quando somos pobres, quebrados e derrotados, tudo que isso prova é que somos pobres, quebrados e derrotados. Ninguém irá querer o que temos. Posso ser pobre, quebrado e derrotado sem servir a Deus. Devemos ser exemplos do que significa viver para o Deus Altíssimo.

Deveríamos ser tão abençoados, tão prósperos, tão bondosos, tão generosos, tão felizes e tão pacíficos que as pessoas desejassem o que temos. Se você acha que está mostrando para Deus o quanto você é santo e o quanto você é humilde não usando as suas bênçãos e não aceitando aquela promoção, o seu próprio modo de pensar é o que está impedindo Deus de fazer algo novo em sua vida.

Amplie a Sua Visão

Você precisa ampliar a sua visão. Deus é o dono de tudo. O fato de Deus estar abençoando você de uma maneira maior não irá deixar o céu falido. Deus faz ruas de ouro. Se você quer colocar um sorriso no rosto de Deus, abrace a mentalidade da vida abundante.

Victoria e eu encontramos esses dois acres de terra que queríamos comprar para construir uma casa algum dia. Era um ótimo pedaço de terra perto da cidade. Deus nos abençoou através dos nossos livros e de outros meios. Dizimamos da nossa renda e damos generosamente, mas também acreditamos em bons investimentos. Eu estava orando e questionando se devíamos comprar essa propriedade. Pensei: *Sabe de uma coisa? Realmente não precisamos de dois acres para morar. Estamos bem onde estamos.*

Mas lá no fundo eu desejava o terreno. Era um desejo do meu coração, mas eu me sentia culpado, como se fosse mais do que precisávamos. Então, um dia, eu estava em um avião a doze mil metros de altura. Era um dia claro, lindo. Eu estava sentado junto à janela olhando para fora, para o chão.

Ouvi Deus dizer algo a mim, não em voz alta, mas dentro de mim; uma impressão. Ele disse: *Você fica se perguntando se é certo comprar aquela propriedade. Como que você acha que aqueles dois acres se parecem para mim? Como você acha que eles se parecem do meu ponto de vista, da minha perspectiva?*

Bem, de onde eu estava, a doze mil metros de altura, dois acres pareciam um pequeno ponto, como se você pegasse a sua caneta e tocasse a terra. Não era nada. Senti Deus dizer: *Eu lhe dou permissão. Não é errado ter terra suficiente do tamanho de uma cabeça de alfinete, do meu ponto de vista!*

Use Bem as Suas Bênçãos

Às vezes, pensamos pequeno demais. Limitamos as nossas possibilidades e o nosso potencial. Deus é o dono de tudo. "Do Senhor é a terra e tudo o que nela existe, o mundo e os que nele vivem" (Salmos 24:1). Precisamos ampliar a nossa visão.

Costumamos pensar: *É errado eu querer morar em uma boa casa? É errado eu querer um pedaço de terra maior? É egoísmo eu querer dirigir um bom carro? Há problema em querer abençoar meus filhos e deixar uma herança para eles?*

> *Deus diz: "Não há problema. Use bem as suas bênçãos."*

Deus diz: "Não há problema. Use bem as suas bênçãos." Enquanto você mantiver Deus no primeiro lugar e não estiver vivendo egoisticamente, e não fazendo das coisas materiais os seus ídolos, então Deus quer lhe dar os desejos do seu coração. Ele tem prazer em abençoar os Seus filhos.

Um jovem em nossa congregação me procurou depois de ter sido promovido para uma alta posição em uma grande empresa de varejo. Ele era o mais jovem a ocupar aquele cargo supervisionando uma grande área. Ele estava muito entusiasmado. Ele sabia que era o favor de Deus.

Mas ele foi promovido acima de colegas de trabalho que estavam ali há muito mais tempo e tinham mais experiência. Eles eram amigos dele, mas ele sentiu que eles o estavam evitando desde que ele fora promovido. Ele sentiu que eles estavam tentando fazer com que ele ficasse mal, falando por trás dele.

"Sei que o senhor citou Efésios 3:20 em situações como esta", ele me disse. "É exatamente sobre isso que o senhor. tem falado, mas sinto-me culpado, como se eu tivesse feito algo errado."

Eu disse a ele o que estou dizendo a você: isso é a bondade de Deus. Use-a bem. A Bíblia nos diz que a promoção não vem das pessoas; a promoção vem do Senhor (ver Salmos 75:6-7).

Se você não se levantar e usar bem essa bênção com uma atitude de gratidão, sabe o que vai acontecer? Deus a dará a outra pessoa! Não se preocupe se outros ficarem com inveja e se voltarem conta você. Aprendi que algumas pessoas serão seus amigos até você ser promovido. Os colegas de trabalho podem ir almoçar com você enquanto você estiver no mesmo nível deles, mas no instante em que você tiver um aumento, no instante em que você se deparar com um punhado de bênçãos de propósito, a inveja entra em cena e eles tentam fazer você ficar mal. Não se preocupe com isso. Deus cuidará dos seus inimigos. Seja grato pela bondade de Deus.

Vemos um exemplo disso na Bíblia quando Isaque estava em meio à fome. Havia ocorrido uma grande seca na terra por algum tempo. Não parecia haver um fim para ela à vista. Isaque partiu para a sua terra e fez plantações no meio da fome. Aquilo não fazia sentido algum, mas, de algum modo, naquele mesmo ano, sem a quantidade necessária de água, Isaque recebeu cem vezes o que havia semeado, porque o Senhor o abençoou (ver Gênesis 26:12).

Observe de onde veio a bênção: do Deus Todo-Poderoso. Foi um punhado de bênçãos deliberadas; um aumento sobrenatural. Mas o que é interessante é que quando a safra de Isaque surgiu, quando Deus o abençoou, o povo em torno do qual ele vivia, os filisteus, seus amigos, de repente ficou com inveja dele.

Eles estavam bem enquanto Isaque também estava passando fome. Enquanto eles estavam no mesmo nível não havia nada demais, mas quando ele subiu a um novo nível, quando ele começou a usar bem as suas bênçãos, a Bíblia diz que "os filisteus invejaram" Isaque (Gênesis 26:14).

Não Se Preocupe com os Maledicentes

Se você se preocupar constantemente com o fato de que nem todos gostam de você, você terá um problema de longo prazo com o fato de ser abençoado porque quando você é abençoado, os inimigos aparecem. Quando você sobe a um novo nível, os maledicentes aparecem. Quando você usar bem aquela bênção e receber um daqueles punhados de bênçãos deliberadas, não se surpreenda se isso atrair a inveja das pessoas.

Quando elas forem até você, diga simplesmente, de maneira humilde: "Estou usando bem esta bênção, apesar da crítica e da inveja.

Se meus amigos não estão felizes com as minhas bênçãos, então é hora de encontrar novos amigos que vão celebrar comigo assim como eu celebro com eles."

Um amigo meu é pastor de uma pequena igreja que se reúne no auditório de um colégio. Todos os domingos eles precisam levar e retirar seu equipamento. É muito trabalho. O sonho dele é um dia construir o seu próprio auditório.

Quando ele nos visitou na Igreja de Lakewood, eu tinha algumas preocupações em mostrar nossas instalações para ele porque elas são muito grandes. Eu não queria parecer que estava me gabando e não queria que ele se sentisse mal. Fui tentado a subestimar o tamanho da nossa igreja, e até a me desculpar por isso.

Então percebi que eu não estaria me gabando de nada que eu tivesse feito. Eu estaria me gabando do que Deus fez. Tive de me livrar daquela culpa e quando demos uma volta pela Lakewood, eu disse: "Olhe só. Veja o que o Senhor fez."

Antes que meu amigo partisse, lembrei-lhe: "Se Deus fez isso por nós, Ele pode fazer o mesmo por você também!"

Não Se Desculpe pela Bondade de Deus

Meus pais plantaram sementes durante quarenta anos antes que eu assumisse o ministério na Igreja Lakewood. Estou colhendo as recompensas de uma bênção de gerações. Minha avó paterna ganhava dez centavos por hora lavando roupas para outras pessoas durante a Grande Depressão. Ela trabalhava doze horas por dia e ganhava um dólar e vinte centavos. Meu pai ia para a escola com buracos nas calças. Ele colocava papelão no fundo dos sapatos porque as solas estavam furadas.

Meus avós e meus pais fizeram grandes sacrifícios para que estivéssemos onde estamos hoje. Então, estou usando bem as minhas bênçãos. As pessoas podem nos criticar. Elas podem julgar. Elas podem procurar defeitos, mas elas não sabem o que custou para chegarmos onde estamos hoje.

Elas não estavam lá quando as crianças de nossa família varriam a velha igreja e limpavam prédios. Elas não estavam lá quando meu pai viajava por semanas fazendo trabalho missionário enquanto minha mãe cuidava de cinco filhos sozinha. Elas não estavam lá quando minha mãe foi diagnosticada com câncer terminal e combatemos o bom combate da fé. Elas não estavam lá quando meu pai partiu para estar com o Senhor e eu tomei posse para pastorear a igreja, praticamente morrendo de medo.

Algumas pessoas aparecem depois da luta e o veem como você está agora: abençoado, próspero, saudável, sóbrio, livre e feliz. Elas querem julgar e criticar você, mas o problema é que elas deixaram de ver os anos de dificuldades. Elas não viram os sacrifícios que foram feitos. Elas não viram as batalhas que foram combatidas — os momentos em que você teve vontade de desistir, mas continuou avançando, as noites em que você ficou acordado e orou e acreditou e ofertou e serviu. Elas não viram o preço que foi pago para levar você para onde você está agora.

Uma bênção pode parecer gratuita, mas a verdade é que ela lhe custou alguma coisa. A bênção de Rute, o seu punhado deliberado, veio depois que ela havia enterrado seu marido e depois que seu sogro havia morrido. Ela passou por um grande sofrimento e uma grande dor.

Estou certo de que um daqueles trabalhadores deve ter dito: "Ei, isto não é justo. Por que esta mulher está recebendo tudo isto de graça quando nós temos de trabalhar?" Eles não entendiam que Rute havia pagado o preço. Ela havia provado que era fiel. Ela estava cuidando dos seus entes queridos. Deus a estava recompensando.

Não permita que ninguém faça você se sentir culpado pelo favor, pela honra, pela alegria, pela paz, pela vitória que Deus lhe deu. Alguém pagou o preço. A Bíblia fala sobre isso: "Foi assim que lhes dei uma terra que vocês não cultivaram e cidades que vocês não construíram. Nelas vocês moram, e comem de vinhas e olivais que não plantaram" (Josué 24:13). Estas são bênçãos de gerações; é Deus nos recompensando pelas sementes que outras pessoas plantaram.

Na semana passada, um senhor me parou e me falou sobre ter esbarrado em meu pai em uma rua no centro de Houston nos anos 70. Meu pai não conhecia aquele jovem, mas ele estava em um dos momentos mais difíceis de sua vida. Ele havia abandonado a escola e não tinha qualquer direção na vida. Meu pai foi até ele e lhe deu cem dólares e disse: "Jovem, eu não o conheço, mas Deus tem um grande plano para a sua vida. Continue seguindo em frente."

Aquele foi um momento decisivo na vida do jovem. Ele voltou para a escola e se formou. Hoje ele é médico e tem uma carreira de muito sucesso.

Quando uso as minhas bênçãos, não estou apenas honrando a Deus, estou também honrando meu pai terreno que passou a vida ajudando os outros. Estou honrando minha mãe, que cuidou de tantos. Estou honrando minha avó, que trabalhou incansavelmente. Estou honrando meu avô, que serviu a muitos.

Quando você me vê feliz, saudável, abençoado e vivendo bem, não me desculpo por isso. É a bondade de Deus sendo passada de geração a geração. Não vou subestimá-la, nem vou me desculpar. Sei que Deus tem prazer na prosperidade dos Seus filhos.

Gabe-se da Bondade de Deus

Nossa atitude não deve ser: *Veja como eu sou maravilhoso. Veja o que eu tenho.* Faça diferente, transforme essa atitude nisto: *Veja como Deus é maravilhoso. Veja o que o Senhor fez na minha vida, na minha família.*

> *Deus tem prazer na prosperidade dos Seus filhos.*

Durante todo o dia, deveríamos estar nos gabando da bondade de Deus. Talvez não a tenhamos merecido; nós não a conquistamos. Muitas vezes, ela é apenas outro punhado de bênçãos deliberadas. Mas não permita que pessoas negativas, julgadoras, invejosas, ou mesmo os seus próprios pensamentos tentem convencê-lo a não usar as bênçãos que Deus lhe deu.

Se você usar bem as suas bênçãos, sendo rápido em sempre dar o crédito a Deus, então não há limites para onde Ele irá levá-lo. Deus fará de você um exemplo do que significa viver uma vida alegre, abençoada, próspera e abundante.

Como observei no capítulo de abertura, todos nós temos o poder para escolher a felicidade a cada dia. Isso não significa que ignoramos os nossos desafios ou que podemos sempre controlar tudo que acontece conosco, mas significa que, com a ajuda de Deus, podemos escolher responder aos reveses inevitáveis e aos tempos difíceis da vida com uma atitude positiva. Você tem o poder para se concentrar nas soluções, para se cercar de pessoas que o apoiem, para subir acima das críticas e do desânimo, e para colocar a sua fé em Deus e confiar no Seu plano para a sua vida. Seja feliz com o que Deus o criou para ser e desfrute cada dia que lhe foi dado como um presente dele. Se você fizer isso, creio que fará de todos os dias uma sexta-feira.